KB183736

월가의 늑대
시장을 이겨라

THE WOLF OF INVESTING:
My INsider's Playbook for
Making a Fortune on Wall Street
by Jordan Belfort

Copyright © 2023 by Future Gen LLC
All rights reserved.
This Korean edition was published by The Korea Economic Daily &
Business Publications, Inc. in
2025 by arrangement with the original publisher, GALLERY BOOKS,
an imprint of Simon & Schuster, LLC through KCC(Korea Copyright Center Inc.), Seoul.

이 책은 (주)한국저작권센터(KCC)를 통한 저작권자와의 독점계약으로
(주)한경비피에서 출간되었습니다.
저작권법에 의해 한국 내에서 보호를 받는 저작물이므로 무단전재와 복제를 금합니다

월가의 늑대
시장을 이겨라

월가를 뒤흔든 주식 천재의 필승 투자 전략

조던 벨포트 지음
김태훈 옮김

THE WOLF

OF

INVESTING

한국경제신문

나의 멋진 아내, 크리스티나에게 이 책을 바칩니다.
아내의 그 모든 지원과 인내에 고마움을 전합니다.

THE WOLF of INVESTING
월가의 늑대 시장을 이겨라 | 차례

THE WOLF
of
INVESTING

1장

페르난도와
고디타의 이야기

페르난도의 투자 실패기

나는 생각했다. '이럴 수가!'

나의 동서 페르난도Fernando는 미다스의 손을 가졌다….

미다스의 똥손!

그가 건드리는 모든 투자 종목, 그러니까 모든 주식, 모든 옵션, 모든 코인, 모든 토큰, 모든 망할 NFT는 하나도 남김없이 똥덩어리로 변해버린다!

　오후 9시가 약간 지난 시각이었다. 나는 부에노스아이레스에 있는 페르난도의 화려한 아파트 다이닝룸에 앉아 그의 투자내역서를 훑어보고 있었다. 서글픈 깨달음이 머릿속에 떠올랐다.

　한마디로 그의 포트폴리오는 '재난'이었다.

　페르난도는 일련의 나쁜 거래와 타이밍 안 좋은 투자로 지난 두 달 동안 자산의 97%를 잃었다. 계좌 잔액은 겨우 3,000달러뿐이었다. 9만 7,000달러가 넘는 나머지 돈은 불어오는 바람 속에

뀐 방귀처럼 그냥 허공으로 사라져버렸다.

 게다가 이런 손실은 그가 투자한 주식시장과 암호화폐 시장이 비교적 평화롭고 안정되어 있을 때 일어났다. 이 사실이 말하는 바는 부정할 수 없고, 명백했다. 동서가 탓할 사람은 오직 본인뿐이었다. 만약 그가 투자한 직후에 시장이 폭락하거나, 최소한 크게 하락했다면 이야기가 달랐을 것이다. 그랬다면 적어도 손실의 일부는 해명이 가능했을 것이다.

월가에는 오래되고 유명한 격언이 있다. 바로 '**밀물 때는 모든 배가 떠오른다**A rising tide lifts all boats'는 말이다. 주식시장이 상승할 때는 해당 시장에 속한 모든 주식의 가격이 같이 오르는 경향이 있다. 또한 주식시장이 하락할 때는 해당 시장에 속한 모든 주식의 가격이 같이 내려가는 경향이 있다. 물론 채권시장, 상품시장, 암호화폐 시장, 부동산 시장, 미술품 시장, 보험시장 등 다른 모든 시장의 경우도 마찬가지다.

 결론적으로 해당 시장의 상승세가 강할 때는 그냥 다트를 던지는 식으로 투자해도 수익을 기대할 수 있다. 타고난 천재성이나 날카로운 육감, 특별한 훈련은 필요 없다. 시장이 당신을 대신하여 99%의 일을 해준다.

 이는 당연한 이야기다. 그렇지 않은가?

 다만 상승장에도 한 가지 문제점이 있다. 일반적인 상승장일 경우면 몰라도, 장기간에 걸쳐 상승장이 이어지는 동안에는 투자를 하는 우리 마음에 동요가 일어난다는 것이다. 시장이 활황세일 때는 인터넷 커뮤니티가 떠들썩해지고, 전문가들이 펌프질을 하며, 트위터에는 상승세가 끝날 기미가 보이지 않는다는 말들이 올라온다. 이처럼 비이성적 과열irrational exuberance이 발생하는 시기가 되면 인간의 본능이 주도권을 잡는다.

주식common stock에 대한 지식 수준이 가축livestock에 대한 지식 수준에 불과한 아마추어 트레이더들이, 갑자기 자신을 주식 전문가로 여기며 맹렬한 속도로 사고팔기 시작한다. 최근 들어 얻고 있는 수익이 본인의 타고난 재능 덕분이라는 확고한 믿음, 그것으로 뒷받침된 그들의 자신감은 날로 커져만 간다.

그들의 트레이딩 전략은 거의 대부분 단기 전략이다.

베팅을 잘하면 빠르게 수익이 나고, 도파민이 시원하게 분비되어 행동을 강화한다. 주가가 계속 오른다는 사실은 그들에게 아무런 의미가 없다. 그들은 말한다. "수익이 났으면 된 거야. 익절해서 망한 사람은 아무도 없어!" 반면 베팅을 잘못했을 때는 그냥 물타기(또는 이른바 저가 매수)를 한 다음, 상승세가 자신을 구제해주기를 기다린다. 사실 그러지 말아야 할 이유가 있을까? 트위터에서 사람들이 전부 그렇게 하라고 말하는데? 게다가 지금까지 쭉 그 방법이 통하지 않았나? 잠깐 손실이 발생해도, 시장은 항상 되살아난다고 굳게 믿는다.

그게… 반드시 그런 건 아니다.

현실에서 주가는 상승하기도 하고 하락하기도 한다. 문제는 진짜로 주가가 하락할 때, 그러니까 1999년의 닷컴버블 붕괴나 2008년의 서브프라임모기지 부동산 버블 붕괴처럼 엄청난 하락이 발생할 때는 상승할 때보다 훨씬 빠르고 거센 움직임이 나온다는 것이다. 어느 정도 경력이 있는 모든 전문 투자자들에게 물어보라. 틀림없이 똑같은 말을 할 것이다.

우선은 페르난도의 이야기로 다시 돌아가보자. 그는 자신의 망가진 투자 포트폴리오에 대해 시장을 탓해선 안 된다. 적어도 표면적으로는 그렇다.

그의 투자 내역을 살펴보자. 손실이 발생한 60일 동안(2022년 2월 8일부터 4월 8일까지) 그가 투자한 주식시장과 암호화폐 시장은 기본적으로 '횡보'했다. 이는 월가식 표현으로 뚜렷하게 위 또는 아래로 움직이지 않았다는 뜻이다.

구체적으로는 미국 주식시장 전반의 벤치마크(자산 시장에서 시장 전반의 분위기를 보여주는 종목 또는 지수-편집자) 역할을 하는 S&P500의 경우, 2월 8일 4,521.54포인트였다가 4월 8일 4,488.28포인트로 겨우 0.7% 하락했다. 또한 암호화폐 시장 전반의 벤치마크 역할을 하는 비트코인의 가격은 2월 8일 4만 4,340달러에서 4월 8일 4만 2,715달러로 3.7%밖에 하락하지 않았다. 역시 미미한 수준이다. 어느 것도 페르난도가 기록한 97%의 손실률을 설명하지 못한다.

동서의 매매 기록을 보지 않은 채, 1일차와 60일차의 수치 차이만 봐서는 크게 오해할 수 있다. 만약 페르난도가 장기적인 매수 후 보유 전략을 고수했다면(모든 매수분을 최소한 60일차까지 들고 있었다면) 이 두 수치와 비슷한 투자 성과를 냈을 수도 있다는 얘기다.

하지만 그는 그렇지 못했다.

실제로 어떤 일이 일어났는지 정확하게 살펴보려면 1일차와 60일차만 봐서는 안 된다. 그 사이에 일어난 일까지 확인해야 한다. 거래 내역서에는 얼핏 봐도 10여 건 이상의 매도 주문이 산재해 있었다. 매수 후 보유 전략을 쓰려면 가격 변동과 무관하게 긴 기간에 걸쳐 포지션을 유지해야 한다. 그리하여 잘 고른 투자상품이 지닌 장기적 상승 잠재력을 실현시켜야 한다.

미국 주식시장은 변동성이 꽤 큰 편이다. 특히 공포심과 불확실성이 커지거나, 블랙스완 이벤트black swan event[1]가 발생한 때에는 더욱 그렇다. 암호화폐 시장은 이러한 미국 주식시장보다 훨씬 변동성이 크다. 따라서 어쩌면 암호화폐 시장에서 페르난도의 손실은, 하루 만에 엄청난 가격 변동이 일어났고 그가 실로 나쁜 타이밍에 진입한 결과일 수도 있다.

그러나 그의 트레이딩 내역을 살펴보면 그런 것은 전혀 아니었

---

[1]   주식시장과 이면의 경제에 파괴적인 영향을 미치는 드물고 예상치 못한 이벤트를 말한다. 이런 이벤트는 예상할 수 없기 때문에 은행, 증권사, 투자자, 정치인, 언론 등 모두를 불시에 덮친다.

다는 사실을 알 수 있다. 다시 말해 성질 급한 나의 동서는 '저가 매수, 고가 매도'라는 오랜 트레이딩 격언을 따르지 않고 '고가 매수, 저가 매도'를 했다. 그것도 같은 짓을 수차례 반복하여 거의 모든 돈을 잃는 지경에 이르렀다.

이 점을 염두에 두고 두 벤치마크를 다시 살펴보자. 다만 이번에는 일간 변동성을 기준으로 살펴볼 것이다. 이렇게 하면 시장이 안정된 것처럼 보이는 그 시기에, 왜 페르난도는 엄청난 손실을 냈는지에 대한 이유가 밝혀질지도 모른다.

아래는 2022년 2월 8일부터 2022년 4월 8일까지 각 벤치마크의 일간 변동을 시각적으로 표현한 것이다.

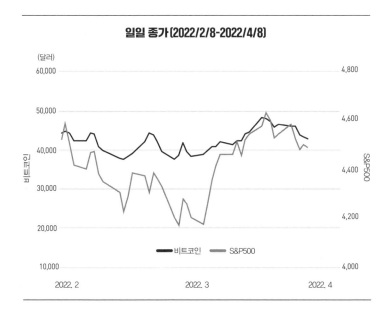

일일 종가(2022/2/8-2022/4/8)

차트에 따르면 비트코인은 3월 16일 3만 7,023달러에서 저점을 찍었고, 3월 30일 4만 7,078달러에서 고점을 찍었다. 60일 동안 고점과 저점의 변동폭은 21%였다. 또한 비트코인보다 변동성이 훨씬 덜한 S&P500의 경우, 3월 8일 4,170포인트에서 저점을 찍었고, 3월 30일 4,631포인트에서 고점을 찍었다. 고점과 저점 사이의 변동폭은 9%에 불과했다.

이 부분을 참고하며 페르난도의 9만 7,000달러짜리 손실을 다시 살펴보자.

전체 방정식에 일간 변동성을 포함시켜보자. 1일차부터 60일차까지 안정된 것처럼 보였던 시장은 사실 전혀 안정적이지 않았던 셈일까? 페르난도는 자신의 것을 포함해 모든 투자자의 포트폴리오를 항구에 좌초시킨 빠른 썰물의 무고한 피해자였을까?

이는 흥미로운 가설이다.

하지만 나는 직관적으로 그렇지 않을 거라 생각했다.

그게 맞으려면 그는 모든 매수에서 '몰빵' 할 뿐 아니라 나폴레옹이 한겨울에 러시아를 침공한 것처럼 유사 이래 최악의 타이밍 감각을 지녔어야 한다.

나는 단서를 찾아 계좌의 거래 내역서를 훑었다. 마치 범죄 현장을 뒤지는 형사가 된 기분이었다. 다만 나는 피와 내장의 바다를 헤치는 형사와 달리 시뻘건 숫자와 절망의 바다를 헤치고 있었다.

알고 보니 페르난도는 투자를 시작한 첫 7일 동안에는 몇 번

수익을 내기도 했다. 가령 비트코인을 4만 1,000달러에 사서 4일 후 4만 5,000달러에 팔았고, 이더리움을 2,900달러에서 사서 일주일 후 3,350달러에 팔았으며, 테슬라Tesla의 주식과 옵션을 사서 며칠 후 2만 달러가 넘는 이득을 보고 팔았다. 그러나 그 외에는 그가 손대는 거의 모든 게 바로 똥덩어리로 변했다.

게다가 점차 매매 횟수가 늘어났다. 3주차 말에는 마치 자신을 데이 트레이더[2]로 착각하는 듯 보일 지경이었다. 초반에 성공을 거둔 페르난도는 전형적인 방식대로 자신감에 부풀어올랐다. 과감해진 그는 더 자주, 더 크게 베팅했다. 바로 그렇게 유혈극이 시작되었다.

2주차 중반이 되자 수익 건이 보이지 않았다. 보이는 거라고는 연이은 손실 건뿐이었고, 전체 손실액은 불어나고 있었다.

3주차 초에는 미다스의 똥손이 사악한 마법을 부려냈다. 망조의 기운이 역력했다. 자산이 5만 달러 아래로 급감하는 가운데, 그는 투기성 심한 잡주와 가치 없는 잡코인(암호화폐계의 잡주)에 과다하게 베팅했다. 그의 절박함이 보였다.

6주차 말에는 모든 것이 끝장났다. 그는 한 달 내내 한 번도 수익을 내지 못했고, 계좌 잔액은 1만 달러 아래로 내려가 3,000달러 수준에 머물러있었다.

---

[2] 일간 가격 변동으로 이익을 내기 위해 아주 잦은 거래를 하는 투자자들이다. 그들은 주가 급락이나 블랙스완 이벤트에 따른 오버나이트(overnight) 리스크를 제거하기 위해, 대개 모든 보유 포지션을 장 마감 전에 처분한다.

똑똑하다고 투자를 잘하는 것은 아니다

어떻게 한 사람이 이토록 줄기차게 틀릴 수가 있지? 나는 궁금한 마음이 들었다.

내 생각에 이는 의미있는 질문이었다. 투자 외 다른 측면에서는 페르난도가 어떤 사람인지 잘 알기에 특히 더 그랬다. 그는 성공과 경제적 능력의 화신이었다. 40대 초반인 그는 똑똑하고 근면했다. 대학을 졸업했고 인맥이 좋았으며, 성공한 사업가에 패션감각까지 뛰어났다. 그의 회사는 금속가공 업체인데, 부에노스아이레스 외곽에 큰 공장을 보유하고 있었다.

최근에 결혼한 그와 그의 어린 아내 고디타Gordita는 유난히 귀여운 두 살배기 아들 비토리오Vittorio와 함께 완벽하게 꾸며진 방 3개짜리 아파트에서 살았다. 이 아파트는 부에노스아이레스에서 가장 좋고 안전한 동네에 지어진 46층 높이 유리 빌딩의 3층 전체를 차지하고 있었다.

그날 밤, 고디타는 흰 리넨 홀터탑 차림으로 내 왼쪽에 앉아 심란한 표정을 짓고 있었다. '불쌍한 고디타!' 그녀는 남편의 투자 포트폴리오가 망가진 이유를 이해하지 못하고 있었다. 나는 그녀의 심정에 진실로 공감했다. 그럼에도 이 긴장된 순간에 그녀의 눈을 바라보며 이름을 부르면 웃음을 참기 어려웠다. 고디타라는 이름은 '작고 뚱뚱한 소녀'를 가리키기도 하기 때문이다. 그러나 그녀는 사실 1미터 68센티미터의 키에 체중이 45킬로그램도 안 나가는 늘씬한 금발 미녀다.

왜 다들 그녀를 고디타로 부르게 되었는지는 내게 여전히 미스터리다. 다만 아르헨티나 사람들은 '작고 뚱뚱한 소녀'를 애칭으로 여긴다는 말을 들은 적은 있다. 물론 머릿속에 바로 떠오르는 몇 가지 뻔한 쓰임새는 있다. 가령 "야, 고디타! 살이 더 쪘네? 근래에 핫도그 먹기 대회라도 나간 거야?"라는 식으로 놀리는 것이다. 다만 고디타라는 애칭을 쓰면 절대 안 되는 경우도 있다. 그 소녀가 정말로 '고디타'인 경우 말이다.

어느 경우든 결과적으로 나의 처제는 고디타의 살아 움직이는 반대말이다. 그녀의 공식적인 이름은 오넬라Ornella다. 하지만 누구도 그 이름을 부르지 않는다. 반면 모두가 터무니없는 별명으로 그녀를 부른다. 거기에는 고디타의 언니이자 마침 나의 네 번째(몇 번인들 숫자가 중요한가?) 아내이기도 한 크리스티나Cristina도 포함된다. 두 자매는 섬뜩할 정도로 닮았다.

그 순간 고디타는 몸을 앞으로 기울이며 경악했다. 그녀는 두 손으로 머리를 감싸쥐고 팔꿈치를 테이블에 기댔다. 그녀의 상체는 45도 각도로 구부러졌다. 그녀는 머리를 천천히 앞뒤로 흔들었다. 마치 '이 악몽이 대체 언제 끝나지?'라고 말하는 것처럼.

내 생각에도 그럴 만했다.

고디타는 페르난도의 투자 활동에 아주 약간만 관여했다. 의견을 내도 항상 사후에 아내로서 조언만 해주었다. 그것은 유부남이 공동 주식 계좌를 거덜내고 있을 때 아내로부터 들을 만한 격려성 조언이었다. "페르난도, 도대체 뭐가 문제야? 머리가 돈 거야? 네가 잘 아는 일을 해. 망할 로빈후드 계좌를 닫고 공장이나 잘 운영해! 그래야 최소한 거지꼴은 면할 거 아냐!"와 같은 조언 말이다. 확실히 지금껏 문제를 복잡하게 만들어온 페르난도는 그런 말을 들을 만했다.

고디타는 탁월한 비서 타입이었다. 대단히 체계적이었으며, 디테일에 엄청나게 집중했다. 우리 부부를 비롯하여 모든 가족의 운전면허증 만료일과 여권 번호를 기억할 정도였다. 요컨대 절대 어리숙한 사람이 아니었다.

하지만 그날 밤은 입장이 바뀌었다.

고디타는 드물게도 크리스티나에게 의존했다. 구체적으로는 통역자로서 크리스티나의 도움이 필요했다. 크리스티나는 통역자 역할을 하기 위해 페르난도와 고디타의 맞은편, 나의 오른쪽에 앉았다. 그런데 큰 문제가 있었다. 고디타가 말하는 속도가 엄청나게 빨랐다. 그녀의 입은 마치 단어를 쏘아대는 총 같았다. 총도 그냥 총이 아니라 스페인제 기관총 같았다. 그나마 마음을 추스르고 말하는 게 그 정도였다. 나는 그날 그 자리에서 그녀가 전혀 차분한 상태가 아니라는 걸 느꼈다.

고디타는 이렇게 쏘아붙였다. "No entiendo! Como perdio nuestro dinero tan rapido? Es una locura!(이해가 안 가! 어떻게 우리 돈을 그렇게 빨리 잃을 수 있어? 너무 심하잖아!)", "El mercado de valores ni siquiera bajo! Lo volvi a revisar esta mañana! Mira!(주가지수가 하락한 것도 아니었어! 오늘 아침에 다시 확인했어. 이거 봐!)" 고디타는 주식 앱이 열려있는 아이폰 화면을 가리켰다. "Lo tengo aqui. Mira! De hecho esta mas alto desde que el empezó! Y no nos queda nada! Como es possible! No puede ser! No debería pasar!(봐! 당신이 시작했을 때보다 올랐잖아! 팩트라고! 그런데 우리한텐 남은 게 없어! 어떻게 그게 가능해? 그래서는 안 되고, 그럴 수도 없어. 말도 안 돼!)"

나는 스페인어에 비교적 유창한 편이다. 그런데도 "이해가 안 가"라는 첫 몇 마디밖에 알아들을 수 없었다. 나머지 말들은 모두 돌풍처럼 지나가버렸다. 나는 크리스티나 쪽으로 몸을 돌렸다. 그리고 두 손바닥을 허공으로 올리며 눈썹을 치켜올렸다. '내 말이 무슨 뜻인지 이제 알겠지? 아무도 처제 말을 이해하지 못해! 말도 안 된다니까!'라는 의미였다.

크리스티나는 어깨를 으쓱하며 "짜증이 났대"라고 말했다.

"나도 그 정도는 알아들어. '불가능'이라는 단어도 어디쯤에선가 들었어." 나는 고디타를 건너다보며 또박또박 영어로 말했다. "처제가, '불가능'이라고, 말한, 거, 맞지?"

그녀는 억양이 센 영어로 "맞아요. 그런데 페르난도는 그걸 가능하게 했어요"라고 대답했다.

나의 동서는 고디타의 왼쪽에 앉아 계좌 내역서 사본을 내려다보다가 천천히 고개를 저었다. 그는 빳빳한 폴로셔츠를 입고 있었다. 그의 입가에는 짓궂은 미소가 희미하게 맴돌았다. 마치 '맞아. 분명 내가 투자를 망치긴 했어. 하지만 그래도 난 여전히 부자고, 세상이 망한 게 아냐. 안 그래?'라고 말하는 것 같았다. 그건 이런 상황에 처한 모든 남편들이 그 상황을 절박하게 감추려고 애쓰는 종류의 미소였다. 아내에게 들켰다가는 '뭐가 그렇게 좋은데? 당신이 잃은 돈으로 샤넬 핸드백을 몇 개나 살 수 있는지 알아?'라는 말을 들을 게 뻔하기 때문이다.

나는 크리스티나를 돌아보며 "처제가 또 뭐라고 말했어?"라고 물었다.

"어떻게 돈을 그렇게 빨리 잃었는지 이해할 수 없대. 말이 안 된다고 생각하는 거지. 자기도 휴대폰에 주식 앱을 깔고 보니까 돈을 잃는 게 아니라 벌었어야 했다는 거야. 주가지수가 상승했으니까. 어떻게 돈을 잃는 게 가능한지 모르겠대." 뒤이어 크리스티나는 페르난도와 고디타를 돌아보며 방금 한 말을 스페인어로 반복했다.

고디타는 소리쳤다. "Exacto!(맞아! 이거 말 안 돼.)"

월가의 늑대 시장을 이겨라

페르난도는 발끈하며 대꾸했다. "뭐가 말이 안 돼? 주식하다가 돈 잃는 사람들 많아! 내가 그중 하나인 거고. 그렇다고 세상이 망하기라도 해?"

고디타는 상체를 거의 움직이지 않은 채 서서히 고개를 페르난도 쪽으로 돌리더니 차가운 시선으로 쏘아보았다. 아무런 말도 필요 없었다.

페르난도는 순진하게 "뭐? 내 말이 틀려?"라고 대꾸했다. 그러고는 나를 바라보며 자신이 할 수 있는 최선의 영어로 이렇게 덧붙였다. "내가 잘못한 게 아니에요! 주식시장에서는 모두가 돈을 잃잖아요? 형님이 그렇다는 건 아니고요. 일반적인 사람들 말이에요. 내 말 이해하시죠?"

나는 이렇게 대답했다. "그래. 전적으로 이해해. 내가 '일반적'이라는 표현과 한 문장에서 같이 쓰이는 경우는 드물지. 그러니까 자네 말이 정확해."

아내는 "그런 뜻이 아냐. 페르난도는 당신을 좋아해"라고 끼어들었다.

나는 따뜻한 말투로 대답했다. "나도 알아. 그냥 농담한 거야. 어쨌든 내가 말하는 대로 번역해. 알았지? 이렇게 중간에 계속 끊기에는 너무 복잡한 내용이야."

크리스티나는 "좋아, 시작해! 난 준비됐어"라고 말했다.

그 말과 함께 나는 심호흡을 한 후 이야기를 시작했다. "좋아. 그러니까…, 자네가 한 말은 맞아. 대부분의 사람은 시장에서 돈을 잃어. 그중 다수는 자네처럼 완전히 털리지. 하지만, 이 '하지만'이 아주 중요해. 모두가 시장에서 돈을 잃지는 않아. 돈을 버는 사람도 많아. 전문 투자자들만 말하는 게 아냐. 아마추어 투자자들도 돈을 벌어. 다만 내가 장담할 수 있는 건 그들은 자네 같이 광란의 밴시banshee처럼 투자하지 않는다는 거야. 그건 말 그대로…"

거의 유창하게 번역하던 아내가 말을 끊었다. "광란의 뭐?"

"광란의 밴시."

"광란의 밴시가 뭐야?"

"말하자면…, 광란의 인디언 같은 거야. 소리치고 고함을 지르면서 화살을 쏘는 인디언 말이야. 어쨌든 그냥 비유야. 요점은 아마추어 투자자가 이런 매매를 해서 돈을 버는 건 말 그대로 불가능하다는 거야. 결국에는 다 털리게 되어있어. 시간문제일 뿐이지. 주식시장이든, 암호화폐 시장이든 마찬가지야. 대개 암호화폐 시장에서는 더 빨리 털리기는 해. 매매 비용이 너무 크고, 사기도 엄청 많으니까. 그래서 그 세계에서 무엇을 해야 하는지 잘 알지 않으면 곧 지뢰를 밟아서 몸이 날아가게 되어있어. 그건 수학적으로 분명한 사실이야." 나는 통역이 잘되고 있는지 확인하기 위해 잠시 말을 멈추었다.

크리스티나는 고개를 끄덕이며 통역을 계속했다.

그 사이에 나는 계좌 내역서를 다시 훑어보며 더 많은 단서를 찾았다. 여전히 뭔가 놓친 게 있는 것 같았다. 뻔히 눈앞에 있지만 숨겨진 무언가. 페르난도가 비교적 안정된 시장 여건에서 60일 동안 거의 투자액 전체를 잃게 된 이유를 보다 온전히 설명하는 무언가가 있을 것 같았다.

물론 가장 명백한 이유는 내가 앞서 제시한 부분이었다. 페르난도는 초반에 거둔 성공 때문에 탐욕의 불길에 사로잡힌 초보 투자자였다. 그 탐욕의 불길은 원래는 이성적이었던 그의 의사결정 과정을 고리타분하게 만들었다. 더 큰돈을 벌 수 있는 공격적인 투자 방식과 비교하면서 말이다.

그것 말고 다른 요인이 있을까? 어쩌면 결정적인 증거라 할 수 있는 요인이?

그때 크리스티나가 나를 보며 말했다. "두 사람이 모든 걸 이해했어. 다시 시작하고 싶대. 올바른 방식으로 말이야. 당신 생각에는 무엇을 사야 하는지 알고 싶대. 주식에 투자해야 해? 아니면 암호화폐에?" 뒤이어 그녀는 뒤늦게 생각났다는 듯 이렇게 덧붙였다. "그리고 어느 걸 사야 해? 고디타는 좀 구체적으로 추천해달래."

"첫 번째 질문에 답하자면, 두 사람의 나이를 고려할 때 무조건 주식시장에 대부분의 돈을 투자해야 해. 지금까지는 주식시장에서 장기적으로 꾸준히 투자한 사람들이 최고의 수익률을 올렸으니까. 또한 누구든지 그렇게 할 수 있도록 만들어주는 놀라운 방법도 있어. 다만 두 사람이 암호화폐로 많은 돈을 잃었으니까 거기서부터 설명을 시작해보자고. 그러면 무엇이 문제였는지 이해하는 데 도움이 될 거야."

나는 다시 아내 쪽으로 고개를 돌렸다.

"두 사람처럼 막 시작한 신규 투자자가 암호화폐 세계에서 큰 리스크 없이 많은 돈을 벌 수 있는 방법은 기본적으로 두 가지가 있어.

첫 번째는 그냥 비트코인을 사서 끌어안고 있는 거야. '끌어안고 있다'는 건 가격이 단기적으로 오르든 내리든 관계없이 계속 끌어안고 있는다는 뜻이야. 모든 가격 변동을 완전히 무시해야 해. 그건 배경 소음에 불과하니까. 알았지?

적어도 5년은 끌어안고 있어야 해. 그게 최소한이야. 7년이면 더 좋고, 10년이면 그보다 더 좋아.

그냥 그렇게만 하면, 이 단순한 조언을 따르기만 하면 암호화폐로 돈을 벌 수 있을 거야. 특히 5년에서 7년간의 보유는 돈을 벌 아주 좋은 기회가 될 거야. '기회'라는 말이 중요하기는 하지만 말이야. 절대 보장된 건 아냐. 어떤 시장에서도 보장은 없어. 주식이든 암호화폐든 똑같아.

그렇기는 해도, 암호화폐의 경우 비트코인을 사서 오래 들고 있는 게 분명히 최고의 베팅이라고 믿어."

나는 고디타의 아이폰을 손가락으로 가리켰다. "고디타한테 이 말을 적어두라고 해."

크리스티나는 "알았어"라고 대답하며 통역을 계속했다.

"그리고 단타는 하지 말라고 해! 그건 절대 금물이야. 무조건 장기 보유야."

잠시 후, 고디타는 아이폰을 집어들어서 두 엄지손가락으로 아주 빠르게 타이핑을 시작했다. 타이핑이 끝난 후 그녀는 내게 고마움을 담은 미소를 지으며 "Gracias, Continuar, por favor(고마워요. 계속 이야기해주세요)"라고 말했다.

나는 "No problema(알았어)"라고 대답한 후 크리스티나 쪽으로 고개를 돌렸다. "비트코인을 얼마나 매수해야 하는지에 대해서는 나중에 이야기하자고. 그 전에 두 사람에게 여러 가지 전략들을 알려주고 싶어. 특히 주식시장에서 쓸 수 있는 한 가지 전략이 있어. 최종적으로 두 사람의 포트폴리오 중 대부분은 주식으로 채워야 해. 다른 한편으로 암호화폐는 전체 포트폴리오의 최대 5%만 할애하면 돼. 그보다 많이 할애하는 건 반대야.

총 얼마를 투자할지는 두 사람이 나중에 결정하면 돼. 그 다음에 수익을 극대화하고 리스크를 최소화하기 위해 몇 개의 자산군으로 자금을 나누는 최선의 방식을 검토하는 거지.

우선은 비트코인을 사서 장기 보유하는 전략에 대해 계속 이야기할 거야. 이 전략으로 돈을 벌 거라고 내가 비교적 자신하는 이유는 바로 장기 투자이기 때문이야. 모든 힘은 거기서 나와.

그러나 내게 비트코인 가격이 앞으로 몇 주 또는 12개월 동안 어떻게 움직일지 묻는다면, 나는 몰라. 안다고 말하는 건 완전 거짓말이 될 거야. 나는 몰라. 누구도 알지 못해. 적어도 확실하게 알 수 있는 사람은 없어. 안다고 말하는 사람은 완전 거짓말쟁이야.

하지만 장기적으로는, 그러니까 아주 장기적으로는 비트코인 가격이 오를 거라는 믿음이 있어. 그럴 거라고 믿을 만한 이유도 있어.

단기적으로는 비트코인 가격에 영향을 미치는 온갖 무작위적인 일들이 생겨. 솔직히 그걸 예측할 수 있는 방법은 없어. 어느 날 일론 머스크가 잠을 잘 못 자서 비트코인을 싫어하게 된다거나, 중국의 시진핑 주석이 자신의 정치적 어젠다와 맞지 않는다는 이유로 비트코인 거래를 중단시키기로 결정한다거나, 일군의 큰손들이 가격을 떨궜다가 며칠 후에 다시 사들여서 이익을 보려고 대규모로 물량을 내던진다거나, 연방준비제도Federal Reserve Board(연준)가 인플레이션을 잡으려고 금리를 올리고 통화 공급량을 줄인다거나, 하는 일 말이야. 그건 그렇고 연준은 이미 금리 인상을 시작했어.

여기 아르헨티나 사람들은 두 자릿수 물가상승률에 익숙하다는 걸 알아. 하지만 미국의 경우, 연준이 절대 그런 일이 생기게 놔두지 않아. 그들은 인플레이션을 잡기 위한 조치를 취하는데, 이러한 움직임은 적어도 단기적으로는 비트코인이나 주식시장에 좋지 않아.

어쨌든 요점은 이런 유형의 무작위적 사건은 장기적으로는 사실상 아무런 영향을 미치지 못하지만, 단기적으로는 비트코인 가격에 큰 영향을 미칠 수 있다는 거야.

그리고 이런 단기적 사건을 예측할 수 있는 방법이 없기 때문에 단타는 완전히 도박이나 마찬가지야.

반면 비트코인 장기 투자는 비트코인의 펀더멘털에 영향을 받는, 전적으로 다른 행위야. 비트코인에 잠재적 가치를 부여하는 모든 것을 자세히 살필 수 있어. 얼마나 희귀한지, 어떤 문제를 해결하는지, 새로운 사용자들이 얼마나 빨리 사용하기 시작하는지 같은 것들 말이야. 그 다음에야 현재 시장 가격과 비교할 때 실제로 얼마나 가치를 지닌다고 생각하는지에 관해서 근거 있는 판단을 할 수 있어.

즉, 저평가되었는지 아니면 고평가되었는지 따질 수 있다는 거야. 저평가되었다고 생각하면 사고 싶어질 거야, 그렇지? 비교적 저렴하게 가질 수 있으니까. 반대로 고평가되었다고 생각하면 아마 피하고 싶을 거야. 웃돈을 주고 살 이유가 없잖아?(뒤에서 '가치 평가' 문제를 다룰 테니 계속 읽어주기 바란다)

반드시 내가 옳다고는 할 수 없지만 힘들게 번 돈을 투자하는 데 있어서는 훨씬 많은 고민이 필요하다고 봐. 단기적으로 매매 타이밍을 맞추려 들어서는 안 돼. 그랬다가는 일론 머스크의 기분이 어떤지, 시진핑 주석이 아침에 뭘 먹었는지 같은 문제와 씨름해야 해. 알겠지? 먼저 말한 방식이 투자이고, 뒤에 말한 방식은 투기 또는 도박이야.

이 점을 감안할 때 내가 페르난도에게 지금 비트코인을 보유해야 하는 이유를 물어보면 바로 대답할 수 있어야 해. 현재 가격에 비해 그 가치가 저평가되었으며, 따라서 장기적으로는 반드시 가격이 오를 것이기 때문이라고 말이야.

또한 고디타에게 언제 비트코인을 팔 것인지 물어보면 역시 바로 대답할 수 있어야 해. 적어도 5년 또는 그 이상 초장기 보유할 계획이라서 당분간은 팔지 않을 거라고 말이야.

앞으로 12개월 동안 비트코인 가격이 크게 내려갈 수도 있을까? 당연히 있지. 실제로 지난 기록을 참고하자면 비트코인은 이른바 '비트코인 겨울' 또는 '암호화폐 겨울' 동안 가격 급락을 겪어. 그래도 나는 전혀 걱정하지 않아. 모두 소음일 뿐이야. 아주 오랫동안 보유할 생각으로 매수했으니 그 전략을 고수할 거야."

나는 크리스티나에게 "내 말이 전부 이해돼? 두 사람에게 그대로 설명할 수 있겠어?"라고 물었다.

"그럼! 완전히 이해돼."

크리스티나는 능숙하고 우아하게 그리고 2년 전만 해도 영어를 한 마디도 쓰지 않았다는 점을 감안하면 인상적일 만큼 수월하게 페르난도와 고디타에게 내가 전하는 투자 조언의 첫 부분을 통역했다. 나의 조언은 타당하고 논리적일 뿐 아니라 검증된 투자 원칙을 따르는 것이었다. 그들이 지금까지 하던 가미카제식 투자법과는 달랐다.

하지만 그건 시작일 뿐이었다. 지금까지 말한 것은 비트코인 투자를 위한 기본적인 전략이었다. 투자 포트폴리오의 대부분을 차지할 주식시장은 아직 건드리지도 않았다.

THE WOLF OF INVESTING

개인투자자를 위한
월드 클래스 포트폴리오

주식투자를 위해서는 특별히 생각해놓은 전략이 하나 있었다. 대단히 강력하면서도 한 번 빠르게 훑기만 해도 쉽게 배울 수 있는 전략이었다. 이를 통해 페르난도와 고디타는 전 세계 최상위 자산관리자들의 95%를 꾸준히 앞지르는 수익을 확보할 수 있었다.

그 전략은 두 사람의 인생을 바꿔줄 것이었다.

나는 저녁 내내 두 사람에게 '월드 클래스 포트폴리오'를 구축하는 단계별 공식을 제시했다. 이 포트폴리오는 수익을 극대화하고 리스크를 최소화하는 한편, 아르헨티나의 머리 둘 달린 괴물인 고삐 풀린 인플레이션과 걷잡을 수 없는 통화 가치 절하로부터 두 사람의 예금을 지켜줄 것이었다.

나는 뉴욕증권거래소와 기술주 중심인 나스닥에서 최고의 종목들을 빠르게 파악하는 방법부터, 해당 종목들을 월드 클래스 포트폴리오로 수월하게 묶고 기업의 실적이 부진할 때 자동으로 갱신되도록 만드는 방법까지 모든 것을 다뤘다.

그것은 두 사람이 이전에 보거나, 듣거나, 읽은 적 없었을 '내부자의 전략집'이었다. 요컨대 나는 월가 프로들이 투자하는 방법뿐 아니라, 그들에게 막대한 수수료와 많은 운용 보수 그리고 지나치게 과다한 성과금을 넘겨주지 않을 방법까지 알려줬다. 내부자의 전략집을 모르는 투자자들은 꾐에 넘어가 이 모든 비용을 지불해야 한다. 나중에는 수익률을 갉아먹고 결국 부를 강탈해가는데도 말이다.

밤이 깊어가면서 나는 전직 마술사가 은퇴 후에 지켜야 할 업계의 가장 중요한 규칙, '귀중한 마술 기법의 비밀을 절대 알려주지 않는다'는 규칙을 깨는 기분이 들기 시작했다. 실제로 나는 바로 그런 짓을 하고 있었다.

나는 금융서비스 산업을 가린 커튼 전체를 젖혀서 그들이 가진 최고의 마술 기법의 비밀을 드러내고 있었다. 그 기법은 오도의 힘을 이용하여 추악하면서도 부인할 수 없는 진실을 가리는 것이었다. 가장 효과적인 투자 전략은 너무나 쉽게 배우고 간단하게 실행할 수 있어서, 월가의 존재와 그들이 받는 수수료, 커미션, 터무니없는 성과금은 전혀 필요하지 않다는 진실 말이다.

여러분에게 필요한 것은 이러한 진실을 담은 '내부자의 전략집'에 대한 해독본뿐이다.

지금부터 내가 여러분에게 제시하려는 건 월가가 지난 60년 동안 일반 투자자들 위로 군림하며 들고 있던 내부자의 전략집에 대한

월가의 늑대 시장을 이겨라

해독본이다.

나는 성인이 된 후 거의 내내 그 전략집을 들여다봤고, 월가에 발을 들인 초기에는 악용하기도 했다. 당시 나는 큰돈을 벌었고, 다른 사람들은 그렇게 하지 못하게 하려고 그걸 감추려했다.

이후 그 점을 부끄럽게 생각하며, 나의 잘못을 바로잡으려고 오랫동안 노력했다. 그래서 지금까지 전 세계에 걸쳐 수천만 명의 사람들이 더 행복하고, 부유하며, 경제적으로 유능한 삶을 살도록 도왔다. 그것은 영업 및 설득의 기술과 보다 뛰어난 사업가가 되는 방법을 가르치는 것이었다.

하지만 이 책은 그런 나의 노력을 완전히 새로운 수준으로 올려놓는다.

이 책은 여러분이 경제적 왕국을 건설하는 과정에서 발생하는 문제들을 단번에 푸는 해결책 역할을 할 것이다. 게다가 매우 쉽게 그 내용을 알려줄 것이다. 나는 여기서 소개하는 전략들을 아주 잘, 본질적으로 알고 있기에 책을 집필하는 걸 일주일 만에 끝낼 수도 있었다. 하지만 실제로는 3년 넘게 공을 들였다. 유일한 문제는 이 책에서 다루는 주제가 사람들을 잠들게 만드는 경향이 있다는 것이었다. 그래서 거기에 내재된 지루하고 따분한 부분은 모두 배제해야 했고, 여러분이 끝까지 페이지를 넘길 수 있도록 글을 썼다. 그러지 않으면 여러분에게 그다지 도움이 안 될 것임을 알기 때문이다.

이제부터 월가 내부자의 전략집을 해독하는 힘든 과정을 시작해보자. 재미있게 읽고, 쉽게 이해하며, 더 쉽게 실행할 수 있는 방식으로, 한 번씩 폭소를 터트리며 '이런 말을 하다니!'라는 생각이 들도록 말이다.

여러분이 아마추어 투자자이거나 투자를 시작할까 생각하고 있다면, 이 책은 완전히 게임 체인저game-changer로 작용할 것이다. 즉, 힘들게 번 돈을 안전하고 확고하게, 그리고 고도로 계산된 방식으로 투자하는 방법을 알려줄 것이다. 그리하여 전 세계 헤지펀드 매니저와 뮤추얼펀드 매니저의 95%를 꾸준히 이기는 월드 클래스 포트폴리오를 빠르게 구축하도록 만들어줄 것이다.

설령 여러분이 이미 탄탄한 투자 실적을 갖춘 노련한 투자자라 해도, 이 책은 여전히 가치를 지닐 것이다. 당신의 투자 전략이 성공해온 이유를 정확하게 알려줄 것이기 때문이다. 또한 당신에게 '최신 투자 팁'을 전하는 오랜 친구나 CNBC에 출연하는 월드 클래스 호객꾼들, 사무실 휴게소에서 만난 무지한 동료, 틱톡이나 인스타그램에서 자기 잇속을 챙기려는 수많은 사기꾼들에게 낚이지 말고 지금까지의 성공 경로를 계속 유지할 것을 강력하게 상기시킬 것이다.

지금까지 시장에서 성공을 거둔 사람 중에는 전문적인 투자 자문을 받은 사람도 있을 것이다. 이들은 투자 자문을 누구에게 받았느냐에 따라 연 수익의 상당 부분을 수수료, 커미션, 잔뜩 부풀린 연간 성과금으로 불필요하게 갉아먹혔을 가능성이 있다. 이 책은 그런 비용의 대부분을 제거하는 방법을 알려줄 것이다. 그래서 연 수익이 월가가 아니라 여러분의 호주머니로 들어가도록 보장할 것이다.

끝으로 여러분이 대단히 보수적인 사람이라(어쩌면 월가와 거기서 일하는 탐욕스런 놈들을 경멸해서) 투자를 아예 하지 않는다 해도, 이 책은 여전히 큰 가치를 지닐 것이다. 무엇보다 이 책은 월가와의 게임에서 이기는 방법을 가르쳐주도록 설계되었기 때문이다. 그 방법은 월가가 창출하는 가치 중에서 여러분이 마땅히 가져야 할 몫을 빼내가는 것이다. 반대로 말하자면 그들은 지금껏 여러분의 몫을 훔쳐가고 있던 셈이다.

사실 월가는 세계 경제가 적절하게 돌아가는 데 있어 필수적인 역할을 맡는다. 그리고 그 과정에서 엄청난 가치를 창출한다. 문제는 그들이 전체 글로벌 금융 시스템 위에 거대한 흡혈 괴물을 올려두기도 한다는 것이다. 이 괴물은 과도한 수수료와 커미션을 빨아먹으며 금융계 전반을 아수라장으로 만든다.

이 거대한 흡혈 괴물을 가리키기 위해 내가 만든 표현은 '**월가 수수료 절취 복합체**Wall Street Fee Machine Complex'다. 이 문제에 대해서는 뒤에서 아주 자세히 파고들 것이다. 또한 그것을 안전하게 피해가는 간단하고도 아주 효과적인 방법을 알려줄 것이다.

우선적으로 알아둬야 할 결정적인 사실이 있다. 여러분이 어디에 사는지, 나이가 얼마나 되는지, 돈을 얼마나 버는지, 어떤 일을 하는지, 현재 은행 또는 침대 매트리스 밑에 얼마나 많은 돈을 넣어두었든 모두 알아둬야 한다. 바로 경제적 능력을 갖춘 삶의 핵심 요소 중 하나는 여러분이 근면과 절약으로 모은 돈을 안전하게 굴리는 것이라는 사실이다. 그러기 위해서는 적어도 인플레이션으로 인한 통화 가치 하락의 영향을 막아낼 수는 있어야 한다.

이 책은 균형 잡힌 포트폴리오를 구축하는 길로 여러분을 안내할 것이다. 그래서 언젠가 자부심과 위엄을 갖추고 은퇴할 수 있도록 도와줄 것이다. 또한 이 책은 경제적 자유를 향한 길로 여러분을 안내할 것이다. 그래서 무엇이든 원하는 일을, 언제든 원할 때, 누구든 원하는 사람과 함께, 원하는 만큼 할 수 있도록 만들어줄 것이다.

그것이 여러분에 대한 진정한 나의 바람이다.

셰익스피어의
투자 딜레마

눈앞의 현실을 직시한다는 것

그날 저녁 늦게, 페르난도는 내게 아주 중대한 질문을 던졌다. 당시에 그는 그 질문이 중대하다는 사실을 전혀 몰랐지만 말이다. 그에게 그것은 투자 조언을 구하기 위한 수많은 질문 세례 중 하나였을 뿐이다.

그가 던진 질문들의 내용은 주로 그와 고디타가 앞으로 어떻게 해야 할지에만 초점이 맞춰져 있었다. 그는 자신이 저지른 과거의 실수에는 아무런 주의를 기울이지 않고 있었다. 내가 보기에는 그 동기가 매우 명확했다. 고통을 피하고 쾌락에 집중하는 인간의 본능이었다. 그게 도움이 되지 않을 것은 분명했다.

어쨌든 내게 투자 자문은 하루이틀 해온 일이 아니었다.

지난 30년 동안 수많은 사람들이 투자 조언을 얻으려고 나를 찾아왔다. 그 과정에서 시행착오를 거치며 힘들게 얻은 교훈은 근거를 함께 말해주지 않고 투자 조언을 주는 건 헛되기 그지없는 일이라는 것이다.

진정한 변화, 그러니까 오래 지속될 변화를 이루려면 깊은 이해가 필요하다. 다시 말해 어떤 투자 방법이 왜 타당한지 그 이유를 알아야 한다. 또한 어떤 투자 방법이 왜 타당하지 않은지 그 이유도 알아야 한다. 그렇지 않으면 이내 이전과 같은 파괴적인 패턴으로 되돌아가기 마련이다. 즉, 공격적으로 단타를 치면서 아까운 돈을 낭비하거나, 자기 잇속을 챙기는 사기꾼들의 조언을 따르는 페르난도 꼴이 된다. 수익 없이 손실투성이로 망가진 투자 포트폴리오와 연말 세금 고지서 때문에 풀이 죽은 투자자가 된다는 말이다. 이런 경험에 비춰봤을 때 페르난도의 질문은 너무나 가슴 아픈 것이었다. 그의 질문은 아마추어 투자자들이 가장 흔히 저지르는 파괴적인 실수 중 하나에서 비롯됐기 때문이다. 바로 어떤 자산에 대한 매도 결정을 할 때 '그것을 얼마에 샀느냐'를 기준으로 삼는 상황 말이다.

가령 페르난도의 사례를 보면, 현재 그의 초기 투자금인 10만 달러는 대부분 허공으로 날아갔지만 여전히 소수의 포지션이 남아 있다. 구체적으로는 3,000달러에 조금 못 미치는 금액이, 3개의 개잡주와 4개의 실로 쓰레기 같은 똥코인shitcoin[3], 2개의 거의 무가치한 미술품 NFT[4]로 분산돼있다. 특히 미술품 NFT는 너무

---

[3] 가치가 거의 또는 아예 없고, 적절한 용도가 없는 암호화폐를 가리키는 속어다.
[4] 대체 불가능 토큰(non-fungible token)이라고도 불리는, 특정한 고유 아이템의 소유권을 나타내는 디지털 자산이다. 현재 NFT는 대개 디지털 미술품의 소유권을 나타내는 용도로 쓰이지만, 수집품이나 부동산 같은 물리적 자산의 소유권을 나타내는 데도 쓰일 수 있다.

형편없어서 페르난도가 잠시 정신이 돈 건 아니었는지 묻고 싶을 정도였다. 내가 보기에는 이 2개의 명작은 원숭이와 컴퓨터가 긴밀하게 협력하여 만든 1만 개의 디지털 구토물 같았다. 그 정도로 NFT 중에서도 유독 혐오스러웠다.

그러면 페르난도처럼 똑똑하고, 많이 배우고, 수완 좋은 사람이 왜 그토록 뻔한 쓰레기를 샀는지 의아할 것이다. 간단하게 답하자면 이렇다. 처음 테슬라 주식을 산 것부터 암호화폐에 손을 댄 것까지 그리고 그 사이에 속하는 각각의 모든 투자를 할 때마다 그 계기가 친구에게 들은 투자 조언이든, 인터넷에서 본 정보거나 육감이든 간에, 그는 가격이 오를 거라 생각했다.

어찌 됐든 현재 페르난도의 포트폴리오에는 총 9개의 포지션이 남아있었다. 시장 가치를 합하면 3,000달러에 조금 못 미쳤다.

이 9개의 보석에 들인 원래 비용은 얼마였을까?

약 4만 9,000달러였다.

그중에서 가장 큰 손실이 난 건은?

주당 18달러에 샀는데 지금은 35센트에 거래되는 어떤 주식 1,000주였다.

그 중에서 가장 손실이 덜한 건은?

개당 1달러에 샀는데 지금은 40센트에 거래되는 똥코인 1만 토큰이었다.

그러면 남은 7개는?

그 사이에 해당하며, 처음에 지불한 가격 근처에서 거래되는 것은 단 하나도 없었다.

그리하여 페르난도와 고디타는 결정해야만 했다.

파느냐 안 파느냐 그것이 문제로다!

유일한 문제는 두 사람이 합의를 보지 못했다는 것이었다.

우리의 통역자는 중재자의 말투로 말했다. "그러면 당신은 어떻게 해야 한다고 생각해? 페르난도는 하나도 팔지 않으려고 해. 전부 가격이 너무 많이 떨어졌으니까. 그래서 당분간은 그냥 갖고 있으면서 상황이 나아지기를 기다려야 한다고 생각해. 손실은 단지, 단지…."

페르난도는 "장부상으로만 존재한다고 했어요"라고 문장을 마무리해주었다.

"맞아"라며 크리스티나가 맞장구를 쳤다. "내가 말하려던 게 그거야. 지금은 손실이 장부상으로만 존재해. 하지만 팔아버리면 끝이야. 돈을 되찾을 길이 없어." 그러면서 그녀는 어깨를 으쓱했다. 마지막에 한 말은 스스로도 납득할 수 없다는 듯이. 뒤이어 그녀는 말투를 한층 긍정적으로 바꿔 이렇게 덧붙였다. "하지만 고디타는 전부 다 팔고 처음부터 다시 시작해야 한다고 생각해. 그걸 영어로 어떻게 말하더라? 어…, 다 '접기'를 원해. 그게 고디타가 원하는 거야. 당신은 어떻게 생각해?"

고디타는 고개를 휙 돌리더니 눈을 가늘게 뜨고 내게 눈치를 주었다. 눈빛에 담긴 무언의 말은 '내 생각에 동의하는 편이 좋을 거예요!'였다.

나는 잠시 뜸을 들이며 어떤 대답을 할지 생각했다.

이 악몽을 뒤로 하고 다시 시작할 수 있도록 가격과 무관하게 그냥 전부 팔아버리려는 고디타의 강렬한 욕구는 흥미로웠다.

그것은 내가 너무나 잘 아는 욕구였다. 고통스런 경험을 끝내려는 절박한 욕구, 그 경험과 연계된 모든 부정적이고 비관적인 감정을 제거하려는 욕구…. 그것은 오래 전에 내가 체포됐을 때 처음 몇 년 동안 암울했던 시기에 경험한 욕구였다. 마치 질식당하는 기분이었다. 슬로 모션으로 죽어가는 것 같았다. 내 삶이 서서히, 고통스럽게 무너져갔다. 부의 장식물들을 하나씩 잃어갔다. 그것은 마치 천 번의 작은 상처로 죽어가는 듯한 과정이었다. 당시에는 '그냥 모든 게 끝나버렸으면, 그들이 내가 가진 모든 것, 차, 집, 배, 옷, 돈, 아내, 시계, 보석을 한 번에 다 빼앗아버리고 감옥에 집어넣어줬으면 훨씬 낫겠다'고 생각했던 기억이 난다.

페르난도와 고디타의 경우에 그것은 개똥 같은 주식, 쓰레기 같은 똥코인, 구토물만큼의 가치밖에 없는 NFT, 증권사 계좌와 암호화폐 지갑 등이었다. 너무나 중요한 첫 심호흡을 하고, 어깨를 펴고, 한 발씩 앞으로 나아가며 새 삶을 시작하기에는 과거를 상기시키는 것들이 너무나 많았다. 그런 의미에서 고디타의 주장은 상당히 일리가 있었다.

다른 한편으로, 페르난도의 입장도 이해할 만했다.

그의 생각으로는, 모든 걸 끝내려는 감정적 욕구에 굴복하기보다 실용적이고 논리적인 접근법을 취하는 게 장기적으로 훨씬 이득이었다. 어차피 손실을 엄청나게 입었는데 파는 게 무슨 의미가 있을까? 3,000달러를 건진다고 해서 타격이 줄어드는 건 아니었다. 그들의 재정에 영향을 미칠 만한 금액이 아니었다. 그는 '그런데 왜 팔아야 해?'라고 생각했다.

왜 장부상 손실을 실제 손실로 바꾸고 돈을 되찾을 가능성을 없애야 할까? 이는 겉으로는 단순해 보이지만 실은 중대한 문제였다.

언제가 팔아야 할 적기이고, 무엇을 근거로 결정을 내려야 할까? 얼마나 올랐을 때 팔아야 할까? 얼마나 내렸을 때 팔아야 할까? 본전이 되면 팔아야 할까?

앞서 말한 대로 이는 무해한 질문처럼 보이지만 아마추어 투자자들이 가장 흔히 저지르는 파괴적인 실수 중 하나의 핵심을 파고든다.

사례를 하나 들어보자.

당신이 어떤 종목을 주당 40달러에 1,000주 매수했는데, 몇 달 후 가격이 주당 10달러로 내려갔다. 당신이 잃은 돈은 얼마일까?

당연히 3만 달러일 것이다. 그렇지 않은가?

자세히 계산을 해보자. 당신은 처음에 1,000주를 매수했고, 각 주의 가치는 현재 30달러가 줄었다. 손실액을 계산하려면 매수한 주식 수(1,000주)에 각 주당 손실(30달러)을 곱해야 한다. 그러면 총 3만 달러의 손실액이 나온다. 이것은 부정할 수 없는 계산의 결과가 아닌가?

하지만 이 수치가 정말로 타당할까? 정말로 3만 달러를 잃은 게 맞을까?

분명히 계좌의 평가액은 3만 달러 줄었다. 그건 부정할 수 없다. 하지만 페르난도가 생각한 대로, 당신은 아직 주식을 팔아서 포지션을 청산한 게 아니다. 그렇다면 정말로 돈을 잃은 걸까? 현실적으로는 이른바 '장부상 손실'만 난 상태이지 않은가? 잠시만 페르난도처럼 생각해보라.

실제로 주식을 팔기 전까지는 가격이 반등하여 손실액 중 일부를 되찾을 가능성이 있지 않은가? 더 나아가 당신이 정말로 인내심을 발휘할 의지가 있다면 주가가 원래 매수가로 반등할 때까지 기다렸다가 그때 포지션을 청산할 수도 있다. 이 경우 결국에는 본전을 찾아서 전혀 손실을 보지 않는다.

설득력 있지 않은가? 그러면 이제 한 걸음 더 들어가 보자. 당신이 지난 2년 동안 이 전략을 쓴 주식 포트폴리오를 보유하고 있다고 상상해보라. 다시 말해 주가가 내려가도 팔지 않았다. 당신은 페르난도처럼 엄청난 인내심을 발휘하면서 포지션을 유지하며 주가가 반등하기를 기다렸다.

마침내 주가가 상승하여 매도했다. 이때도 페르난도처럼(손실이 거의 없던 첫 2주 동안처럼) 포지션을 청산하여 수익을 확정하고 트레이딩을 계속했다.

물론 수익에 대한 세금을 내야 하지만 벤자민 프랭클린Benjamin

Franklin이 "세상에 유일하게 확실한 두 가지는 죽음과 세금뿐There are only two certainties in this world, death and taxes"이라고 말한 대로, 그건 불평할 게 아니다. 여기에 주식중개인들이 좋아하는 또 다른 인기 격언, '수익을 실현한다고 해서 망할 일은 절대 없다!You'll never go broke taking a profit!'를 합쳐보라. 이 전략은 장기적으로 성공을 거둘 수 있는 확실한 비법처럼 보인다.

정말 그럴까?

잠시 생각해보자.

수익 종목은 팔아서 수익을 실현하고, 손실 종목은 보유하여 손실을 확정하지 않는 트레이딩 전략이 실제로 타당할까?

이 질문에 분명하게 답하기 위해서는 앞서 가정한 2년 동안 운영한 포트폴리오의 성과를 따져봐야 한다. 잠시 우리의 포트폴리오를 들여다보자. 어떤 유형의 종목들이 들어있는가? 즉, 전체 포트폴리오는 어떻게 구성돼있는가?

그 답은 전부 손실 종목이라는 것이다. 하나도 남김없이. 페르난도의 포트폴리오가 손실을 낸 것처럼, 이는 수학적으로 확실한 사실이다.

이 전략은 두 가지 큰 결함을 지니는데, 둘 다 치명적이다.

❶ 자기기만을 토대로 구축된다.
❷ 가격이 오르든 내리든, 파는 것이 타당한지 판단하는 데 있어서 가장 중요한 요소를 고려하지 않는다.

이 전략의 토대가 되었다는 자기기만은 무엇일까?

단도직입적으로 말해서, 당신은 모래 속에 머리를 파묻은 타조와 같다. 고개를 들어서 상황을 보지 않으면 위험의 가능성도 없다고 확신하는 타조 말이다. 이를 주식시장에 대입하면 하락한 종목을 팔지 않는 한 실제로 손실을 본 게 아니라고 믿는 행동이 된다.

당신이 확실히 기억하도록 따끔하게 한마디 하겠다.

당신은, 돈을, 잃었다!

주식을 팔고 포지션을 청산하지 않았다고 해서 돈을 잃지 않은 게 아니다. 사실은 쭉 잃은 상태였다. 당신의 돈은 날아갔고, 물 건너갔다.

파느냐, 안 파느냐 그것이 문제로다!

내 말이 의심스러운가? 뮤추얼펀드 산업을 조금만 살펴보면 그 의심을 잠재울 수 있을 것이다. 뮤추얼펀드 상품은 월가가 개인 투자자들에게 판매하는 말 그대로 수천 종의 금융상품 중에서 가장 강한 규제를 받는다. 특히 회계 측면에서 더욱 그렇다. 모든 펀드는 법적 요건에 따라 이른바 '시가 평가marking to market'라는 표준화된 부기 방식을 써야 한다.

그 내용은 다음과 같다.

각 거래일이 마감되면 포트폴리오에 있는 각 종목의 현재 시장가에 총 보유량을 곱해서 현재 가치를 계산(시가 평가)해야 한다. 그리고 그 값을 더해 포트폴리오의 현재 가치를 구하는 것이다. 자산 유형별로 포트폴리오의 현재 가치를 구한 후, 전체 포트폴리오의 시장가를 합하고 보유 현금을 더하면 펀드의 총 자산이 나온다.

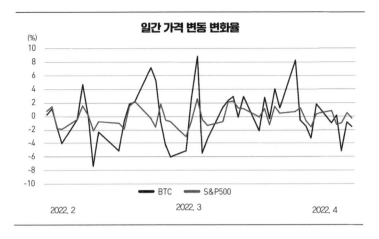

일간 가격 변동 변화율

(%)

- BTC - S&P500

2022. 2   2022. 3   2022. 4

펀드의 자산 가치는, 위와 같이 파악한 펀드의 총 자산에서 총
부채(주식 담보 대출margin loan, 커미션, 거래 수수료, 급여, 마케팅 비용 등)
를 뺀 다음 발행주식 수로 나눈 값이다. 그러면 각 거래일 마감
시에 펀드가 보유한 각 주식의 가치를 나타내는 '**순자산가치**net
asset value' 또는 줄여서 NAV가 나온다.

> 펀드의 총 현재 자산=현금+Σ(시장 가격×보유 주식 수)
>
> NAV=(총 자산−총 부채)÷발행 주식 수

이 모든 설명을 통해 내가 전하려는 요점은 무엇일까?

간단히 말해서 증권거래위원회는 미숙하기 짝이 없지만 어찌
됐든, 뮤추얼펀드가 각 종목을 구매했던 원래 가격을 기준으로
순자산가치를 계산하도록 허용하지 않는다는 것이다.

왜 그럴까?

명백히 터무니없는 일이기 때문이다.

또한 엄청나게 기만적이기 때문이다.

결론을 말하자면 이렇다.

포트폴리오에 있는 각 종목의 가치를 현재 시장가로 계상하지 않으면 펀드를 구매하려는 투자자는, 아직 팔리지 않았을 뿐 100% 손실 종목으로 구성된 펀드를 사는 게 아닌지 알 길이 없다.

이 점은 당연히 당신의 주식 포트폴리오에도 해당된다. 하락한 종목을 아직 팔지 않았다고 해서 돈을 잃지 않은 게 아니다.

당신은 돈을 잃었다. 돈은 이미 날아갔다.

다만 영원히 날아갔는지 여부는 완전히 다른 문제다. 이 문제는 시가 평가를 매일 하지 않는 것과도 연관돼있는데, 앞서 살펴본 두 번째 치명적인 결함으로 이어진다. 그것은 파는 것이 타당한지 판단하는 일에 있어서 가장 중요한 요소, 즉 '왜'라는 질문에 대답하지 못한다는 것이다.

다시 말해 왜 주가가 내려갔을까? 그 배경은 무엇일까? 반대로 주가가 올랐다면 왜 올랐을까? 이면의 요인은 무엇일까?

예를 들어 당신이 주당 40달러에 산 주식이 현재 주당 70달러에 거래된다고 하자. 당신은 파는 것이 타당한지를 고민하고 있을 것이다.

내가 당신에게 가장 먼저 던지고 싶은 질문은 이것이다.

왜 주당 40달러에 매수했는가? 애초에 그 가격에 매수한 이유는 무엇인가?

당신이 돈 버는 걸 싫어하지 않는다면 아마 주가가 오를 것 같아서 매수했다고 대답할 것이다. 그렇지 않은가? 안 그러면 왜 매수했을까? 주가가 내릴 것 같아서 매수하지는 않았을 것이다. 그건 말도 안 된다.

따라서 당연해 보이겠지만 우리가 알아야 할 첫 번째 요점은 이것이다.

투자자들이 주식 또는 다른 자산을 사는 이유는 가격이 오를 것이라 생각하기 때문이다. 이는 필연적으로 다음 질문으로 이어진다.

왜 가격이 오를 것이라 생각했는가? 이면의 실질적 이유는 무엇이었는가?

많은 사람이 주가는 마술이나 주술 또는 다른 신비한 힘의 결과라고 생각하지만 주가 변동에는 한정된 일련의 요인이 있다. 그러면 가장 명백한 요인부터 하나씩 살펴보자.

주가는 수요공급 법칙에 따라 오르내린다. 가령 어떤 종목에 대한 수요가 공급을 초과하면, 즉 현재 매도자보다 매수자가 많으면 일반적으로 주가가 올라간다. 반대로 공급이 수요를 초과하면, 즉 현재 매수자보다 매도자가 많으면 일반적으로 주가가 내려간다.

이는 완벽히 타당하다. 그렇지 않은가?

사실 당신은 이런 설명을 이전에 들어본 적이 있을 것이다.

유일한 문제는 너무 단순한 설명이라서 아무런 의미가 없다는 것이다.

왜 그럴까?

결국 수요와 공급은 그 자체로 존재하는 것이 아니라 이전에 발생한 원인의 결과이기 때문이다.

따라서 단지 수요가 늘어나서 주가가 올랐다고 말하는 것은 실제로 일어난 현상에 대해 아무런 통찰을 제공하지 않는다. 통찰을 얻기 위해서는 더 깊이 파고들거나 한 걸음 뒤로 돌아가서, 애초에 수요가 늘어나게 만든 원인이 무엇인지 확인해야 한다. 그걸 알면 비로소 합리적인 투자 결정을 내릴 수 있다.

앞으로 되돌아가서 당신이 40달러에 매수했는데 현재 70달러에 거래되는 주식을 어떻게 해야 할지 고민하고 있는 상황을 가정해보자. 매도해서 수익을 취해야 할까 아니면 계속 들고 있으면서 더 오르기를 기다려야 할까?

이 대목에서 우리는 다시 한번 셰익스피어의 오랜 딜레마로 돌아온다. '파느냐 안 파느냐 그것이 문제로다!'

팔아야 할지 말지에 대해 적절하게 조언하기 위해, 내가 가장 먼저 알고 싶은 것은 당신이 애초에 그 종목을 매수한 이유다. 종목을 살 때 당신은 어떤 가격을 목표로 두었는가? 또한 가장 중요한 문제로서 주가 상승을 초래한 요인이 무엇이었는가? 다시 말해 수요 증가의 근본적인 요인은 무엇이었는가? 그 배경에 어떤 요인이 있었는가?

이에 관련된 문제를 통틀어 보면 어떤 주식에 대한 수요가 증가하는 데는 총 네 가지 요인이 있다.

첫째, 해당 기업이 저평가됐다고 생각한다

어떤 기업의 주식이 저평가됐다고 여겨질 때, 투자자들은 시장에 들어가 그들이 할인가라고 인식하는 가격에 매수한다. 월가에서는 이런 투자자 집단을 '가치투자자'라 일컫는다. 그 중에서 가장 유명한 사람이 오마하의 현인The Oracle 이라 불리는 워런 버핏Warren Buffet 이다.

버핏은 1960년대 중반 이후로 이 전략을 활용하여 역사상 가장 부유하고 성공적인 투자자 중 한 명이 되었다. 이제 버핏은 엄청 나이가 많지만 여전히 명민하다. 그의 개인 순자산은 2,000억 달러가 넘는다. 뿐만 아니라 그는 그가 경영하는 상장사, 버크셔해서웨이Berkshire Hathaway의 주식을 산 투자자들도 수천억 달러씩 벌게 해주었다.

워런 버핏이 얼마나 성공했는지 알려주겠다. 버핏은 1964년에 처음 버크셔해서웨이의 경영권을 획득했다. 그때 당신 또는 당신의 부모나 조부모가 선견지명으로 1만 달러를 버크셔해서웨이에 투자했다면 지금 그 가치는 4억 1,000만 달러에 이를 것이다.

분명 이는 미친 수익률이다.

사실 가치투자의 이면에 있는 논리는 상당히 단순하다.

가치투자는 현재 주가에 대비하여 매출, 순익, 자산, 부채, 재무제표 등에 기반한 **기업의 내재가치**를 따져서 투자를 결정한다. 만약 현재 주식이 내재가치보다 낮은 가격에 거래된다면 저평가된 것으로 보고 매수한다. 반대로 현재 주식이 내재가치보다 높은 가격에 거래된다면 고평가된 것으로 보고 매수하지 않는다.

타당한 방식 아닌가?

하지만 결정적인 질문은 '기업의 내재가치를 어떻게 평가할 것인가?'이다.

거기에는 두 가지 방식이 있다.

하나는 어려운 방식이고, 다른 하나는 쉬운 방식이다.

쉬운 방식부터 알아보자. 너무 쉬워서 내 설명을 듣고 나면 어려운 방식에 대한 관심이 사라질 것이기 때문이다.

그런 차원에서 설명하자면 쉬운 방식은 바로, 검색하는 것이다.

맞다. 기업의 내재가치를 확인하는 일은 그만큼 쉽다. 월가의 정상급 분석 기관에서 낸 재무분석 보고서를 찾기만 하면 된다.

각 분석 기관은 금융 애널리스트 군단을 채용한다. 그들은 전문적으로 대차대조표, 현금흐름 모형, 보도자료, 실적 보고서를 분석하여 매우 정확한 내재가치 추정치를 제시하는 일을 한다.

구체적으로는 현금흐름 할인discounted cash flow, 줄여서 DCF 분석이라는 방법을 써서 내재가치를 추정한다. 내재가치를 추정하기 위해서는 현재 재무 상황, 미래 성장 가능성, 현재 및 중기 리스크 프로필, 미래 예상 성장률에 따른 수익을 현재 가치로 '할인'하는 데 들어가는 돈의 시간적 가치 등이 필요하다.

그렇다면 어느 분석 기관의 정보를 참고해야 할까? 이런 서비스를 제공하는 기관은 10여 곳이나 된다. 다만 아래에 나오는 4곳이 특히 평판 좋은 업계 리더들이다.

- **밸류라인**Valueline (www.valueline.com): 밸류라인은 1931년부터 폭넓은 주식, 채권, 옵션, 뮤추얼펀드에 대한 심도 있는 설명과 분석을 제공했다. 그들의 분석에는 재무 보고서, 순익 및 매출 예상치, 내재가치 예상치, 기술적 분석 등이 포함된다. 지금도 1,700여 상장사에 대한 자료를 제공하고 있다.

- **무디스**Moody's (www.moodys.com): 1909년에 설립된 무디스는 세계에서 가장 크고 평판 좋은 신용평가사 중 하나로 성장했다. 그들의 평가 시스템은 평가 대상의 가치를 알파벳으로 표기한다. 'Aaa'는 가장 신용이 좋다는 것을 의미하고, 'C'는 가장 쓸모없는 똥덩어리라는 것을 의미한다. 전 세계의 투자자, 금융기관, 기업들이 무디스의 신용평가를 활용한다.

- **CFRA**Center for Financial Research and Analysis (www.cfraresearch. com): 이전에는 S&P글로벌마켓인텔리전스S&P Global Market

Intelligence로 불린 CFRA는, 독립된 리서치 기업으로서 주식이나 채권 또는 다른 금융상품을 비롯한 폭넓은 증권에 대한 재무분석 보고서와 데이터를 제공한다. 독자적인 리서치로 유명한 CFRA는 저평가된 주식과 가장 매력적인 투자 기회를 파악하는 자신들의 능력에 자부심을 갖고 있다.

- **모닝스타**Morningstar (morningstar.com): 1984년에 설립된 모닝스타는 독립된 리서치 기업으로서 주식, 채권, 뮤추얼펀드, ETF를 비롯한 폭넓은 증권에 대한 재무 데이터 및 분석 서비스를 제공한다. 모닝스타의 주요 특징 중 하나는 과거 실적 및 리스크를 토대로 뮤추얼펀드와 ETF를 평가하는 독자적인 별점 평가 시스템이다.

각 분석 기관은 폭넓은 구독 서비스와 검색 시스템을 제공한다. 주식의 내재가치 같은 기본적인 정보는 무료로 확인할 수 있다. 그래서 아무런 비용을 들일 필요가 없다.

더 나아가 골드만삭스Goldman Sachs, 모건스탠리Morgan Stanley, JP모건체이스JP Morgan Chase를 위시한 월가의 대형 은행 및 증권사에서 내는 분석 보고서를 훑어서 단편적으로 정보를 수집할 수 있다. 이 각각의 기업은 강력한 리서치 역량을 가진 것으로 유명하며, 특정 산업을 전문으로 다룬다. 따라서 단편적으로 정보를 수집해야 한다.

어떤 방식을 쓰든, 어떤 소스를 선택하든, 주식의 내재가치만 확실하게 파악하면 나머지는 쉽다. 현재 주가와 내재가치를 비교하여 그에 따라 가치에 기반한 투자 결정을 할 수 있다.

과연 그럴까?

정말로 그렇게 쉬울까?

애플Apple 을 예로 들어보자.

앞서 말한 현금흐름할인 모형에 따르면 현재 애플의 내재가치는 주당 약 135.13달러로 추정된다. 그에 반해 애플의 현재 주가는 141.86달러다. 이는 무슨 의미일까?

표면적으로는 애플이 지금 약간, 정확하게는 4.9% 고평가된 것처럼 보인다.

아주 흥미로운 일이다.

내가 무슨 말을 하려는지 알겠는가?

완전 헛소리라는 거다.

말이 되는가? 정말로 애플 같은 자원, 실적, 경영 전문성을 지닌 기업을, 내재가치를 기준으로 주가가 향후 5년 동안 어디로 갈지에 대해 현명한 투자 판단을 할 수 있다고 생각하는가?

내가 보기에는 전체 개념이 완전히 터무니없다. 그 이유를 말해주겠다.

우선 135.13달러라는 이 내재가치는 단지 월가의 정상급 분석 기관들이 자체적인 모형을 토대로 애플에 부여한 여러 내재가치의 평균일 뿐이다. 어떤 소스를 이용하느냐에 따라서 추정치가 높게는 주당 235달러, 낮게는 주당 99달러에 이른다. 즉, 애플의 내재가치가 얼마인지에 대해 정확한 컨센서스는 없다.

왜 그럴까?

일관된 결론을 내기에는 너무 많은 변수가 개입하고, 애널리스트들의 개인적 편향이 너무 많이 작용하기 때문이다. 그 결과 그들이 내리는 결론은 객관적이라기보다는 주관적이다. 따라서 근거 있는 투자 결정을 하려는 가치투자자에게는 무의미하다.

다른 많은 대형 기업들의 내재가치도 마찬가지다. 특히 복수의 사업 분야를 운영하면서 공격적으로 신제품을 출시하는 기업의 경우에는 더욱 그렇다. 모든 신제품은 기업의 실적에 큰 영향을 미칠 수 있는 잠재력을 지닌다. 이 이유만으로도 해당 유형에 속한 기업들의 내재가치를 정확하게 판독하기란 지극히 어렵다는 결론을 내릴 수 있다. 즉, 분석 기관이 평가한 내재가치를 투자 결정을 하기 위한 근거로 삼기에는 불확실하다.

다만 비교적 덜 복잡한 구조의 기업들은 정반대일 수 있다. 단순한 사업 모델과 예측 가능한 성장 잠재력을 지닌 기업의 경우, 내재가치를 정확하게 판독하고 그에 따라 가치 기반 투자 결정을 하기가 훨씬 쉽다.

어쨌든 당신이 기억해둬야 할 가장 중요한 점은, 최선의 여건에서든 최악의 여건에서든 기업의 내재가치 계산은 엄밀한 과학적 과정에 따라 이뤄지는 게 아니라는 것이다. 언제나 애널리스트의 개인적 편향, 기업의 미래 실적에 대한 선입견, 경영진에 대한 신뢰도 같은 이른바 인간적 요소가 개입된다. 그렇게 나온 최종 수치는 절대적으로 객관적인 값이 아니라 상대적으로 주관적인 값이 된다.

따라서 애플의 내재가치를 주가의 저평가 내지 고평가 여부를 따지는 유일한 척도로 삼는 것은 완전히 터무니없다. 검증된 경영팀, 방대한 현금 보유량, 초대박 제품을 출시한 후 그것을 중심으로 수익성 좋은 재무 생태계를 개발한 장기 실적 같은 무형 자산의 엄청난 가치도 고려해야 한다.

어쨌든 그냥 검색하는 것이 기업의 내재가치를 파악하는 가장 쉬운 방식이다.

이제 어려운 방식으로 넘어가자. 단도직입적으로 말해서 이 방식은 정말 더럽게 어렵다. 사실 너무 어려워서 아예 피할 것을 적극 권장한다. 지루하고 따분한 계산을 하는 데서 강렬한 쾌감을 얻는 피학적 성향이 없다면 말이다. 게다가 궁극적으로는 그냥 인터넷에서 검색한 것과 같은 답을 얻을 뿐이다.

그럼에도 월가 애널리스트들이 이러한 계산에 활용하는 주요 개념과 변수에 초점을 맞춰서, 이 수학적 난장판을 간단하게나마 설명하지 않을 수 없다. 그래야 혹시라도 여러분이 CNBC에 출연한 전문가가 내재가치를 토대로 특정 기업이 저평가 내지 고평가되었다고 떠드는 말을 듣게 될 때, 쉽게 이해하면서 쓸만한 정보(별로 쓸모없겠지만)를 취할 수 있기 때문이다.

이런 맥락을 참고하도록 하자. 우선, 기업의 내재가치를 계산하는 일은 복잡한 일련의 계산 과정을 수반한다는 점을 알려둔다. 그 계산은 기업의 유통주식 수, 현재 및 미래의 실적 잠재력 및 현금흐름을 비롯한 수많은 변수를 다룬다. 미래에 버는 돈은 현재 버는 돈보다 가치가 적다는 사실에 입각하여 항시 미래 수치는 할인해야 한다는 점을 기억해두기 바란다.

그밖에도 이와 같은 변수들이 10여 개가 있는데, 각각의 변수가 위와 같은 복잡한 과정에 의해 계산된다. 게다가 각각의 애널리스트들은 이 10여 개의 변수에 대해, 적절한 가중치를 부여하는 독자적인 모형을 갖고 있다.

요컨대 완전히 개판이다. 10여 개의 명망 있는 기업(월가에 그런 기업이 있는지 모르겠지만)이 최종 계산 결과를 편하게 제공하는데도, 직접 계산 하려는 건 미친 짓이다.

어찌 됐든 시장이 어떻게 돌아가고, 상장사의 가치가 어떻게 정해지는지 기본적인 감을 잡기 위해서는 몇 가지 단순한 용어에 익숙해져야 한다.

'여러분이 알아야 할 용어'는 총 4개다.

1. 총 유통주식 수

이는 현재 투자자와 회사 내부자가 보유하고 있는 주식의 총 수를 말한다. 회사 내부자로는 창업자, 초기 투자자, 현재의 경영진이 포함된다. 각 주는 회사에 대한 소유권을 의미하며, 보유자에게 기업의 이익에 대한 지분과 특정 사안에 대한 투표권을 부여한다.

총 유통주식 수를 계산하려면 그냥 현재 개인 투자자, 기관 투자자(뮤추얼펀드, 연기금 등), 경영진이 보유하고 있는 모든 주식을 더한 다음, 자사주 매입 프로그램을 통해 소각된 회사 보유분을 빼면 된다.

가령 어떤 기업이 과거 1,000만 주의 주식을 발행했는데, 그중 200만 주를 (자사주 매입 프로그램을 통해) 매입했다면 총 유통주식 수는 800만 주가 된다. 간단한 계산이다.

또한 기업이 주식분할을 실시할 경우 총 유통주식 수가 바뀔 수 있다. 이 경우 기업은 기존 주주들에게 추가 주식을 발행함으로써 총 유통주식 수를 늘린다. 가령 2:1 비율로 주식을 분할한다면 기존 주주들은 현재 보유한 주식 1주당 추가로 1주씩 더 받는다. 그래서 사실상 총 유통주식 수가 두 배로 늘어난다. 뒤이어 기업의 총 가치가 변하지 않도록 하기 위해 각 주의 현재 시장가가 50% 줄어든다. 2:1 주식분할의 구조를 그림으로 나타내면 다음과 같다.

총 시가총액

1,000만 주
주당 10달러
총 기업 가치=1억 달러

2,000만 주
주당 5달러
총 기업 가치=1억 달러

분할 전과 분할 후에 총 기업 가치는 변하지 않는다는 점에 주목하라. 즉, 주식분할의 결과는 기본적으로 대동소이하다. 겉으로만 차이점이 있을 뿐이다. 그렇다고 해서 투자자들이 해당 종목을 바라보는 관점에 아예 영향이 없는 건 아니다. 가령 어떤 종목의 주식 가격 자체가 너무 높게 설정되었으면, 소액 투자자들은 이미 버스를 놓쳤다거나 너무 비싼 종목이 포트폴리오 내에 자리를 차지하는 데 부담을 느끼기 시작한다. 이런 이유로 인해 주식의 가격이 그들에게 보다 매력적인 수준으로 느껴지도록, 기업이 2:1이나 3:1 주식분할을 발표하는 일이 흔하게 일어난다.

같은 과정이 반대로 진행될 수도 있다. 가령 주식 가격이 너무 낮아지면 기업 이사진은 역(逆)주식분할을 승인할 수 있다. 이 경우 유통주식의 수가 특정한 비율만큼 줄어들고, 주식 가격은 그에 따라 높아진다. 예를 들어 어떤 기업의 유통주식 수가 1억 주이고, 주가는 주당 50센트라고 가정하자. 이 기업이 10:1 역주식분할을 단행하면, 유통주식 수는 1,000만 주로 줄어들고 주식 가격은 주당 5달러로 높아진다.

물론 결과적으로 기업 가치는 변하지 않는다. 주식분할과 역주식분할의 영향은 철저히 표면적일 뿐이기 때문이다.

그러나 투자자들은 5달러짜리 주식을 50센트짜리 주식보다 훨씬 우호적으로 바라보는 경향이 있다. 50센트짜리 주식은 낮은 가격 때문에 '동전주'로 분류되어, 그에 따른 온갖 부정적인 영향을 받기 때문이다.

2. 시가총액

줄여서 '시총'이라 부르는 이 주요 금융 지표는 미국 달러 기준으로 어떤 기업의 유통주식이 가지는 총 가치를 측정하는 데 쓰인다. 시총을 계산하려면 그냥 현재 주가에 총 유통주식 수를 곱하기만 하면 된다. 그 값이 시총이다.

예를 들어 어떤 기업의 유통주식 수가 100만 주이고, 현재 주가가 주당 50달러라면, 시총은 5,000만 달러가 될 것이다. 또는 유통주식 수가 2,000만 주이고, 현재 주가가 주당 100달러라면, 시총은 20억 달러가 될 것이다. 이 간단한 계산을 숫자로 나타내면 아래와 같다.

시가총액=현재 주가×유통주식 수

기업 A

유통주식 수=100만 주

현재 주가=50달러

시총=50달러×100만 주=5,000만 달러

기업 B

유통주식 수=2,000만 주

현재 주가=100달러

시총=100달러×2,000만 주=20억 달러

일반적으로 시총이 높은 기업은 낮은 기업보다 더 안정적이고 덜

위험한 것으로 간주된다. 그런 맥락에서 투자자들은 흔히 시가총액을 활용하여 잠재적 투자 기회를 파악한다. 가령 어떤 투자자들은 소형주(시가총액 3억 달러에서 20억 달러 사이)를 선호한다. 성장 잠재력이 더 크고, 더 높은 수익률을 올릴 수 있기 때문이다. 반면에 대형주(시가총액 100억 달러 이상)를 선호하는 투자자들도 있다. 보다 확고하게 자리를 잡아 안정적이고, 실적에 대한 검증된 기록이 있기 때문이다.

어느 쪽이든 시총은 현재 유통주식의 총 가치만 반영할 뿐이다. 궁극적으로 시총만 보고 투자를 할 경우 투자 결정에 거의 확실히 극적인 영향을 미치는 다른 중요한 요소들을 무시하게 된다. 이 점을 기억해야 한다.

3. 주당순이익(EPS)

기업의 수익성으로 주식의 가치를 평가하는 이 핵심 지표는, 총순이익[5]을 총 유통주식 수로 나눠서 간단히 계산할 수 있다. 그 결과는 기업이 각 유통주식 당 얼마나 많은 이익을 내고 있는지를 명확하게 보여주는 척도가 된다.

가령 어떤 기업의 순이익이 1,000만 달러이고, 현재 유통주식 수가 500만 주라면, EPS는 주당 2달러가 된다. 또는 순이익이 100억 달러이고 현재 유통주식 수가 5억 주라면, EPS는 20달러

---

[5] 기업이 1분기나 1년 등 특정한 기간에 걸쳐 벌어들인, 세후 이익의 양을 나타낸다.

월가의 늑대 시장을 이겨라

가 된다. 두 가지 사례에 대한 계산을 간단하게 숫자로 나타내면
아래와 같다.

> **EPS=순이익÷총 유통주식 수**
>
> **기업 A**
>
> 순이익=1,000만 달러
>
> 유통주식 수=500만 주
>
> EPS=1,000만 달러÷500만 주=2달러
>
> **기업 B**
>
> 순이익=100억 달러
>
> 유통주식 수=5억 주
>
> EPS=100억 달러÷5억 주=20달러

실질적으로 높은 EPS는 기업이 각 유통주식 당 높은 이익을 내
고 있음을 뜻한다. 낮은 EPS는 반대의 경우를 나타낸다. 무엇보
다 투자 결정을 할 때 이 수치가 너무나 중요한 이유는 전년도(분
기별 EPS 보고서를 분석하는 경우 전 분기) 동일 수치와 비교할 수 있
다는 것이다. 또한 월가 애널리스트들의 전반적인 컨센서스를 참
고하며, 해당 기업의 실적이 예상치를 상회할지 아니면 하회할지
여부를 따지기 위해 사용할 수도 있다.

이 지표는 기업의 내재가치를 계산하는 데 있어 필수적이다.
하지만 여전히 훨씬 큰 재무적 퍼즐의 작은 조각에 불과하다는

점을 기억해야 한다.

4. 주가수익비율(PER)

가장 흔히 언급되는 금융 지표 중 하나인 PER은 투자자들이 주가에 기반하여 기업의 EPS에 부여하는 총 가치를 측정한다.

PER을 계산하려면 그냥 현재 주가를 연 EPS로 나누기만 하면 된다. 가령 연 EPS가 4달러이고 현재 주가가 주당 48달러라면, 투자자들은 정확히 '12'의 PER로 해당 기업에 '가치를 부여하고 있다rewarding'는 뜻이다. 반대로 월가가 미래 성장 가능성과 연 순이익 성장성 측면에서 어떤 기업을 매우 긍정적으로 본다면, 훨씬 높은 PER을 매겨 보상할 수도 있다. 가령 똑같이 연 EPS가 주당 4달러일 때, 월가가 해당 기업에 '25'의 PER을 부여한다면 주가는 주당 100달러가 될 것이다. 두 사례에 대한 계산을 간단하게 수치로 나타내면 다음과 같다.

> **PER=현재 주가÷EPS**
>
> **시나리오 1**
>
> 주가=48달러
>
> EPS=4달러
>
> PER=48달러÷4달러=12

월가의 늑대 시장을 이겨라

주가=PER×EPS

시나리오 2

EPS=4달러

컨센서스 PER=25

주가=4달러×25=100달러

높은 PER은 투자자들이 해당 기업의 연 순이익에 대해 아주 많은 배수의 가격을 지불할 용의가 있음을 뜻한다. 미래 성장 가능성을 지극히 낙관적으로 바라보기 때문이다. 반대로 낮은 PER은 투자자들이 해당 기업의 미래 성장 잠재력을 비교적 비관적으로, 또는 적어도 미적지근하게 바라본다는 뜻이다. 따라서 해당 기업의 순익에 대해 훨씬 적은 배수의 가격만 지불하려 한다.

가령 높은 매출총이익gross margin과 그에 대한 설득력 있는 사업 모델을 갖추고 매우 빠르게 성장하는 기업이 있다고 하자. 대개 이런 기업은, 아주 적은 마진에 이익을 빠르게 늘릴 방법이 딱히 보이지 않는 기업보다 훨씬 높은 PER에 거래된다.

실질적인 측면에서 PER은 특정 기업의 순익에 대해 시장이 부여하는 가치를 동종 기업들과 빠르게 비교할 수 있도록 해준다. 그냥 해당 기업의 PER을 업계의 평균 PER과 비교하기만 하면 된다. PER이 업계 평균보다 높다면, 투자자들이 해당 기업의 미래 성장 잠재력을 다른 동종 기업보다 낙관적으로 본다는 뜻이다. 반대로 PER이 업계 평균보다 낮다면, 투자자들이 해당 기업의 미래 성장 잠재력을 다른 동종 기업보다 비관적으로 본다는 뜻이다.

한 걸음 더 나가보면, 시장은 각각의 구체적인 산업에 대해 다른 평균 PER을 부여한다. 이는 주식시장을 구성하는 다른 산업과 비교하여 해당 산업의 전반적인 성장 잠재력을 바라보는 투자자들의 관점을 토대로 삼는다. 아래 그래프는 미국 주식시장에서 규모가 크고 거래가 활발한 여러 산업의 평균 PER을 보여준다.

애널리스트들은 PER을 두 가지 방향으로 계산한다. 두 가지 방향은 현재 시장이 특정 기업에 어느 정도의 가치를 부여하는지와 투자자들이 향후 그 가치가 어떻게 변화할 것이라 믿는지를 알려준다. 그래서 해당 기업의 현재 및 미래 성장 잠재력을 평가할 수 있게 한다.

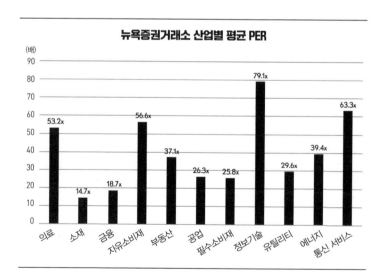

뉴욕증권거래소 산업별 평균 PER

월가의 늑대 시장을 이겨라

❶ **후행 PER:** 이름에서 알 수 있듯이 이 지표는 지난 12개월 동안의 EPS를 토대로 PER을 계산한다. 해당 데이터는 과거를 반영하는 속성을 지니기에, 후행 PER은 기업의 가치를 매우 정확하게 반영한다. 과거 실적을 토대로 미래 성장 잠재력을 가늠하는 것이기 때문이다. 그러나 이 지표는 단기 성장을 고려하지 않는다는 점에서 위험한 측면이 있다. 가령 주가에 심대한 영향을 미칠 수 있는 내년의 대규모 성장을 놓치게 만들 가능성이 있다. 능숙한 투자자들은 그런 가능성을 고려하여 투자 결정을 내리기 전에 두 번째 유형의 PER도 살핀다.

❷ **선행 PER:** 이 지표는 앞으로 12개월 동안의 EPS 예상치를 토대로 PER을 계산한다. 그리하여 지난 12개월 동안의 실적과 향후 12개월 동안의 예상 실적을 비교할 수 있도록 해준다. 즉, 앞으로 기업이 EPS 예상치를 충족할 때 해당 기업이 지니게 될 가치를 추정하는 것이다. 이 지표의 유용성은 과거의 데이터를 넘어서 미래에 예상치를 달성할 경우 어떤 가치를 지니게 될지 감을 잡을 수 있도록 해준다는 데서 나온다.

애널리스트들은 이 네 가지 핵심 변수 외에도, 기업의 내재가치를 계산하기 위해 다른 수많은 데이터 포인트를 참고한다. 그러나 앞으로 50페이지에 걸쳐 그것들을 설명하지는 않겠다. 그리고 그 과정에서 여러분에게 지겨움을 안기지는 않겠다. 그 영광은 벤저민 그레이엄Benjamin Graham에게 돌린다. 그의 획기적인 저서인 《현명한 투자자》는 기업의 내재가치를 계산하는 방법을 나보다 훨씬 잘 설명한다. 유일한 문제점은 초반 몇 챕터를 견디기 위해서는 적어도 5잔의 커피와 고용량 애더럴Adderall (ADHD 치료제-편집자)이 필요하다는 것이다.

다시 말해 《현명한 투자자》는 좋은 정보를 담고 있지만 심하게 지루하다. 엄청나게 의지가 강한 가치투자자 말고는 거의 모든 독자를 빠르게 잠재울 게 확실하다. 그렇다 해도 워런 버핏은 이 책을 자신을 세계 최고의 부자 중 한 명으로 만든 투자 철학의 토대라 평했다. 이 사실은 《현명한 투자자》를 가치투자 철학을 깊이 파고들려는 모든 투자자의 필독서로 만든다.

둘째, 호재가 나올 거라고 생각한다

이 문제는 약간 미묘하다. 호재가 나올 거라고 생각하는 투자자와 호재가 나올 것임을 아는 투자자 사이에는 미세한 차이가 있기 때문이다.

전자의 경우는 완전히 합법적이다. 그것은 해당 주식에 대한 수요가 갑작스레 급증하는 흔한 이유이기도 하다. 후자의 경우는 완전히 불법적이다. 그것은 투자자들이 감방Club Fed에서 3년에서 5년을 보내는 흔한 이유이기도 하다.

전자에 대한 사례는 너무나 흔하다. 바로 실적 발표를 앞둔 기업의 주식을 사는 것이다. 그 이유는 발표될 실적이 담당 애널리스트들의 예상치를 넘어설 것이라고 생각하기 때문이다. 그들의 생각대로 실적이 예상치를 넘어선다면 매수자들이 몰려들어서 주식을 사들일 것이다. 근본적으로 실적이 예상치를 넘어서면 주식은 순식간에 저렴한 것이 된다. 그래서 발 빠른 투자자들은 시장으로 달려가 갑자기 저평가된 기업의 주식을 사들인다.

그러기 위해 투자자들이 거의 종교적 열정을 갖고 확인하는 10여 가지 금융 관련 뉴스가 있다. 그 중 몇 가지를 꼽자면 최초 배당 선언, 배당 증액, 잠재적 인수 소문, 실제 합병 발표, 긍정적인 신약 임상시험 결과, 중대 소송 합의, 워런 버핏이나 일론 머스크 같은 유명 투자자의 갑작스런 참여, 판도를 바꾸는 계약 성사, 신규 특허 승인, 월 구독자 급증이 있다. 시장 전반적으로는 물가상승률 발표나 실업률 발표, 국내총생산GDP 발표, 무역수지 발표, 신규주택 착공 건수 변화 등 거시경제 관련 뉴스도 거기에 포함된다.

약간 부담스러운가? 신경 쓰지 마라. 이 모든 유형의 금융 뉴스는 두 가지 중 하나의 방식으로 주가에 영향을 미친다.

❶ 호재 발생 시, 사람들이 인식하는 해당 기업의 가치가 갑작스레 높아진다. 그에 따라 발 빠른 투자자들은 시장으로 몰려가 이제는 저평가된 기업의 주식을 사들인다. 그 결과 주가가 상승한다.

❷ 악재 발생 시, 사람들이 인식하는 해당 기업의 가치가 갑작스레 낮아진다. 그에 따라 발 빠른 투자자들은 시장으로 몰려가 이제는 고평가된 기업의 주식을 팔아버린다. 그 결과 주가가 하락한다.

따라서 매수 타이밍을 정하는 데는 두 가지 차별적인 전략이 있다.

❶ **호재가 나오기 전에 매수:** 호재가 나오는 시점보다 충분히 앞서 매수하는 것이다. 매수 시점과 발표 시점에 시간적 텀을 두는 것은 그래야 그 영향이 이미 주가에 선반영됐을 가능성을 피할 수 있기 때문이다. 호재가 나오는 시점과 가까워질수록 다른 투자자들도 눈치를 채고 기대감에 매수를 시작할 가능성이 높아진다. 이에 대해 확실한 규칙이 있는 건 아니지만 일반적으로는 일주일 내에 호재 발표가 있을 때 사면 적어도 부분적으로는 그 영향이 이미 주가에 선반영됐을 가능성이 높다.

❷ **호재가 나온 후에 매수:** 이 경우 다른 투자자들에 비해 얼마나 빨리 시장에 들어가느냐에 따라 성공이 좌우된다. 남들도 당신과 정확히 같은 일을 하려고 하기 때문이다. 이 전략은 모멘텀 트레이딩momentum trading이라 불리는 고도로 경쟁적인 전략에 따라 비교적 작은 단기 수익을 목표로 수행된다. 요컨대 모멘텀 트레이더들은 위 또는 아래로 나아가는 빠른 움직임을 짧게 잡아내려고 시도한다. 개인적으로는 전문 투자자가 아니라면 이런 유형의 단타 전략을 쓰지 말기를 권한다. 일반 투자자는 이렇게 빠르게 상황이 변하는 종목에서 큰돈을 잃는 경향이 있기 때문이다. 2021년 1월에 발생한 게임스톱

GameStop[6] 트레이딩 열풍이 완벽한 사례다. 당시 열풍에 휩쓸려 매수한 일반 투자자들은 큰돈을 잃었다. 이는 단타에 따른 리스크와 열풍에 휩쓸리는 것의 위험성을 알려주는 주요한 교훈적 사례다.

---

[6] 게임 유통업체로서 '월스트리트베츠(Wallstreetbets)'라는 레딧 포럼에 속한 개인 투자자들의 공모로 주가가 급등했다.

월가의 늑대 시장을 이겨라

THE WOLF OF INVESTING

셋째, 더 멍청한 바보 이론을 따른다

더 멍청한 바보 이론Greater Fool Theory에 따르면 어떤 주식의 가치는 시장에 있는 더 멍청한 바보가 지불할 용의가 있는 가격으로 결정된다. 이러한 논리에 따르면 특정 종목을 사려고 결정할 때, 내재가치는 신경 쓸 필요가 없다. 당신이 지불한 가격보다 더 높은 가격을 지불할 다른 사람들이 시장에 있는 한.

가령, 당신이 현재 주당 20달러에 거래되는 주식을 살까 고민 중이라 하자. 당신은 약간의 리서치 후에 해당 기업의 내재가치가 주당 15달러에 불과하다는 결론을 내린다. 다만, 시장에는 주당 30달러를 지불할 모멘텀 매수자들이 있다.

당신은 이 주식을 사야 할까?

그 답은 어떤 투자 이론을 따르느냐에 달려있다.

당신이 가치투자를 신봉한다면 분명 사지 않을 것이다. 당신은 주당 15달러인 내재가치를 주당 20달러인 현재 주가와 비교하여 주당 5달러만큼 고평가됐다고 결론지을 것이다. 그래서 매수를

2장_셰익스피어의 투자 딜레마   **075**

포기할 것이다.

반면 당신이 더 멍청한 바보 이론을 따른다면 분명 살 것이다. 당신은 주당 20달러인 현재 주가를 더 멍청한 바보가 지불할 용의가 있는 주당 30달러와 비교하여, 주당 10달러만큼 저평가되었다고 결론지을 것이다.

그래도 의구심이 들면 자신의 매수를 이렇게 정당화할 것이다. "주당 15달러의 가치를 지닌 주식에 20달러를 지불하는 게 어리석어 보일 거야. 하지만 시장에는 주당 30달러를 지불할 용의가 있는 더 멍청한 바보들이 있어. 그렇다면 난 사실 바보가 아냐. 오히려 아주 영리해."

이게 더 멍청한 바보 이론의 대략적인 골자다.

실질적인 측면에서, 주가가 빠르게 오를 때 이 이론은 더 큰 수요를 창출하는 기능을 한다. 그래서 '갈수록 더 멍청해지는 바보들'로 불러야 마땅한 투기자들의 새로운 매수세를 연이어서 일으킨다.

돌이켜보면 '최후의 가장 멍청한 바보'가 되지 않은 투기자들은 사실 멍청하지 않은 것이다. 그들은 오히려 날카로운 타이밍 감각을 지닌 노련한 모멘텀 트레이더다. 마지막 멍청이 무리들이 몰려와 종말을 맞기 전에 발을 뺐기 때문이다.

주가를 계속 오르게 해줄 멍청이들이 더 이상 남지 않았을 때, 주가가 무너지기 시작한다. 처음에는 천천히 하락하지만 마지막 남은 멍청이들이 동시에 출구로 몰리면서 빠르게 압력이 거세진다. 그 결과 주가는 내재가치까지 폭락하여 최종적으로 거기에 자리를 잡는다.

이는 큰돈이 걸린 의자 뺏기 놀이와 같다. 음악이 멈췄을 때 서 있는 사람은 가장 멍청한 바보라는 그다지 바람직하지 않은 타이틀을 얻는다. 나는 여러분에게 이런 놀이를 하라고 권할 수 없다.

그래도 반드시 해야겠다면, 이길 수 있는 최선의 입지에 서게 해줄 조언을 하나 하겠다. 그것은 '황소도 돈을 벌고, 곰도 돈을 벌지만, 돼지는 도살당한다Bulls make money, bears make money, and pigs get slaughtered'라는 월가의 오랜 격언이다.

다시 말해 급등 종목을 살 때는 상승세가 시작되는 단계의 마지막에 들어가서, 상승세가 꺾이기 시작할 때 나온다는 생각을 가져야 한다. 주식을 바닥에서 사려 하지도 말고, 꼭대기에서 팔려 하지도 마라. 상승세의 중간 부분에 올라타려고 노력하라. 그러면 손실 없이 돈을 벌 수 있는 최선의 입지에 서게 될 것이다. 그 방법은 11장에서 설명할 테니 계속 읽어주기 바란다.

넷째, 투자 심리가 개선되었다

1장에서 소개한 '밀물 때는 모든 배가 떠오른다'라는 오랜 월가 격언을 기억하는가?

투자 심리는 주식시장의 향방에 대한 투자자들의 전반적인 정서 또는 태도를 뜻한다. 그들은 주가가 오를 것이라고 생각하고 있을까, 아니면 내릴 것이라고 생각하고 있을까?

경기 상태, 유가, 전쟁 현황, 실적 발표, 우유와 달걀 가격, 저녁 뉴스 이 모든 것들 그리고 더 많은 요소가 배경에서 융합하여 투자 심리라는 집단의식을 형성한다.

주가가 상승할 것이라는 전반적인 인식이 형성되는 경우, 월가는 투자 심리가 낙관적bullish이라 표현한다. 반대로, 주가가 하락할 것이라는 전반적인 인식이 형성되는 경우, 월가는 투자 심리가 비관적bearish이라 표현한다.

투자 심리를 파악해두는 것은 시장에서 일어나는 일을 더 잘 이해하는 데 도움을 준다. 투자자들이 특정 이벤트나 재료에 어떻게 반응할지에 대한 통찰을 제공하기 때문이다. 가령 투자 심리가 긍정적이라면, 투자자들은 무슨 일이 일어나든 그것을 낙관적으로 보며 자산을 매수하여 가격을 올릴 가능성이 높다. 반대로 투자 심리가 부정적이라면, 투자자들은 무슨 일이 일어나든 그것을 비관적으로 보며 자산을 매도하여 가격을 떨어트릴 가능성이 높다.

투자 심리가 개선될 때는 산탄총과 비슷한 효과를 낸다. 그래서 광범위한 수요를 촉발하여 오를 만한 이유가 있든 없든, 말 그대로 수천 개 종목의 가격을 밀어올린다. 투자 심리가 악화될 때도 같은 효과가 발생한다. 다만 이번에는 반대 방향으로 작용하여 수천 개 종목에 걸쳐 매도세를 촉발한다.

한번 집에서 편안하게 TV로 그런 양상이 전개되는 것을 지켜보라. 특히 변동이 심한 거래일에 CNBC를 보면 된다. 시장이 급락(3% 이상 하락)하고 있다면 화면 하단에 지나가는 모든 종목 옆에 아래쪽을 가리키는 작고 빨간 화살표가 붙어있는 것을 볼 수 있다. 반대로 시장이 급등(3% 이상 상승)하고 있다면 그 자리에 위쪽을 가리키는 작은 초록색 화살표가 붙어있을 것이다.

결론은 이것이다.

투자 심리는 보다 근거 있는 투자 결정을 내리도록 해준다. 특정한 날에 시장을 움직이는 이면의 힘을 더 잘 이해하도록 도와주기 때문이다. 안 그러면 여러분이 보유한 특정 종목이 오르거나 내리는 이유를 알 수 없는 경우가 많을 것이다. 주가 움직임에 대해서 사실은 단지 투자 심리가 바뀐 결과일 뿐인데도 불구하고, 해당 기업에 어떠한 일이 발생한 것이라 생각하기 쉽다.

유일하게 남은 질문은 '투자 심리는 실제로 어떻게 작동하는가?'이다. 다시 말해, 이 모든 추가 수요는 어디에서 나오는 것일까?

모든 새로운 수요의 이면에는 실제 돈이 있다는 사실을 명심하라. 그 돈은 어디에선가 나와야 한다. 그렇지 않은가?

그래서 어디일까? 모든 새로운 자금은 어디서 나오는 걸까?

간단하게 답하자면 다른 시장에서 나온다.

미국 주식시장이 유일한 자산 시장은 아니다. 투자자들이 투자 자본을 어디에 투입할지 고려할 때 선택할 수 있는 자산 시장의 종류는 수없이 많다.

잠시 상상력을 발휘해보자.

전 세계에 있는 모든 자산의 총합을 나타내는 엄청나게 큰 수치를 상상해보라. 개인, 기업, 정부, 금융기관 등 누가 갖고 있든지, 어느 나라에 있는지, 유형 자산인지 아니면 무형 자산인지는 관계없다. 주식, 채권, 현금, 연기금, 뮤추얼펀드, 예금 같은 금융 자산부터 부동산, 원자재, 귀금속, 기계, 가축, 공급사슬을 통해 제조된 모든 상품 같은 실제 자산 그리고 전 세계에 걸쳐 상품과 서비스의 흐름을 촉진하기 위해 금융기관이 만든 다양한 자산(어음, 신용장, 은행 보증서, 공급사슬 융자)까지 모든 것이 그 대상이다.

맥킨지앤드컴퍼니McKinsey & Company(제조업 기반 일자리를 중국으로 옮겨서 저렴한 노동력을 착취하도록 미국 정부와 대기업들을 설득하여 미국의 모든 일자리를 거덜내고, 궁극적으로 중국이 세계를 장악하는 길을 조용히 닦아준 책임이 있는 대형 컨설팅 기업)의 천재들에 따르면 앞서 말한 모든 자산의 총합은 약 1,500조 달러다.

이 수치가 얼마나 엄청난지 감을 잡아보자면, 15 뒤에 0을 14개나 붙여야 한다. 즉, 숫자로는 $1,500,000,000,000,000가 된다.

정말로 큰 수다. 그렇지 않은가?

실로 그렇다.

그러나 1,500조 달러가 전부 '굴러가는' 건 아니다. 약 3분의 1은 비유동성 자산이다. 즉, 바로 팔아서 현금화할 수 없다. 비유동성 자산을 모두 빼면 1,000조 달러가 남는다. 여전히 엄청난 이 수치가 전 세계에 있는 유동성 자산의 총합이다.

이 점이 의미하는 바는, 어떤 시점에서든 1,000조 달러 가량이 전 세계에 있는 수천 개의 은행, 증권사, 연기금, 뮤추얼펀드에 걸쳐 퍼져있다는 것이다. 금융 지식을 갖고 이 자산의 일부를 통제하는 모든 사람은 정확히 같은 일을 이루려고 노력한다. 그 일은 바로 자신이 통제하는 자산으로 손실을 내지 않고 최고 연 수익률을 올리는 것이다.

현재 전 세계 금융 시스템은 서로 연결되어 있다. 그래서 이 자산들은 믿을 수 없을 만큼 빠르고 유연하게 전 세계를 계속 흘러간다. 매일 말 그대로 수조 달러가 이 시스템 속에서 움직인다. 은행가와 자산운용역 그리고 전문 투자자들은 최소 리스크로 최고 연 수익률을 안기는 상품을 찾아 전 세계 시장을 돌아다닌다.

폭넓게 말하자면, 이러한 상황은 두 개의 팀이 금융시장에서 줄다리기를 하는 것과 같다. 각 팀은 나름의 차별적인 투자 철학과 리스크 감수도를 갖고 있다.

줄의 한쪽은 자산팀 또는 주식팀이라 불린다.

이 팀은 전 세계에 있는 모든 주식거래소에 상장된 기업들의 주식으로 구성된다. 뉴욕증권거래소부터 런던증권거래소, 나스닥, 요하네스버그증권거래소 그리고 러시아, 폴란드, 독일, 한국 및 다른 모든 곳에 있는 증권거래소에서 거래되는 주식이 이 팀에 속한다.

당신이 특정 기업의 주식을 보유하는 것은 해당 기업의 소유권을 갖는 것과 같다. 그렇지 않은가? 따라서 투자 관점에서 보면 해당 기업이 잘해서 주가가 오를 때 생기는 큰 상방 잠재력과, 해당 기업이 못하거나 파산해서 주가가 내릴 때 생기는 큰 하방 잠재력이 모두 존재한다. 그래서 주식팀은 높은 리스크와 높은 보상을 함께 안고 있다. 주식 보유자들은 일이 잘 풀리면 가장 많은 돈을 벌고, 일이 잘 안 풀리면 가장 많은 돈을 잃는다. 그게 주식팀이다!

그 다음, 줄의 반대쪽은 부채팀 또는 채권팀이라 불린다.

이 팀은 전 세계 모든 정부, 지자체, 기업 또는 금융기관이 발행한 채권 및 어음으로 구성된다. 주식은 발행자에 대한 소유권을 나타내지만 채권은 그렇지 않다. 채권은 발행자가 보유자에게 미래의 특정 시점(만기일이라고 함)에 액면가 전체를 상환하는 데 더하여 합의된 금리(표면금리라고 함)에 따른 이자를 일정한 간격으로 지불하겠다는 약속을 나타낸다.

투자 관점에서 채권투자는 주식투자보다 상방 잠재력이 훨씬 작다. 수익이 이자로 제한되기 때문이다. 대신 채권은 주식보다 리스크가 훨씬 적다. 발행자는 만기일에 당신이 투자한 금액 전부를 상환할 법적 의무가 있기 때문이다. 또한 대다수 채권은 발행자가 만기일까지 꾸준히 이자를 지불하도록 의무화한다. 그렇게 하지 않으면 채권 보유자는 발행자를 고소하여 파산하게 만들 수 있다.

드물게 채무 불이행 사태가 실제로 발생하더라도, 법원은 채권 보유자에게 우선권을 준다. 즉, 가장 먼저 돈을 돌려받을 수 있도록 채권자를 대기줄 제일 앞에 세워준다. 반면 법원은 주식 보유자들을 박대하며, 대기줄 뒤로 보내버린다. 그래서 돈을 돌려받을 가능성이 거의 없다. 바로 이런 이유로 채권팀은 낮은 리스크로 낮은 보상을 얻는다. 즉, 발행자가 잘하든 못하든 무관하게 고정된 수익률을 얻는다. 또한 돈을 잃을 리스크는 훨씬 적다.

이제 다시 금융계에서 벌어지는 줄다리기로 돌아가보자. 현재 전 세계에 걸쳐 경제, 금융, 지정학, 군사, 팬데믹 측면에서 어떤 일이 벌어지느냐에 따라서, 그리고 그 일들이 전체적으로 금융 시스템에 어떤 영향을 미치느냐에 따라서 일시적으로 줄의 한쪽에 더 많은 플레이어들이 붙는다. 그들은 불공정한 우위를 얻은 상태로 줄을 당긴다. 그 결과 승기를 잡기 시작하고, 자산의 쓰나미가 그들 쪽으로 밀려든다.

가령 금리가 오르면 채권팀이 우위를 얻어, 주식시장에서 자금이 흘러나와 채권시장으로 들어간다. 왜 그럴까? 낮은 리스크와 그에 따른 혜택은 여전한 가운데 채권에 붙는 금리가 투자자들에게 더 매력적으로 바뀌었기 때문이다.

반대로 금리가 내려가면 주식팀이 우위를 얻어, 채권시장에서 자금이 흘러나와 주식시장으로 들어간다. 채권의 수익률이 투자자들에게 덜 매력적으로 바뀌었기 때문이다. 그들은 이제 비교적 리스크가 크기는 해도 주식시장에서 더 높은 수익을 올릴 수 있다고 생각한다.

이것이 금리가 오르면 대체로 주가가 하락하는 이유다. 반대로 금리가 내려가면 대체로 주가가 상승하는 이유다. 즉, 한 변수가 올라가면 다른 변수가 내려가는 것인데, 전문 용어로 이를 역상관관계라 부른다.

그런 맥락에서 금리와 전반적인 투자 심리 사이에는 역상관관계가 존재한다. 구체적으로 말하자면, 금리 하락은 전반적인 투자 심리를 개선시키고 금리 상승은 전반적인 투자 심리를 악화시킨다.

한 걸음 더 나아가자면, 투자 심리 개선은 시장에 있는 대다수 투자자가 동시에 '지금은 채권보다 주식에 투자하는 게 나을 것

월가의 늑대 시장을 이겨라

같아'라고 말하는 것과 같다. 그와 함께 자금이 채권시장에서 흘러나와 주식시장으로 들어가기 시작한다. 그 결과 가치가 있든 없든, 수천 개 종목에 걸쳐서 폭넓은 수요가 형성된다.

넓게 보면, 투자 심리의 변화는 **리스크 감수**risk on 와 **리스크 회피**risk off, 두 가지 멘털리티 중 하나로 이어진다.

금리가 오르고 경제 상황이 불확실하며 세상이 곧 망할 것 같은 불안한 시기가 오면, 투자자들은 리스크 회피 멘털리티를 갖게 된다. 그에 따라 주식시장에서 자금이 흘러나와 채권시장으로 들어간다. 또한 주식시장에 남아있는 자금들도 리스크가 크고 기반이 약한 기업의 주식에서 빠져나와 더 안전하고 기반이 잡힌 기업의 주식으로 이동하는 경향이 있다.

반대로 경제가 튼튼하고 금리가 내려가며 세상이 비교적 평화로워서 덜 불안한 시기가 오면, 투자자들은 리스크 감수 멘털리티를 갖게 된다. 그에 따라 채권시장에서 자금이 흘러나와 리스크가 더 크지만 잠재 수익률이 더 높은 주식시장으로 들어간다.

월가에서는 주식과 채권처럼 반대 방향으로 움직이는 경향이 있는 두 자산군에 대해 '상관성이 낮다'고 말한다. 이 경우, 하나의 가격이 오르면 다른 하나의 가격은 내려가는 경향이 있다. 반대로 같은 방향으로 움직이는 경향이 있는 두 자산군에 대해서는 '상관성이 높다'고 말한다. 이 경우, 하나의 가격이 오르면 다른 하나의 가격도 같이 오르는 경향이 있다.

나중에 자산 배분 과정을 살필 때 이 문제를 다시 다룰 것이다.

자산 배분이란 투자 목표에 맞춰서 리스크와 보상의 균형을 맞추는 포트폴리오를 구축하는 것을 말한다.

그러면 이런 점들을 염두에 두고 매수 후 주당 40달러에서 10달러로 가격이 떨어진 사례를 다시 살펴보자. 어떻게 해야 할까?

세 가지 선택지가 있다.

❶ 매도하고 손실을 기록한다.

❷ 계속 보유하면서 반등을 기다린다.

❸ 추가 매수로 물타기[7]를 한다.

답은 '상황에 따라 다르다'는 것이다.

현명한 결정을 하려면 주당 40달러에 처음 매수하던 순간으로 돌아가 왜 매수했는지 자문해야 한다. 다시 말해서 지금은 손실이 났지만 분명 처음 매수할 때는 이렇게 될 것이라고 생각하지 않았을 것이다. 그렇지 않은가?

가치투자 전략에 따라 매수했는가? 내재가치가 주당 40달러보다 많이 높아, 저렴하게 해당 종목을 얻었다고 생각했는가?

또는 호재가 나올 것이라서 매수했는가?

---

[7] 현재가가 매수가보다 낮은 종목을 추가로 매수하여 전체 보유분의 평균 비용을 낮추고 주가가 반등할 경우 잠재적 수익을 늘리는 전략을 말한다.

월가의 늑대 시장을 이겨라

해당 기업이 예상치보다 나은 실적을 발표하거나, 업계의 판도를 바꿀 계약을 체결하거나, 다른 회사에 인수될 것이라 생각했는가?

아니면 모멘텀 전략을 썼는데 결국 일이 잘못된 것인가? 그래서 갈수록 당신이 가장 멍청한 바보라는 불운한 자리에 서게 될 것 같은가?

'파느냐 안 파느냐 그것이 문제로다!'는 셰익스피어식 딜레마의 자본주의 버전이다. 이 문제를 해결하는 방법은 처음으로 돌아가는 것이다. 애초에 왜 주식을 샀는지 되돌아보고, 자신에게 단순한 질문을 던져봐야 한다. '그 이유가 지금도 여전히 유효한가?'

만약 그렇다면 계속 보유하는 편이 나을 것이다. 해당 기업이나 전체 시장에서 애초의 매수 이유를 압도하는 다른 일이 생기지 않는 한 말이다.

애초의 매수 이유가 유효하지 않게 변했다면, 다른 유효한 매수 이유는 없는지도 따져봐야 한다.

가령 가치투자로 40달러짜리 종목을 샀는데 주가가 30달러나 떨어졌다면 어떻게 해야 할까? 가장 먼저 할 일은 해당 기업의 펀더멘털을 다시 살펴서 내재가치를 잘못 계산하지 않았는지 확인하는 것이다.

다시 말해 내재가치가 주당 75달러라고 생각했는데 주가가 주당 10달러로 떨어졌다고 가정하자. 해당 기업의 펀더멘털을 다시 살펴봐도 여전히 주당 75달러의 가치를 지닌다는 확신이 드는가? 그렇다면 주당 10달러에 추가 매수할 것을 강력하게 추천한다. 지금은 더 저렴해졌으니까! 반대로 해당 기업의 내재가치가 처음 계산한 것보다 훨씬 낮다면, 또는 악재 때문에 내재가치가 지금 주가 수준으로 떨어졌다면 어떻게 해야 할까? 이 경우 매도하여 손실을 기록하고, 실수로부터 교훈을 얻고, 앞으로는 더 신중하게 투자할 것을 강력하게 추천한다.

매수 이유가 호재에 대한 기대 때문이라면 이렇게 자문해야 한다. '그 호재가 나왔을 때 어떤 일이 생겼는가?' 긍정적인 효과가 이미 주가에 선반영되었는가? 아니면 당신이 잘못 안 것이고 실제로는 예상보다 좋은 재료가 아니어서 주가를 하락시켰는가?

어느 쪽이든 애초의 매수 이유는 더 이상 유효하지 않다. 따라서 계속 보유할 다른 이유가 있을지 따져봐야 한다. 가령 주가가 너무 많이 떨어져서 내재가치보다 낮아졌을 경우, 가치투자의 일환으로 계속 보유하는 것도 타당할 수 있다.

그러나 가치투자의 여지도 없고 앞으로 나올 호재도 없는데 계속 들고 있을 이유가 있을까? 없다! 매도하고, 실수로부터 교훈을 얻고, 돈을 굴릴 더 나은 곳을 찾아라.

끝으로 더 멍청한 바보 이론을 토대로 매수한 경우를 보자. 주가가 주당 10달러까지 떨어진 지금, 당신이 결국 가장 멍청한 바보인 것처럼 보이기 시작했다. 그러면 매도하고 다음 투자로 넘어가는 게 낫다.

어느 경우든 하지 말아야 할 생각이 있다. '6달 전에 훨씬 높은 가격에 샀는데 지금 팔아서 손실을 기록하고 싶지 않아'라는 생각이다. 이런 생각을 하는 건 빈털터리가 되는 가장 빠른 길이다.

대신 새로운 정보를 토대로 생각을 바꾸는 단순한 과정을 거쳐라. 이는 모든 인간이 필수적으로 지닌 적응적 능력을 활용하는 것으로서, 세상을 힘차게 헤쳐나가도록 해준다. 새로운 일을 시도할 때 처음에는 보통 실패한다. 그러면 우리는 새로운 정보를 토대로 접근법을 바꾸고 다시 시도한다. 이 단계를 충분히 많이 반복하면 결국에는 분명 성공한다.

이 과정은 우리가 실제로 어떤 일에 뛰어든 것인지 이해하는 데서부터 시작된다. 즉, 투자의 여러 요인이 어떻게 작용하고, 왜 작용하며, 어떤 절차를 거쳐 이런 양상이 되었는지를 이해해야 한다.

이를 위해 간단한 역사 수업을 하도록 하겠다.

늑대 스타일로!

THE WOLF
of
INVESTING

3장

미국을 병들게 하는
월가의 포식자들

골드만삭스의 만행

나는 월가의 늑대다. 그러니 가끔 정말로 내 피를 끓게 만드는 일이 생기면, 어금니를 드러내고 싶은 참을 수 없는 충동이 생기는 것도 당연하다.

한번은 내가 이성을 잃고 내면의 야수를 풀어놓았는데, 나를 그렇게 만든 것은 〈롤링스톤Rolling Stone〉지에서 읽은 기사였다.

2010년에 맷 타이비Matt Taibbi라는 탐사 저널리스트가 쓴 이 기사의 제목은 '미국의 거대한 버블 제조기The Great American Bubble Machine'였다. 거기에는 세계에서 가장 크고, 가장 영향력 있고, 가장 냉혹한 투자은행인 골드만삭스를 분석한 무시무시한 내용이 담겨있었다. 한마디로 골드만삭스를 '인류의 얼굴에 달라붙어서 돈 냄새가 나는 곳이면 어디든 흡혈관을 꽂는 초대형 흡혈 오징어[8]에 비유하는 내용이었다.

---

8   https://www.rollingstone.com/politics/politics-news/the-great-american-bubble-machine-195229/amp/.

9,800자로 작성된 이 기사는 나에게 충격과 각성 그리고 강렬한 분노를 안겼다. 실제로 너무나 화가 났다. 이 기사는 명백히 검찰의 기소를 초래했어야 마땅하지만 그런 일은 없었다.

심지어 메리 셸리Mary Shelley의 소설 《프랑켄슈타인Frankenstein》에서 벌어진 사태의 현대적인 버전도 일어나지 않았다. 분노한 일반 시민들이 횃불과 쇠스랑을 들고 월가를 행진하며 탐욕스런 자들에게 린치를 가해야 마땅했다. 어떻게 그런 일이 일어나지 않았는지는 여전히 내게 수수께끼다.

이 기사가 묘사하는 탐욕과 부패는 너무나 체계적이고 엄청난 규모다. 증권 사기와 자금 세탁 혐의로 2년형을 받은, 월가의 늑대인 나조차도 그런 일이 가능할 거라고는 상상하기조차 힘들 정도였다.

아이러니하게도, 처음 이 기사를 읽었을 때는 그렇게 깊은 감정적 파장이 없었다. 왜 그랬는지는 설명하기 어렵다. 다만 그때는 내가 월가에서 저지른 잘못들을 반성하고 있던 터라, 정의로운 분노를 품을 만큼 건강한 정신상태가 아니었던 것 같다. 하지만 12년이 지난 후에는, 즉 10년 넘게 선한 일을 하며 그에 따른 시각을 갖게 된 후에는 아주 다른 느낌을 받았다. 나는 비록 일반적인 관점에서 과거에 여러 잘못을 저지르기는 했지만, 작은 아기 늑대에 지나지 않았다. 골드만삭스의 거대하고 나쁜 늑대들이 먹고 남긴 찌꺼기를 주워 먹는 아기 늑대 말이다.

문제의 기사를 절반 정도만 읽었는데도 마치 월가 버전《왕좌의 게임Game of Thrones》을 읽는 기분이었다.

이 버전에서 세상 전체를 대표하는 인물은 자애로운 타이렐 Tyrell 가문의 올레나 부인Lady Olenna 이다. 반면 골드만삭스를 대표 하는 인물은 사악한 라니스터Lannister 가문의 세르세이 왕비Queen Cersei 다. 교활하고 무자비한 월드 클래스 음모꾼인 올레나 부인은 가문을 지키기 위해서라면 어떤 일이든 했다고 공개적으로 인정 했다. 그러나 그녀는 이야기가 진행되면서 가장 교활하고, 무자비 하며, 사악한 여자인 세르세이 왕비에게 결국 패배하고 만다.

왜 올레나 부인이 패배했을까?

그녀의 독창적인 표현에 따르면 "상상력이 부족했기 때문"이 다. 근본적으로 그녀는 배신, 음모, 노골적인 속임수로 가득한 자 신의 어두운 환상 속에서도 세르세이처럼 순수한 악을 상상하지 는 못했다.

그래서 그녀는 세르세이의 쌍둥이 남매인 제이미 라니스터 Jaime Lannister 에게 살해당했다.

대중 소설에 대한 비유는 이 정도로 해두겠다. 이야기를 이어 가기 전에 간략히 밝혀두고 싶은 요점이 있다. 나의 목표는 여러 분이 지금보다 더 월가를 싫어하도록 만드는 것이 아니다. 또한 현재 거기서 일하는 사람들을 싫어하도록 만드는 것도 아니다.

사실 지금도 내 친구들 중 몇몇은 월가에서 일한다. 그들은 아 주 좋은 사람들이며, 나는 그들을 전적으로 신뢰한다. 물론 그렇 다고 해서 그들에게 내 돈을 맡기지는 않는다. 그럴 필요가 없기 때문이다. 이 책을 다 읽고 나면 여러분도 그럴 것이다.

내가 말하고자 하는 요점은 이것이다. 골드만삭스와 같이 규모가 크고 통제할 수 없는 조직이 지닌 문제가, 일선 직원에게서 비롯되는 경우는 드물다. 그들이 아니라 도덕적으로 파산한 최상층부 리더들의 소규모 집단이 원흉이다. 그들은 자신이 법 위에 있다고 생각한다.

이 점을 염두에 두고 앞으로 몇 페이지에 걸쳐 월가가 어떻게 지난 백 년 동안 일반 투자자들을 등쳐먹었고, 지금도 그러고 있는지 알려주도록 하겠다. 그러기 위해, 모든 것이 시작되었고 모든 것이 잘못되었던 처음으로 돌아갈 것이다. 그리고 월가가 어떻게 지금도 매일 여러분의 호주머니를 털려고 하는지, 어떻게 하면 쉽게 그것을 피하고 궁극적으로는 그들의 게임에서 그들을 이길 수 있는지 알려줄 것이다.

먼저 서글픈 현실부터 알아두자. 지난 40년 동안 월가는 전 세계의 금융 시스템을 한두 번이 아니라 네 번이나 거의 무너트릴 뻔했다. 맞다. 무려 네 번이다. 그런데도 그런 짓을 몇 번이고 계속하려든다.

다시 말해 그들은 절대 멈추지 않을 것이다.

왜 그럴까?

그들을 막을 사람이 아무도 없기 때문이다.

간단히 말해서, 초대형 흡혈 오징어(골드만삭스와 월가의 나머지 악명 높은 투자은행들)는 정치권과의 불경한 관계를 확고하게 다져놓았다. 그래서 각자의 금고로 수십억 달러가 계속 흘러들어가는 한, 거의 완전한 면책 하에 전 세계 금융 시스템을 겁탈할 수 있었다.

이는 양쪽 모두에게 수지맞는 거래였다.

내 말이 과장된 것 같은가?

그들은 지난 40년 동안 아이슬란드를 파산시켰고, 노르웨이를 거덜냈고, 그리스를 박살냈고, 폴란드를 약탈했고, 아르헨티나를 노략질했고, 유럽의 등골을 빼먹었고, 우크라이나를 도륙했고, 멕시코를 망가트렸고, 영국의 등을 찔렀고, 원자재 시장을 부패시켰고, 나스닥 주식들을 띄웠다가 팔아치웠고, 저축대부조합 사태를 일으켰고, 지구온난화를 돈벌이 수단으로 만들어 중국에 팔아넘겼다. 그뿐 아니라 2008년에는 이 모든 파괴 행위를 저지르던 장본인이기에 절대 망하지 않을 거라고 모두가 생각하던 세계에서 유일한 국가, 다름 아닌 미합중국을 거의 무너뜨릴 뻔했다.

이제는 진지하게 생각해봐야 한다. 도대체 어떤 종류의 얼간이들이 세계에서 가장 뛰어난 군사력을 가진 나라를 파괴하려고 시도했는가? 그 나라가 없으면 전 세계가 월가로 몰려가《프랑켄슈타인》에서처럼 폭동을 일으킬 텐데 말이다.

이는 완전히 미친 짓이다.

하지만 2008년 9월 15일에 리먼브라더스Lehman Brothers가 파산하면서 '전 세계에 엄청난 파열음'이 일어났다. 그것은 수조 달러어치의 쓰레기 같은 모기지 채권이 허공으로 사라지는 소리였다.

그 다음 날인 9월 16일, 여러분은 자칫하면 동네 현금지급기에 가서 은행카드를 투입구에 넣고, 비밀번호를 입력해도 돈을 뽑지 못할 뻔했다. 대신 다음과 같은 협박장이 나왔을 것이다.

— 어리석은 예금자들에게 알립니다.

맞아요. 소문은 사실입니다. 어리석은 여러분이 돈을 맡긴 은행의 CEO인 나를 비롯한 월가의 탐욕스런 개자식들이 결국 일을 저질렀습니다.

우리는 모든 것을 훔쳤습니다.

여러분이나 다른 모든 사람이 은행 계좌에서 인출할 수 있는 돈은 한 푼도 남지 않았습니다. 모두 여러분의 호주머니에서 우리의 호주머니로 옮겨졌기 때문입니다.

그래서 나 자신 그리고 여러분과 가족으로부터 미래를 앗아간 월가의 다른 모든 탐욕스런 은행가들을 대표하여, 햄튼스 Hamptons의 더 큰 저택과 더 비싼 요트, 벽에 걸 더 고가의 미술품, 지구온난화 컨퍼런스에 참석할 때 타고 갈 더 호화스럽고 기름을 많이 먹는 개인용 제트기의 이름으로 알립니다. 엿 말고는 여러분에게 줄 게 하나도 남지 않았습니다.

그러니 집으로 돌아가 샷건을 장전한 다음 약탈이 시작되기를 기다리세요.

아니면, 전화기를 들고 망할 다이얼을 돌리세요.

지역 하원의원, 상원의원, 이 나라의 대통령인 조지 부시George Bush에게 전화를 걸어 말하세요. 재무부에 있는 그들의 핵심 심복인 행크 폴슨Hank Paulson과 연준의 돈 찍어내기 책임자인 벤 버냉키Ben Bernanke를 압박해서 당장 우리를 구제하도록 만들라고 말입니다.

안 그러면 여러분이 알던 지금까지의 삶은 사라질 겁니다.

우리는 아무 대가 없이 1조 달러를 송금해주고, 연준의 비밀 할인 창구에서 마이너스 통장을 만들어줄 것을 요구합니다. 우리는 밤이든 낮이든 이 계좌에 자유롭게 접근할 수 있어야 하며, 얼마든 원하는 액수를 원하는 기간 동안 무이자로 빌릴 수 있어야 합니다. 또한 우리의 행동 때문에 전 세계의 금융 시스템이 파산했다는 사실이 알려진다고 해도, 우리는 무엇이든 일체의 새로운 규제를 받아들이지 않을 것입니다. 특히 우리의 과도한 급여를 제한하는 조치는 더욱 안 됩니다. 연봉이 단 한 푼이라도 깎이는 것을 받아들일 의향은 절대로 없습니다. 그러니 생각도 하지 마시길.

> *존중하는 마음이 전혀 없고, 반성하는 마음은 더더욱 없는*
> *여러분의 그다지 겸손하지 않은 CEO*

추신: 행크 폴슨이나 벤 버냉키가 우리의 명백히 터무니없는 요구에 동의하지 않으면 어쩌나 걱정하지 마세요. 두 사람은

월가의 늑대 시장을 이겨라

나와 같은 골드만삭스 출신입니다. 그들도 같이 가담했다는 말입니다. 그들이 찾는 건 발뺌할 수 있는 그럴듯한 구실뿐입니다. 그게 있어야 의회에 가서 구제안은 자신의 생각이 아니라고 말할 수 있습니다. 궁지에 몰려서 어쩔 수 없이 하는 것처럼 보여야 하니까요.

시한부 선고를 받은 미국

잘된 일이든 아니든 간에 이런 사태는 다행히 한 번도 일어나지 않았다.

연방 정부의 권력자들, 재무부의 행크 폴슨, 연준의 벤 버냉키, 백악관의 부시 대통령과 그의 측근들은 모두 은밀한 자리에 모여서 협박장 없이도 지저분한 짓들을 했다. 결국 미국의 납세자들은 적어도 일시적으로 월가를 구제하고 국제 금융 시스템을 바로잡기 위해 1조 달러가 넘는 돈을 부담했다.

그래서 월가가 최소한 고맙다는 말이라도 했을까?

당연히 하지 않았다!

사실 그들의 뒤틀리고 탐욕스럽고 자기중심적인 관점에서 보면, 오히려 국민들이 그들에게 감사해야 한다! 그들이 월가에서 온갖 힘들고 궂은 일(당시 골드만삭스의 CEO인 로이드 블랭크페인Lloyd Blankfein의 표현으로는 '신의 일')을 도맡아 해주지 않았다면, 우리의 이 작은 자본주의 유토피아는 지금처럼 부와 번영을 누리기는커

넝 그 근처에도 가지 못했을 것이기 때문이다.

이 말이 사실일 수는 있다. 활발한 자본주의 경제는 적절하게 돌아가는 주식시장과 상환 능력을 갖춘 대출자에게 신용을 제공하는 신뢰성 있는 은행 시스템을 요구한다.

그러나 어떤 유기체의 기능에서 필수적 역할을 담당한다고 해서, 그 유기체가 너무나 허약해져 시들어 죽을 때까지 서서히 잡아먹을 권리가 주어지는 건 아니다.

사실 인체생리학에는 '주요 계통에 속한 단일 세포가 과다 증식하는 이상 상태'를 지칭하는 단어도 있다. 이런 세포는, 특정 세포의 과다 증식을 막는 통상적인 체내 견제와 균형 시스템을 회피한다.

그 단어는 암이다. 암을 제거하지 않으면 결국 사람이 죽는다.

안타깝게도 지난 50년 동안 월가에 대한 견제와 균형을 담당한 연방 감독위원회조차 제 기능을 하지 못했다. 이는 다크머니dark money(출처가 불분명한 정치 헌금-옮긴이)와 정치계의 내부 투쟁이 결합된 결과였다.

내 말이 과장되었다고 생각한다면 의회 방송을 15분만 켜놓고 거기서 벌어지는 미친 짓들을 보라. 국민을 보호하려는 소수의 정직한 정치인은, 자본에 매수된 부패한 정치 모리배들에 의해 언제나 가려져 있다. 강경화 극단주의자들은 월가 로비스트들이 쏟아부은 다크머니의 쓰나미를 타고 대화의 장을 휩쓸어버린다. 극좌

파는 극우파를 비난하고, 극우파는 극좌파를 비난한다. 결국, 국민의 90%가 중간 지점의 어딘가에 동의하는데도 현상現狀이 유지되고 월가가 승리한다.

아마 여러분은 이렇게 생각할 것이다.

"FBI는 뭐하는 거야? 나쁜 놈들을 잡아넣을 권한이 있잖아? 결국 저자 당신도 잡혔잖아. 한 특수 요원의 끈질긴 의지가 당신을 무너뜨렸어. 그러니까 FBI의 상층부가 제 역할을 하지 못한다 해도 일선 요원들은 절대 그런 일이 일어나게 놔두지 않는 충직한 시민들이야!"

이 말은 부분적으로는 옳다. 일선 요원들은 건실한 사람들이다. 하지만 안타깝게도 그들에게는 권한이 없다.

부패한 선거 시스템은 월가 대형 기업들이 기부금을 통해 마음껏 정치적 영향력을 매수할 수 있도록 해준다. 게다가 그들의 도둑질은 너무나 깊고 넓게, 몇 년에 걸쳐 복잡하게 이뤄진다. 아무리 의지가 강한 검사라도 배심원들에게 월가의 범죄를 확실하게 증명하기가 불가능하다.

이것이 내가 하려는 이야기다.

백악관부터 재무부, 연준에 걸쳐 수많은 요직에 새끼 오징어가 전략적으로 배치됐다. 그들은 부화하여 훈련을 받은 후 엄마 흡혈 오징어의 이익을 더욱 키우기 위해 야생으로 되돌아갔다. 이는 악당들이 법원을 비롯하여 모든 것을 통제하는 B급 영화의 형편없는 플롯과 거의 비슷하다. 또한 모든 B급 영화에서처럼 세상에는 항상 '한 명의 용감한 사람'이 있다. 용기와 힘을 발휘하여 진실을 밝히고 모든 것을 폭로하는 사람 말이다. 그렇지 않으면 모든 것이 끝장난다.

아이러니하게도 현실에서는 '한 명의 용감한 사람'만 나선 것이 아니었다. 수천 명이 나서서 '월가를 점령하라Occupy Wall Street'라는 운동을 벌였다.

실제로 2011년에 2만 명의 분노한 군중이 월가에 모여 변화를 요구했다. 그들은 거기에 진을 치고, 고기를 구워먹고, 음악을 연주했다. 월가를 비판하는 구호를 담은 영리한 피켓까지 만들었다. 언론은 이 모든 것을 보도했다.

그렇게 59일이 지났지만 안타깝게도 바뀐 것은 전혀 없었다. 그래서 지겨워진 그들은 그냥 철수하고 말았다.

시위자들은 단지 용감했을 뿐, 변화를 이끌어내기에는 너무나 게으르고 지리멸렬했는지도 모른다. 또는 월가의 악당들이 너무나 힘이 세고, 워싱턴에 있는 같은 패거리들로부터 너무나 잘 보호받았는지도 모른다. 그래서 시위가 끝났을 때 바뀐 것은 하나도 없었고, 지금까지 그런 상태가 유지되고 있다.[9]

---

9   시위자들을 대변하자면, 뉴욕 경찰국은 그들이 진을 친 공원에 진입해 잠시 물러나라고 요구했다. 공원 관리 규칙에 어긋나므로 텐트를 철거해야 한다는 명분이었다. 경찰은 몇 시간 후에 공원으로 다시 돌아올 수 있을 것이라고 알렸다. 하지만 텐트가 사라진 후에는 시위가 더 이상 즐겁지 않았고, 다른 지방에서 온 사람들이 계속 시위를 이어가기도 어려웠다. 이는 시위를 끝내는 데 중요한 역할을 했다.

30조 달러라는 초유의 재정적자, 철저하게 거덜 난 산업 기반, 1970년대 이후 가장 높은 물가상승률, 초강력 토네이도의 속도로 돌아가는 워싱턴과 월가 사이의 회전문. 이 모든 것들을 종합해보면, 미국은 마치 4기 암에 시달리며 빌린 돈과 빌린 시간으로 살아가고 있는 환자와 같다.

하지만 나는 아직 미국에 대한 희망을 버리지 않았다.

우선 미국에서 살아가고 일하고 사업을 시작하는 일반 국민들은 놀라울 만큼 끈기가 강하다. 또한 나는 50여 개국의 사업주들에게 개인적으로 자문을 제공하는데, 미국의 사업주들은 전 세계의 다른 어떤 나라에서도 본 적이 없는 기업가 정신을 갖고 있다.

그렇기에 미국이 맥없이 무너지지는 않을 것이라고 믿어도 좋다. 미국 국민들은 끝까지 버틸 것이다.

조직이 클수록 무너지는 속도는 느리다. 로마 제국은 완전히 망하기까지 500여 년이 걸렸다. 미국은 로마보다 무한정 크고 더욱 번영한 나라다. 진정한 파국이 오기 전까지는 여전히 수백 년은 족히 남았을 것이다.

어쨌든 언제 그런 일이 닥칠지 정확하게 알 길은 없다. 따라서 내가 할 수 있는 최선의 조언은 그때까지 법을 어기는 일 없이 최대한 많은 돈을 벌고, 이 책에 나오는 전략을 활용하여 현명하게 그 돈을 투자해야 한다는 것이다.

그러면 이를 염두에 두고 월가의 역사를 간략하게, 늑대 스타일로 살펴보도록 하자.

4장

과열과 폭락을 반복하는
월가의 역사

THE WOLF OF INVESTING

월가 수수료 절취 복합체를 공개한다

당신은 영화 〈매트릭스〉를 보았을 것이다. 그렇지 않은가?

아직 보지 않았다면 정말 명작이니까 꼭 보라.

이 영화를 보면 30분 정도가 지났을 때 매우 인상적인 장면이 나온다. 바로 모피어스Morpheus가 네오Neo를 가상현실 세계로 데려가는 장면이다. 모피어스의 목적은 네오로 하여금 도저히 받아들일 수 없는 사실, 그가 살던 세상이 실은 존재하지 않는다는 사실을 깨닫게 만들려는 것이었다. 그 세상은 미쳐버린 AI가 일으킨 디스토피아적 악몽 속에서 지능을 가진 기계 군단에게 파괴되었다. 기계들이 똑똑해져서 주인에게 등을 돌리면서 문제가 시작되었다. 핵무기들이 발사되었고, 세상은 폐허로 변했다.

결국 기계들이 전쟁에서 승리했다. 이제 세상은 인간이 살 수 없는 곳이 되었다. 게다가 사악한 기계들은 살아남은 소수의 인간을 사냥하고 있었다.

전적으로 절망적인 상황이라고 말해도 전혀 지나치지 않다.

어쨌든 이 장면이 끝날 무렵 모피어스는 네오에게 유명한 수사적 질문을 던진다. 영화의 제목이 들어간 질문이다.

모피어스는 "매트릭스는 무엇일까?"라고 묻는다.

그는 뒤이어 스스로 답한다. "통제 수단이야. 매트릭스는 컴퓨터가 우리를 통제하려고 만든 꿈의 세계야. 인간을 이걸로 바꾸려는 거지." 그러면서 그가 들어 보인 것은 듀라셀 배터리, 정확하게는 'C'형 배터리다. 이는 인류가 거대한 배터리로 바뀌어 기계들에게 전력을 공급하는 암울한 현실을 가리킨다.

앞서 표현한 대로 전적으로 절망적인 상황이라고 말해도 전혀 지나치지 않다.

이를 염두에 두고 모피어스가 네오에게 던진 수사적 질문을 월가 버전으로 바꿔보겠다.

"월가 수수료 절취 복합체는 무엇일까?"

나의 답은 모피어스가 말한 단 하나의 단어로 똑같이 시작한다. 그것은 '통제 수단'이다.

〈매트릭스〉에서 악당은, 인간을 자신들의 제국에 전력을 공급하는 배터리로 바꾸려는 기계들이다. 반면 월가 수수료 절취 복합체는 월가, 워싱턴, 금융 매체 사이에 맺어진 부정한 연합체다. 그들은 우리를 양떼로 만들려든다. 그래서 잡아먹을 준비가 될 때까지 서서히 양털을 깎아간다.

이것이 월가 수수료 절취 복합체다.

이 복합체는 매트릭스처럼 우리를 둘러싸고 있다. 모든 곳에서 그것을 볼 수 있다.

CNBC와 블룸버그Bloomberg 같은 주요 방송, 〈월스트리트저널 The Wall Street Journal〉과 〈포브스Forbes〉 같은 평판 높은 금융 잡지, 로이터스닷컴Reuters.com과 더스트리트닷컴TheStreet.com 같은 인기 금융 사이트, 이트레이드E*TRADE와 슈왑Schwab, 인터랙티브 브로커스Interactive Brokers 같은 일반 주식 거래 플랫폼, 은행과 증권사, 재무설계사, 보험사, 헤지펀드, 뮤추얼펀드, 거기에 고용되어 모든 게 돌아가도록 만드는 사람들로 이뤄진 월가 수수료 절취 복합체는, 절반의 진실과 노골적인 거짓을 계속 여러분에게 퍼붓는다. 그리고 이 모든 일은 증권거래위원회의 감시 아래 이루어진다. 그들은 도둑질을 못 본 체하고, 자기 잇속 챙기기를 방관한다.

어떻게 이런 근친상간적 관계가 생길 수 있었는지 이해하려면 처음으로 돌아가야 한다. 1600년대에 월가와 미국 식민지가 형성되던 초기 말이다.

나중에 맞이한 추악한 결말을 생각하면, 본디 로워 맨해튼Lower Manhattan에 있는 길고 좁은 길이던 월가의 역사가 오랫동안 여러 문제로 점철되었다는 점은 전혀 놀랍지 않다.

전해지는 이야기에 따르면 이렇다. 1642년 케이프Keif라는 이름의 사악한 네델란드인이 우호적인 관계였던 원주민들을 학살하기로 작정했다. 그날 오전만 해도 같이 담배를 나눠 피던 사이였는데도 말이다.

그래서 그는 광포한 원주민들의 보복을 막기 위해 '방어용 장벽'을 세워야 했다. 나무로 뼈대를 쌓고 겉면에 단단하게 진흙을 발라 굳힌 이 장벽은 로워 맨해튼의 최남단에 자리 잡고 있었는데, 길이는 동서 약 210미터이고 양쪽 해안까지 이어져 있었다.

이후 50년 동안 뉴암스테르담에 속한 이 '장벽 거리'는 비교적 평온했다. 네델란드 이주민들은 이곳을 거점으로 삼아, 광장과 시청은 물론 사창가까지 건설했다.

1676년에 이곳의 통제권을 잡은 영국인들은 도시 이름을 뉴암스테르담에서 뉴욕으로 바꾸고, '장벽 거리walled street'를 월가Wall Street라 불렀다.

이후로 월가의 역사는 머지않아 어두운 쪽으로 급격하게 방향을 틀었다.

그 변화는 1711년에 시작되었다. 당시 월가는 신대륙 최초로 조직적 노예 경매가 이루어진 경매장의 부지로 선정되었다. 노예가 팔릴 때마다 이익금의 일부가 시市로 흘러들어갔다. 이내 현지 주식 투기꾼들도 거래에 나서서, 장벽의 보호 아래 주식을 거래하기 시작했다. 그들이 무엇을 투기했는지 기록은 확실치 않다. 다만 대부분의 거래는 네델란드 서인도 회사Dutch West India Company나 뉴욕의 최대 은행 및 최대 보험사를 포함한 소수 기업의 주식으로 이루어졌다.

이후 수백 년이 지나면서 갈수록 많은 기업의 주식이 그곳에서 거래되기 시작했다. 그러나 중앙 관리기구와 공식 규칙이 없어서 비체계적이고 혼란스러웠다.

그러다가 1792년 뉴욕의 부유한 증권중개인들과 대표적인 상인들로 구성된 소규모 패거리가 큰돈을 벌 방법을 떠올렸다. 사모임을 만든 뒤, 인기 주식을 매수하려면 반드시 거기를 통하도록 하는 것이었다.

그들의 입장을 대변하자면, 그들은 처음부터 돈을 더 벌려는 의도가 아니라 폐쇄적인 집단 자체를 만드는 것을 목적으로 그러한 일을 벌인 것이었다.

지금의 월가에서 사기가 벌어진다고 생각하는가? 그렇다면 1700년대에는 어땠을지 상상해보라. 그때는 규제기관도, 컴퓨터도, 전화도, 전신도 없었다. 또한 매일 대서양을 건너오는 수천 명의 이민자 중에 누가 착한 사람이고 나쁜 사람인지 당최 알 길이 없었다.

그래서 1792년에 24명의 부유한 증권중개인들과 대표적 상인들은 비밀 회동을 열었다. 그들은 대서양 건너편에 있는 구세계의 모형을 빌린 단순한 계획을 수립했다. 이 계획은 두 문장밖에 되지 않는 짧은 협정문으로 작성되었다. 그러나 단 두 문장으로도 충분했다.

— 이 자리에 모인 우리 상장주식 중개인들은 계약자로서 서로에게 엄숙하게 서약하노니, 오늘부터 금화 금액 기준 0.25%보다

낮은 수수료로는 어느 누구와도, 어떤 상장주식도 사고팔지 않을 것이며, 거래에서 서로에게 우선권을 부여할 것이다. 1792년 5월 17일, 뉴욕에서 우리의 손을 모아 이를 선서한다.

흥미롭게도 이 협정에 힘을 부여한 것은 거기에 적힌 내용이 아니라, 전략적으로 언급되지 않은 하나의 핵심적인 사실이었다. 그 사실은 앞으로 이 24명이 거래할 가치가 있다고 여기는 모든 기업의 주식을, 시장에서 거의 독점하게 된다는 것이었다.

실질적으로 이는 다음과 같이 말하는 것과 다를 바 없었다. "여러분, 미안하지만 우리가 공식적으로 전체 주식시장을 장악하겠습니다. 여러분이 할 수 있는 일은 없습니다. 고객들이 매수할 가치가 있는 모든 기업의 주식을 우리가 중간에서 통제할 테니까요. 그러니 앞으로 주식을 사거나 팔고 싶으면 우리를 거쳐야 하며 수수료를 내야 합니다."

이 협정은 두 가지 요지를 명시했으며, 세 가지 요지를 추가로 시사했다.

❶ 모임의 회원은 다른 회원을 우선하여 거래해야 한다고 명시했다.

❷ 모임의 회원은 다른 회원에게든 누구에게든 일정 이상의 표준 수수료를 부과해야 한다고 명시했다.

❸ 모임이 통제하는 모든 주식을 사거나 팔고자 하는 외부자는

항상 회원을 거쳐야 하며, 더 높은 수수료를 내야 한다고 시사했다.

❹ 외부자에게 부과하는 더 높은 수수료는 고정 요율에 따르며, 경쟁을 피할 수 있는 수준으로 정해져 회원의 수익은 극대화될 것이라고 시사했다.

❺ 기존 회원 전체가 동의하기 전에는 신규 회원 가입을 허용하지 않을 것이라고 시사했다.

이 협정은 월가 68번지 앞에 있는 버튼나무buttonwood 앞에서 체결되었기 때문에 '**버튼우드 협정**Buttonwood Agreement'으로 불린다. 두 문장으로 된 협정문은 이후 1817년에 생길 뉴욕증권거래위원회New York Stock and Exchange Board의 토대가 되었다. 1863년에 이 거래소는 뉴욕증권거래소New York Stock Exchange로 이름을 줄였으며, 지금도 그 이름을 갖고 있다.

한편 버튼우드 협정이 체결된 후 거래소의 공식 명칭이 뉴욕증권거래소로 바뀌기 전까지 71년 동안, 미국은 신생 국가에서 산업 강국이 되었으며 월가는 금융 중심지가 되었다. 워버그Warbug 가문과 로스차일드Rothschild 가문 같은 구세계 가문의 막대한 부가 밴더빌트Vanderbilt 가문과 록펠러Rockefeller 가문이 대표하는 신세계 기업가 가문과 연결되면서 새로운 유형의 왕족이 갑작스럽게 만들어졌다.

고루한 구세계에는 출신 가문에 따라 얼마나 높은 지위까지 오를 수 있는지가 결정되는 해묵은 규칙이 있었다. 반면 월가의 은행가들과 냉혹한 기업가들이 이끄는 멋진 신세계의 첫 번째 규칙은 아무런 규칙이 없다는 것이었다. 또한 두 번째 규칙은 옳은 것과 그른 것의 유일한 차이는 '걸리는지 여부'뿐이라는 것이었다.

가령 뉴욕거래소 거래장에서는 내부자 거래, 사재기, 가짜 주권株券 판매, 공무원 매수, 주가를 띄워서 팔아치우기 위한 허위 보도자료 발표 등 불법적인 일들이 일상적인 것으로 간주되었다. 일이 크게 잘못된 경우에만 사기꾼들에게 문제가 생겼다. 다시 말해 파장이 너무 커서 주가를 폭락시키거나 불경기를 촉발하는 폭넓은 공황으로 이어지지만 않으면 아무 탈이 없었다.

법률은 집행되지 않았고, 주식 사기는 감추어졌다. 드물게 사태가 심각해지는 경우에도, 이들은 모든 비난의 화살을 맞을 희생양을 내세워 위기를 모면했다.

물론 이른바 희생양도 죄를 지었으며, 벌금과 징역으로 처벌받아야 마땅했다. 그러나 그들이 단독으로 행동했을 가능성은 전혀 없다는 점이 중요하다. 버튼우드 협정은 그럴 가능성을 사전에 차단했다. 뉴욕증권거래소 회원이 적극적으로 가담해야만 사기가 이루어질 수 있었다. 게다가 범죄 과정에서 해당 회원은 하찮은 희생양보다 훨씬 더 많은 돈을 벌 수 있었다. 그러나 감옥에서 몇 년을 보내고 평판이 박살 날 희생양과 달리, 해당 회원은 손끝하나 다치지 않고, 평판도 지키면서 빠져나갈 수 있었다.

기업계에서도 맹렬한 속도로 사업을 키워나가는 기업인들의 비윤리적 행동은 금융계 인사들만큼이나 심했다. 다만 기업인들의 경우 두 가지 중요한 차이점이 있었다.

❶ 그들은 실제로 국가를 건설했다. 단지 다른 사람들의 창의성을 토대로 생긴 주식의 매매를 중개하고 수수료만 챙기는 것이 아니었다.

❷ 그들은 자신들이 가장 많은 혜택을 누리기는 했지만 모두에게 혜택을 주는 막대한 가치를 창출했다.

여러분은 그들이 제국을 건설한 방식을 좋아할 수도 있고 싫어할 수도 있다. 어느 쪽이든 이 파렴치한 기업인들은 미국을 건설한 사람들이다. 증기선부터 철도, 유전, 제철소까지 수많은 것을 만든 이 산업 주역들은, 무자비한 기업인이라는 완전히 새로운 족속이었다. 그럼에도 그들은 수백만 개의 일자리를 창출하고, 막대한 가치를 구축했다.

그리고 사업을 확장하거나, 연구개발을 하거나, 인력을 늘리거나, 경쟁업체를 흡수하기 위해 자금이 필요할 때는 모두 월가 23번지로 가서 그곳의 모든 것을 통제하는 한 명의 힘 있는 은행가를 만났다.

그의 이름은 J. P. 모건 J. P. Morgan 이었다.

J. P. 모건은 지구를 강타하여 공룡을 죽이고 현대 인류를 위한 길을 닦은 거대한 소행성과 같았다. 그는 다른 모든 부패한 은행

가, 정치인, 탐욕스런 주식중개인을 다 합친 것보다 더 큰 영향력을 미국 금융 시스템에 미쳤다.

또한 막후에서 연준 설립을 이끌었고, 철강과 석유, 철도 부문의 초대형 독점 기업을 만들었고, 시장에서 공황을 조성한 다음 나중에 개입하여 시장을 구제하는 흑마술을 부렸다. 그는 상황에 따라 당신에게 최고의 친구일 수도 있었고, 최악의 악몽일 수도 있었으며, 둘 다일 수도 있었다.

이처럼 J. P. 모건은 실로 놀라운 온갖 업적들을 이루었다.

그러나 나중에 그보다 훨씬 더 중요한 인물이 될 두 명의 청년이 그와 같은 시대를 살고 있었다. 그들의 이름은 찰스 다우Charles Dow 와 에드워드 존스Edward Jones 였다.

반복되는 호황과 불황의 비밀

약간 이상하게 보일 수 있지만 1888년 이전에는 주식시장의 성과와 경기의 전반적인 향방을 쉽게 확인할 방법이 없었다. 가령 시장 상황이 어떤지 감을 잡고 싶으면 뉴욕증권거래소에서 거래되는 각 주식의 가격을 하나씩 살펴야 했다. 당시 전체 상장사의 수가 120개나 되었기 때문에 이는 쉬운 일이 아니었다.

당시 기술이었던 전신기 형태의 주식시세 표시기는 얇은 종이 띠에 작게 호가가 찍혀 나오는 방식이었다. 그래서 한 종목의 최신 주가를 확인하기도 상당히 어려웠다. 하물며 한 번에 모든 종목의 주가 정보를 확보한 다음, 시장이 어디로 향하는지 또는 투자하기에 좋은 때인지 등을 파악하는 일은 어땠을까?

그냥 어려운 정도가 아니라 완전히 불가능했다.

1888년까지는.

당시 찰스 다우와 에드워드 존스는 이 문제를 해결했다. 그 방법은 따로 선정된 일부 상장주의 주가를 취합하여 쉽게 확인할 수 있는 하나의 평균 지수로 만드는 것이었다. 이 지수는 주식시장의 전반적인 성과를 알려주는 지침 역할을 할 것이었다. 그들은 이 지침 또는 '지수'가 나라의 전반적인 경제 상황을 반영하기를 바랐다. 그래서 원자재를 공급하는 산업주를 취합 대상으로 선정했다.

선정된 기업은 제너럴일렉트릭General Electric, 아메리칸토바코American Tobacco, 아메리칸슈가American Sugar, 유나이티드스테이츠러버United States Rubber, 테네시코울앤드아이언Tennessee Coal and Iron, 유나이티드스테이츠 레더United States Leather, 아메리칸코튼오일American Cotton Oil, 노스아메리칸North American, 시카고개스Chicago Gas, 라클레드개스Laclede Gas, 내셔널리드National Lead, 디스틸링앤드캐틀피딩Distilling and Cattle Feeding, 총 12개였다. 두 사람은 12개 종목 전체의 주가를 더한 다음 12로 나눠서 평균을 계산했다.

찰스 다우와 에드워드 존스는 겸손한 사람들이었다. 그래서 이 새로운 지수에 자신들의 이름을 붙여서 다우존스산업평균지수 또는 줄여서 '**다우지수**'라 부르기로 결정했다.

그들은 각 거래일이 끝나면 아주 간단한 계산을 한 다음, 그 결과를 자신들이 만든 신생 언론사, 다우존스앤드컴퍼니Dow Jones & Company를 통해 발표했다. 이때 시장 상황에 대한 간략한 설명도 덧붙였다.

그들은 그날 다우지수가 상승하면 강세bullish라 표현했고, 하락하면 약세bearish라 표현했다.

얼마 후 〈월스트리트저널〉이라는 신생 신문사는 간단한 숫자로 주식시장의 성과를 나타내는 방식이 지니는 명백한 편익을 인식했다. 그래서 1896년부터 조간 1면에 전날의 다우지수를 싣기 시작했다. 그렇게 해서 세계에서 가장 폭넓게 활용되는 주식지수인 다우존스산업평균지수가 공식적으로 탄생했다.

당시는 다우존스앤드컴퍼니에게 더 이상 좋을 수 없는 타이밍이었다.

남북전쟁 이후 미국은 농업국에서 산업 강국으로 변신했다. 19세기가 끝나갈 무렵, 월가와 전체 미국 경제는 유례없는 호황을 맞이하고 있었다.

또한 그때는 발명의 시대였다.

토머스 에디슨Thomas Edison과 니콜라 테슬라Nikola Tesla 같은 사람들은 현대의 멀린Merlin(18세기 유럽에서 수많은 발명을 한 발명가, 존 조셉 멀린John Joseph Merlin을 말함-옮긴이)이었다. 또한 전기라는 경이로운 발명품이 모든 것을 변화시켰다. 미국은 전등, 전화, 라디오, 냉장고, 자동차 등을 통해 생활방식을 바꾸고 있었다. 또한 인구는 상상할 수 없는 수준으로 급증했다. 1800년대 초에도 이민 물결이 밀려오기는 했지만, 당시의 추세는 전에 없는 속도로 빨라지고 있었다.

사람들에게 주어진 선택지는 단순했다. 억압적인 계급 제도가 만연하고 돈 벌 기회가 적은 구세계에 머물든지, 아니면 건강과 행복 그리고 돈 벌 기회를 약속하는 신세계로 가든지. 신세계로 이주하기 위해 배를 타면 월가 바로 남쪽에 있는 엘리스 섬Ellis Island에 당도했다.

월가는 유례없는 규모의 이익을 긁어모았다. 그들은 전형적인 음양의 법칙에 따라 완전히 상반된 것처럼 보이는 두 가지 활동을 동시에 펼쳤다.

❶ 빠르게 발전하는 나라의 성장에 필요한 자금을 대어 아메리칸 드림의 토대를 놓았다.

❷ 국가 재정에 출혈을 일으키고 국고를 빨아먹으며 자신들이 발전에 기여하던 바로 그 나라의 금융을 망쳐놓았다.

그 결과, **호황과 불황의 주기적인 반복**이 일반화되었다. 월가의 최정상 은행가들은 이면에서 그 주기를 조종했다. 그들은 거대한 인형의 조종사들처럼 나라를 내려다보며 행동을 연출했다. 아메리칸 드림은 그들의 무대였고, 창업자들은 그들의 스타였고, 신규 주식은 그들의 소도구였고, 투자자들은 엑스트라였으며, 주식 시장과 은행 시스템은 그들의 보이지 않는 줄이었다.

평일 오전에 편성된 텔레비전 연속극은 장기간 방영되며 수많은 일이 일어나지만, 드라마 내부에서는 아무것도 바뀌지 않는다. 마찬가지로 이 인형극의 두 주연인 호황과 불황은 오랫동안 똑같은 실수를 반복하면서 서로를 뒤따랐다.

다시 말해 이 인형극은 빌어먹을 비극이다.

막이 오르면 우리는 빠르게 성장하는 국가를 본다. 이 국가는 방대한 천연자원, 비옥한 농지, 온순한 기후, 외국의 침략을 막아 주는 지리적 입지, 자유와 자본주의를 보장하는 헌법 등 국민들이 바랄 수 있는 모든 이점을 지닌 축복을 받았다. 조금 더 가까이 다가가면, 그들이 현재 누리고 있는 경제성장과 주가 상승, 밝은 미래를 그리는 보편적인 낙관의 시기가 보인다.

그러다가 아무런 명백한 이유 없이 급작스런 **비이성적 과열**이 국민들을 사로잡는다. 이는 무분별한 주식 투기로 이어진다. 그에 따라 주식시장에 버블이 형성되어 갈수록 부풀다가, 새로운 사기의 여파로 갑자기 버블이 터져버린다. 투자자들은 마침내 사방에 사기가 횡행한다는 사실을 깨닫고 모두 공황 상태에 빠지기 시작한다. 결국 주가는 급락하고 부는 증발한다. 이는 절망과 좌절로 가득한 불황을 촉발한다.

불황과 호황을 다루는 인형 조종사들을 제외하면 누구도 무엇이 잘못되었는지 알지 못한다. 일시에 은행들은 대출을 중단하고, 소비자들은 소비를 중단하고, 기업들은 문을 닫기 시작하고, 경기는 매일 악화되는 것처럼 보인다. 먹구름이 나라를 뒤덮고, 역한 안개처럼 짓누른다. 종말이다! 재정적 말세다! 거리에 피가 흐른다!(19세기 영국의 금융가인 네이선 로스차일드Nathan Rothschild가 했다는 "거리에 피가 흐를 때 매수하라"라는 말에서 나온 표현-옮긴이)

그렇게 온 나라가 희망을 잃고 자본주의 실험을 포기할 무렵, 또 아무런 명백한 이유 없이 갑자기 회복세가 시작되고, 경제가 성장하기 시작하고, 기업들이 번성하기 시작하고, 소비자들은 소비하기 시작하고, 주가는 상승하기 시작하며, 사람들은 미래를 낙관하기 시작한다. 호시절이 온 것이다! 그들이 방법을 찾아낸 것이다! 상황은 어느 때보다 좋고, 다시 나빠질 일은 절대 없다!

하지만 다시 한번 아무런 이유 없이 갑자기 비이성적 과열이 국민들을 사로잡는다. 이는 무분별한 주식 투기로 이어진다. 그에 따라 시장에 버블이 형성됐다가 사기의 여파로 버블이 터져버린다. 이는 대규모 공황 상태를 만들고, 그 결과 주가가 폭락하여 또 다른 불황이 찾아온다. 이런 일이 계속 반복된다.

사기꾼들은 시장에 버블이 있을 때든 아닐 때든 항상 일정한 수준으로 존재한다. 그러나 버블의 특성은 사기꾼들을 용감하게 만드는 것이다. 그래서 그 수가 급증하고 수법이 한층 대담해진다. 이러한 현상까지 악순환에 포함시켜도 전혀 지나치지 않다.

다만 그나마 다행이었던 점은, 과거에 일반적인 미국인은 대개 주식시장을 멀리했다는 것이다. 덕분에 부가 파괴되는 피해를 입는 것은 부자들로 국한됐다. 물론 공장들이 문을 닫고, 일자리가 사라지고, 경기가 정체되면서 결국에는 전 국민이 고통을 느껴야 했다. 그럼에도 일반적인 미국인이 주식투자를 하지 않았다는 것은 여전히 사실이었다. 인형 조종사들이 의회의 같은 패거리들을 설득하는 데는 이 사실만으로 충분했다. 그래서 뉴욕증권거래소는 계속 자율규제를 할 수 있었다.

이는 나중에 심각한 실수로 드러났다.

문제는 1920년대 초에 시작되었다. 이 무렵 일반 투자자들도 잔치판에 뛰어들기로 결정했다. 경기 호황, 주가 급등, 전국 장거리 전화망 구축 같은 요소에 힘입어, 국민들이 자신의 예금을 월가 증권중개인들에게 보내기 시작했다. 증권중개인들은 그 많은 돈을 갈수록 위험한 종목에 투자했다.

광란의 1920년대가 찾아온 것이다!

1차세계대전 이후 소비 지출이 급증하면서 새로운 제품과 서비스에 대한 엄청난 수요가 창출됐다. 이는 상장사의 폭증으로 이어졌다. 기업 가치가 오르기 시작하면서 기회를 놓칠지 모른다는 두려움이 생겼다. 여기에 기름을 부은 것은 라디오와 신문 같은 새로운 대중매체의 부상이었다. 그 결과 주식시장에 기회가 있다는 인식이 널리 퍼졌다.

한마디로 퍼펙트 스톰perfect storm(다수의 악재가 작용하여 심각한 경제위기가 발생하는 상황-옮긴이)이었다.

당연히, 얼마 안 가 상황이 걷잡을 수 없이 악화되었다.

배아 형태의 월가 수수료 절취 복합체가 월가와 펄가Pearl Street(월가와 함께 금융지구로 묶이는 맨해튼 거리-편집자) 사이에 있는 원시적인 진흙구덩이에서 마술처럼 형성됐다. 그 심장에는 뉴욕증권거래소가 있었다. 뉴욕증권거래소는 사회적 책임을 지켜서 부자들만 털어먹고 빈자들은 건드리지 않는 150년의 전통을 버렸다. 이 변심의 결과로 그들은 1921년부터 모든 사람을 털어먹기 시작했다.

월가의 늑대 시장을 이겨라

1925년이 되자, 거래장은 클레이 사격장과 비슷해졌다. 다만 그들이 겨냥한 표적은 클레이가 아니라 미숙한 투자자들이었다. 그것은 골프와 성기 길이 재기에 이어 월가에서 세 번째로 좋아하는 스포츠가 됐다. 모든 부자들의 스포츠가 그렇듯이 이 스포츠에도 드레스 코드와 규칙이 있었다. 그 내용은 대강 이랬다.

보타이와 멜빵을 맨 젊은 주식중개인은 미숙한 투자자를 거래소에서 승인한 표적 사출기에 넣는다. 그들은 불쌍한 투자자에게 손잡이를 꽉 잡고 절대 놓지 말라고 말한다. 뒤이어 높은 모자를 쓰고 정장을 차려입은 노련한 투자은행가가 쌍구경 샷건을 들고 "날려"라고 외친다. 그러면 주식중개인은 투자자를 허공으로 날려보낸다. 투자자는 호주머니에서 빠져나가는 몇 푼 남지 않은 돈을 절박하게 움켜쥐려고 두 팔을 마구 휘저으며 꼭짓점으로 날아오른다. 그러다가 꼭짓점에 이르면, 투자은행가는 조용히 방아쇠를 당긴다. 탕! 그 소리와 함께 투자자는 피투성이가 되어 돌멩이처럼 땅으로 떨어진다.

시체가 땅에 떨어지는 순간 주식중개인은 투자은행가에게 "잘 쏘셨어요!"라고 외친다. 투자은행가는 마치 "고맙네, 젊은이. 표적을 아주 잘 준비해줬어"라고 말하는 듯 한 번 고개를 끄덕인다.

뒤이어 그는 링으로 들어서는 권투선수처럼 천천히 목을 돌린 후 다시 한번 샷건을 사격 구역으로 돌리며 "날려"라고 외친다. 그 말과 함께 또 다른 투자자가 허공으로 날아오른다.

이것이 광란의 1920년대에 펼쳐진 월가의 현실이었다.

주식중개인의 술수와 마진 콜

광란의 1920년대를 만든 등신들은 1929년 초에 이르러, 초졸 학력에 하루 벌어 하루 먹고사는 미숙한 서민들을 노릴 만큼 금융계의 유혈 스포츠를 완벽하게 다듬었다. 게다가 그들은 이 스포츠를 훨씬 더 흥미롭고 무한정 더 수지맞게 만드는 새로운 계책을 더했다.

그것은 모든 신규 주식 매수에 적용되는 증거금 요건을, 잠재적으로 위험한 50%에서 정신 나간 수준으로 자기파괴적이고 도덕적으로 지탄받을 만한 10%로 줄이는 것이었다.

다시 말해 사실상 순자산이 거의 없고 투자 경험은 그보다 더 없는 미숙한 투자자들도, 어리석은 판단으로 말 빠른 주식중개인이 강제로 떠안긴 주식을 매수할 때 매수금액의 90%까지 빌릴 수 있었다.

일반 대중은 신문에 실린 광고나 라디오에서 들은 내용 또는 조직적인 영업 전화의 초기 버전을 통해 이들의 표적이 되고는 했다. 90%에 이르는 증거금 비율은 모든 종류의 투자를 감당할 만하게 만들었다.

가령 광란의 1920년대에 한 주식중개인이 잠재고객에게 전화를 걸어 XYZ 기업의 주식을 홍보했다고 가정하자. 현재 이 종목의 주가는 주당 40달러다. 주식중개인의 홍보는 너무나 설득력이 넘쳤다. 그래서 고객은 대박을 칠 생각에 평생 모은 돈을 XYZ 주식에 넣는다. 다만 작은 문제점이 하나 있다. 그가 평생 모은 돈이 그다지 많지 않다는 것이다. 사실 모든 계좌를 헐고 저금통까지 열어도 최대한 긁어모을 수 있는 금액이 4,000달러에 불과하다. 한 푼도 더 나올 구석이 없다.

고객은 갑자기 풀이 죽는다. 계산해보니 XYZ 종목이 아무리 많이 올라도 인생을 바꿀 만한 수익은 올릴 수 없다는 슬픈 현실이 체감된다. 모든 게 부질없다는 단순한 사실에 압도된다. 헛된 짓거리라는 말이다. 주식을 살 더 많은 돈이 있다면 도전해볼 수도 있지만, 그럴 돈이 없다. 이러한 이유로 주식시장이 자신처럼 평범한 일반인이 아니라 부자들을 위한 것이라고 생각한다.

그는 그런 생각을 품고 주식중개인에게 말한다. "미안하지만 포기해야겠어요. 내 형편으로는 100주밖에 못 사요. 주가가 두 배로 뛰어도 인생을 바꾸기에는 충분치 않아요. 게다가 돈을 잃기라도 하면 정말 화날 거예요."

주식중개인은 공감하는 듯 말한다. "전적으로 이해합니다. 사실 고객분들 대부분이 저를 처음 만났을 때는 선생님과 같은 처지였습니다. 하지만 지금은 주식투자로 돈을 너무 많이 벌어서 어떻게 해야 할지 모를 정도가 됐습니다! 제 생각에 선생님이 놓친 부분은, 생각하는 것보다 훨씬 적은 돈만으로도 주식시장에서 큰돈을 벌 수 있다는 겁니다."

고객은 회의적인 말투로 묻는다. "정말요? 어떻게요?"

"아주 간단합니다. 저희 회사를 통해 주식을 매수하면 전체 금액을 지불할 필요가 없습니다. 10%만 내시면 돼요. 나머지는 저희 회사가 빌려드립니다."

고객은 믿을 수 없다는 듯 말한다. "10%요? 그것만 있으면 된다고요?"

"네. 10%만 있으면 살 수 있습니다. 그걸 신용 매수라고 합니다. 요즘은 다들 그렇게 합니다. 그래서 큰돈을 벌고 있죠. 지금 주식시장이 얼마나 뜨거운지 아시죠?"

"그럼요. 당연히 알죠."

주식중개인은 이어 말한다. "맞습니다. 주식시장이 호황이고, 상승이 끝날 기미가 보이지 않습니다. XYZ 같은 주식은 특히 그렇습니다. 지금 가장 인기 있는 주식 중 하나죠. 신용 매수를 하면 4,000달러로 100주가 아니라 1,000주를 살 수 있습니다. 주가가 오르면 10배나 더 벌 수 있다는 뜻이죠. 생각할 것도 없어요."

고객은 감탄한다. "대단하네요! 주가가 두 배로 뛰면 4,000달러 투자로 4만 달러를 벌 수 있다는 거죠? 세상에! 10년을 일해도 그만한 돈은 못 벌어요!"

주식중개인은 계속 지껄인다. "이제 이해하신 모양이네요. 우리가 생각하는 대로 주가가 세 배로 뛰면 4,000달러 투자로 8만 달러를 벌 수 있어요! 게다가 요즘 같은 장세에서 그건 아무것도 아닙니다! 지난 몇 달 동안 그것보다 훨씬 많이 번 고객분들도 있습니다. 그래서 지금 다들 주식시장으로 뛰어들어서 신용 매수를 하는 겁니다. 돈을 벌려면 세상에 그것보다 더 좋은 방법은 없습니다. 엄청나다니까요. 아시겠죠?"

"그럼요! 어떻게 시작하면 됩니까?"

주식중개인은 대답한다. "아주 간단합니다. 신용 계좌를 열려면 몇 가지 기본 정보가 필요합니다. 제가 지금 바로 선생님 대신 매수할 수 있습니다. 며칠 내로 매수금액의 10%인 4,000달러만 보내주시면 됩니다. 그러면 저희 회사에서 자동으로 나머지 금액을 빌려드립니다. 선생님은 아무것도 하지 않으셔도 됩니다."

고객은 약간 회의적인 말투로 대답한다. "와, 정말 쉬워 보이네요. 그런데 대출금은 언제 갚아야 하나요?"

주식중개인은 잽싸게 대답한다. "그게 가장 좋은 부분입니다. 저희가 주식을 팔아서 선생님이 수익을 취하기 전까지는 갚을 필요가 없습니다."

고객은 묻는다. "좋아요. 그럼 이자는 어떻게 되나요? 이자는 내야 하잖아요. 그렇죠?"

주식중개인은 별것 아니라는 투로 대답한다. "물론 그렇습니다. 하지만 12%밖에 되지 않아요. 주식을 매도할 때까지 이자도

미룰 수 있습니다. 다시 말씀드리지만 걱정할 게 없다니까요."

고객은 말한다. "글쎄요. 12%는 좀 높아 보이네요. 시간이 지나면 상당한 금액이 될 수 있어요. 그러면 수익을 갉아먹잖아요. 그렇게 생각하지 않아요?"

주식중개인은 대답한다. "대개는 그 말씀에 동의할 겁니다. 가령 주택담보대출을 받는 경우라면 맞습니다. 분명 선생님 말씀에 일리가 있습니다. 30년에 걸쳐서 이자를 낼 거니까요. 하지만 주식 같은 경우는 아주 단기로, 길어야 3달에서 6달 안에 매매가 끝납니다. 그 다음에는 주식을 팔아서 수익을 취할 겁니다. 상승 잠재력이 아주 커서 이자는 나중에 벌게 될 돈에 비하면 미미할 거라는 말은 할 필요도 없을 것 같습니다. 제가 보기에는 잘못될 일이 전혀 없습니다. 이제 안심이 되시나요?"

고객은 "당연하죠. 그럼 해봅시다"라고 동의한다.

주식중개인은 "좋아요! 환영합니다. 정말 결정 잘하셨어요"라고 대답한다.

딸깍.

2주 후, 고객은 주식중개인이 보낸 지급至急(긴급) 전보를 받게 된다.

── 지급: 즉시 1,000달러를 웨스턴유니언Western Union을 통해 귀하의 증권 계좌로 보내주시기 바랍니다. 마침. 내일 낮 12시까지 돈이 들어오지 않으면 귀하가 너무 게으르거나 멍청해서 읽지

않은 신용거래 계약 조건에 따라 XYZ 주식 보유분을 매도할 수밖에 없습니다. 마침.

고객은 아연실색한다. 그는 무슨 일이 일어나고 있는지 전혀 모른다. 어떻게 증권사에 돈을 더 빚질 수가 있지? 주식을 하나도 새로 산 게 없는데? 게다가 더 이상 가진 돈이 없다. 설득에 넘어가 모아놓은 돈을 전부 XYZ 주식에 넣었으니까.

그는 씩씩대며 옷을 걸치고 문으로 향한다. 16킬로미터만 가면 동네 약국이 있고, 거기에 월가로 바로 전화할 수 있는 전화기가 있다. 당장 문제를 바로잡을 것이다! 자신이 두 눈을 시퍼렇게 뜨고 있는 한, 절대 개자식들에게 당하지 않을 것이다!

하지만, 그는 문을 나가지도 못하고 그 자리에 얼어붙는다.

'설마 그럴 리가? 하지만? 맞다! 다른 우체부다! 또 다른 전보가 왔다!'

우체부는 미소를 지으며 그에게 봉인된 전보를 건넨다. 그는 혹시 비꼬는 건 아닌지 우체부의 표정을 살핀다. '이 사람은 알고 있는 건가? 아닐 거야! 어떻게 알겠어?'

하지만 우체부는 웃으며 가만히 서있는다. 하얗고 둥근 얼굴에 기분 나쁜 함박웃음을 짓고서! '이 자식은 왜 이러는 거야? 왜 그냥 서있는 거지?'

순간 그의 머릿속에 떠오르는 게 있다. '팁! 팁을 달라는 거구나. 이런 때에! 감히!'

'주가가 폭락하고 세상이 무너지고 있는데, 이 능글맞은 개자식은 팁을 기다리고 있어. 정말 뻔뻔하군!'

그는 우체부와 눈을 맞추고 잠시 뚫어져라 쳐다본다. 그러다가 시선을 떼지 않은 채 우체부의 면전에 대고 천천히 문을 닫는다. 그러고 나니 어쩌된 일인지 기분이 나아진다. 눈싸움에서 이긴 것이다. 하지만 그것은 덧없는 승리였다. 그는 당혹감을 억누르며 전보를 열어서 읽기 시작한다.

그리고 너무 놀라 정신을 못 차린다. '또 다시 돈을 보내라니!'

— 지급: 즉시 1,500달러를 웨스턴유니언을 통해 귀하의 증권 계좌로 보내주시기 바랍니다. 마침. 내일 낮 12시까지 돈이 들어오지 않으면 귀하가 너무 게으르거나 멍청해서 읽지 않은 신용거래 계약 조건에 따라 XYZ 주식 보유분을 매도할 수밖에 없습니다. 마침.

됐어! 이제 더 이상은 못 참아! 그는 씩씩대며 밖으로 나가 포드 모델 T에 오른다. 그리고 시동을 걸어 모든 문제를 바로잡기 위해 동네 약국으로 간다. '착오가 있는 게 분명해!'

30분 후 그는 약국에 도착한다. 그가 달려온 길 위로 자욱한 먼지가 길게 깔려 있다. '날씨는 왜 이런 거야? 무엇보다 가뭄이 너무 심해! 작물은 죽어가고, 닭들은 바짝 말랐고, 소들은 우유를 만들지 않아. 아이들은 먼지투성이 얼굴로 뛰어다니며 기침을 해

월가의 늑대 시장을 이겨라

대! 세상이 망할 모양이야!'

하지만 지금은 그런 걸 걱정할 시간이 없다. 신의 분노는 나중에 대처할 것이다. 우선은 월가에 집중해야 한다. 그들이 적이다!

그는 심호흡을 한 다음 전화기를 든다. 그리고 교환수에게 증권사를 연결해달라고 요청한다. 갖고 있지도 않은 돈을 더 보내라고 요구하여 도둑질을 하려드는 증권사 말이다. '그들은 이미 모든 걸 훔쳐갔어! 어떻게 이런 일이 생길 수 있지? 마치 악몽을 꾸는 것 같아! 이 악몽에서 깨어날 수가 없어!'

잠시 두어 번 딸깍거리는 소리가 들린다. 뒤이어 전화벨이 두 번 울리고, 사악한 증권사의 교환수와 마법처럼 연결이 된다.

교환수는 코맹맹이 소리로 말한다. "안녕하세요. 듀이치덤앤드하우Dewey, Cheetham & Howe에 전화해주셔서 감사합니다. 어디로 연결해드릴까요?"

그는 교환수의 모습을 머릿속으로 그려본다. 그는 그런 유형을 안다. 아주 마르고, 얇은 뿔테 안경에, 잘난 체하는 말투를 지닌 유형. 속물적인 뉴욕과 월가의 분위기가 물씬 느껴진다. 그는 화난 목소리로 일을 이 지경으로 만든 개자식을 연결해달라고 요구한다.

두어 번 딸깍거리는 소리가 난 후, 수화기로 그 개자식의 목소리가 마치 옆방에 있는 것처럼 똑똑히 들린다. 그는 생각한다. '대단한 기술이구나! 벨 주식을 샀어야 해! 무슨 생각으로 XYZ 같은 쓰레기를 산 거지?'

그는 이런 생각을 머릿속에서 지워버린다. 지금은 녀석의 기를 죽여서 누가 위인지 보여줘야 한다. 그래야 돈을 되찾을 수 있다.

주식중개인은 밝은 목소리로 말한다. "여보세요. 무엇을 도와 드릴…"

그는 주식중개인의 말을 끊고 정당한 분노를 쏟아낸다. 세상에 존재하는 모든 욕을 퍼붓고, 법전에 있는 모든 범죄를 적용한다. 다만 성 발렌타인의 날 학살(1929년에 시카고에서 갱단 사이에 벌어진 학살 사건-옮긴이)은 제외한다. 이 탐욕스런 개자식이 알 카포네_{Al} Capone와 한 패거리일 가능성도 있었지만 말이다. 그는 씩씩대며 말한다. "난 당신이나 당신 회사에 한 푼도 빚진 게 없어요. 그냥 XYZ 주식을 1,000주만 샀을 뿐이에요."

주식중개인은 그의 말을 끊으며 말한다. "잠깐만요. 진정하세요! 그럴 일도 아닌데 심장마비에 걸리시겠어요! 이전에 합의한 대로 선생님은 XYZ 주식을 1,000주만 샀습니다. 꼼수 같은 건 없어요. 그러니 흥분하지 마세요."

농부는 믿기 힘들다는 투로 말한다. "꼼수가 없다고요? 그러면 도대체 왜 2,500달러를 보내지 않으면 내 계좌를 비우겠다는 전보가 날아온 겁니까? 오늘 아침에 15분 간격으로 두 통의 전보가 왔어요. 그건 어떻게 설명할 거요?"

주식중개인은 대답한다. "아, 이제 알겠습니다. 그건 마진 콜 margin call이라고 하는 겁니다. XYZ의 주가가 지난 며칠 동안 하락했어요. 사실 모든 주식이 하락하고 있습니다. 시장 전체가 안 좋아요. 그래서 전보가 자동으로 발송된 겁니다. 그 점은 죄송합니다."

농부는 잠시 혼란스러워한다. '마진 콜'이라는 용어는 이전에 들어본 적이 없다. 주식중개인은 거기에 대해 전혀 언급하지 않았다. 난데없이 '퍽!' 하고 배에 잭 뎀프시Jack Dempsey(1920년대에 활약한 권투 헤비급 세계 챔피언-옮긴이)의 주먹을 맞은 것 같다. 무릎에 힘이 빠진다. 자신의 어리석은 판단으로 시작된 멈출 수 없는 일련의 사건이 파국으로 치달았음을 처음 깨닫는 끔찍한 순간이다. '마진 콜'이라는 용어를 어디선가 읽은 적이 있다. 어디서인지는 모르지만 참혹한 결과를 부른다는 건 안다. 완전히 거덜날 수도 있다!

그는 '바보처럼 굴어야 해'라고 생각한다. 마진 콜을 전혀 몰랐던 것처럼 꾸며야 한다. 이 자식은 왜 쓰레기 같은 고리 대출금을 즉시 갚으라는 요구라고, 있는 그대로 말하지 않는 걸까? 게다가 그들은 그가 보낸 4,000달러까지 담보로 갖고 있다! 이 개자식들! 이런 일이 생길 거라는 걸 알 길은 없었다. 그는 농부다. 이 금융 용어는 그처럼 착하고 정직하고 열심히 일하는 일반인을 혼란스럽게 만들려는 것이다!

또한 주식중개인은 신용 매수라고만 했을 뿐 '마진 콜'이라는 용어를 한 번도 언급하지 않았다. 이 점은 그에게 도덕적 우위를 안긴다. 명백히 그는 부당한 일을 당했다. 그에게는 환불을 요구할 정당한 권리가 있다. 이견의 여지가 없다!

농부는 이런 생각에 힘입어 어리숙한 말투로 말한다. "마진 콜이라는 게 뭔데요? 마진 콜에 대해 한 번도 말해준 적이 없잖아요. 난 한 번도 그걸 들어본 적이 없어요! 들어봤다면 분명 기억했을…."

주식중개인은 그의 말을 끊더니 뻔뻔한 거짓말을 늘어놓는다. "당연히 제가 알려드렸죠! 저하고 같이 거기에 대해 길게 대화를 나누셨잖아요. 제가 전부 설명해드렸…."

"안 했어요! 당신은 한 번도 거기에 대해 말하지 않았…."

주식중개인은 다시 말을 끊고 또 다른 뻔뻔한 거짓말을 늘어놓는다. "했다니까요! 선생님하고 했던 대화를 낱낱이 기억합니다! 주가가 10% 넘게 떨어지면 하락분을 커버하기 위해 돈을 더 보내주셔야 한다고 알려드렸어요. 신용 매수는 그렇게 하는 겁니다. 선생님의 주식은 대출에 대한 담보입니다. XYZ의 주가가 40달러에서 37.5달러로 떨어지면, 담보 가치가 기준치인 5% 미만으로 줄어들어요. 그러면 문제가 됩니다. 전에는 시장이 너무 좋아서 이런 일이 생길 줄 몰랐습니다…." 주식중개인의 말이 이어지는 동안 농부는 귀를 닫아버린다. 그런 잡소리는 더 이상 들어줄 수 없다. 주식중개인이 무슨 말을 하려는지는 이미 안다. 그 탐욕스런 주둥아리로 거짓말을 저렇게 늘어놓다니 믿을 수가 없다!

주가가 37.5달러로 떨어지면서 그가 보유한 1,000주짜리 포지션의 가치는 3만 7,500달러로 떨어졌다. 그에 따라 4,000달러를 투자한 그의 계좌에 남은 자산은 1,500달러뿐이다. 빌어먹을

대출 때문에! 3만 6,000달러라는 전체 대출금은 고스란히 남아
있다. 거기에 이자까지! 이제 그들은 추가 담보를 요구하고 있다.
주가가 5% 하락하는 건 아무것도 아니다. 항상 일어나는 일이다.
하지만 그는 쫄딱 망하게 생겼다. 모든 게 함정이었다.

　그는 머릿속으로 정확하게 계산한다. 분명한 숫자들이 그의 눈
앞에 떠있다. 그 내역은 이렇다.

초기 투자

주당 가격=40달러

수량=1,000주

총 포지션 가치=4만 달러

대출금액=90%×4만 달러=3만 6,000달러

계좌 평가금=10%×4만 달러=4,000달러

주가 하락 후 가치

주당 가격=37.50달러

수량=1,000주

총 포지션 가치=3만 7,500달러

대출금액(동일)=3만 6,000달러

계좌 평가금=3만 7,500달러−3만 6,000달러=1,500달러

한편, 주식중개인은 여전히 혼자 떠드는 중이다. 탐욕스런 주둥

아리로 거짓말을 늘어놓으면서! "이런 리스크가 있다고 말씀드렸잖아요. 가능성이 낮다고 말한 건 인정합니다. 하지만 저를 변호하자면, 지난 8년 동안 시장이 대단한 상승세였습니다. 저는 고객분들이 엄청나게 큰돈을 벌게 해줬습니다. 선생님도 그렇게 해주려고 한 거고요. 하지만 지금은 모두가 공황 상태라 시장 전체가 무너지고 있어요. XYZ 종목만 그런 게 아닙니다. 다들 상황이 안 좋아요. 그러니 제가 무슨 말을 할 수 있겠습니까?"

농부는 바로 쏘아붙였다. "무슨 말을 할 수 있냐고요? 이 모든 게 허황된 짓거리라는 건 어때요? 나는 이런 일이 생길 줄 전혀 몰랐어요. 당신은 내게 마진 콜에 대해 전혀 말하지 않았어요. 어차피 당신에게 보낼 돈이 없어요. XYZ에 투자한 4,000달러가 전부라고요. 지난번에 당신과 통화할 때도 가진 돈이 그것뿐이라고 말했잖아요. 이제 빈털터리가 되게 생겼어요."

주식중개인은 말한다. "그것 참 안타깝네요. 저희는 주가가 더 떨어지기 전에 선생님의 포지션을 청산할 수밖에 없습니다. 안 그러면 선생님이 저희에게 더 많은 빚을 지게 됩니다."

농부는 믿을 수 없다는 투로 씩씩대며 말한다. "청산한다고요? 그게 무슨 뜻이죠?"

"대출금을 갚기 위해 선생님 계좌에 있는 주식을 자동으로 판다는 겁니다. 지금 XYZ 주식은 37달러에 거래되고 있습니다. 그래서 선생님의 보유분을 팔면 3만 7,000달러가 됩니다. 거기서 저희가 제공한 대출금 3만 6,000달러와 50달러의 이자를 제합니다. 그건 어쩔 수 없습니다. 선생님에게는 950달러가 남게 됩니다. 그리고 제가 받을 2.5%의 수수료도 주셔야 합니다. 업계에서 정한 기준이라 깎아드릴 수가 없습니다.

어쨌든, 총 3만 7,000달러의 2.5%는 925달러입니다. 그걸 빼면…(그 순간, 농부는 왜 이 개자식이 신용 매수를 하라고 부추겼는지 깨닫는다. 수수료가 10배는 높아지기 때문이다!) 25달러가 남네요. 참, 하나 빼먹었네요. 죄송합니다. 주식을 사고팔 때마다 3달러씩 거래 수수료가 붙어요. 그건 저희가 바로 징수하지 않고 그냥 청구액으로만 잡아두었습니다. 그게 6달러니까 선생님에게 남는 총액은 19달러가 되겠네요.

원하신다면 지금 바로 처리해 드리겠습니다. 그렇게 하는 게 아마 나을 겁니다. 상황이 너무 안 좋으니까요. 계좌가 마이너스가 되는 건 원하지 않으시잖아요. 그렇게 되면 저희가 빚을 받으려고 선생님을 쫓아다녀야 합니다. 수금 대행사는 저희처럼 친절하지가 않아서….”

농부는 바로 쏘아붙였다. “이제 충분히 들었습니다. 당신이 무슨 수작을 부리는 건지는 모르겠어요. 하지만 당신은 마진 콜에 대해 전혀 언급하지 않았어요. 주가가 떨어지면 돈을 더 넣어야 한다는 말도 없었고요. 난 더 이상 돈이 없어요! 게다가 당신은 XYZ의 주가가 세 배로 뛸 것이고, 내가 빌어먹을 당신의 다른 고객들처럼 주체할 수 없을 만큼 돈을 벌 거라고 말했어요. 그래서 지금은 전부 다 취소하고 싶어요. 계좌를 닫고 4,000달러를 돌려줘요. 안 그러면 어쩔 수 없이…"

주식중개인은 농부의 말을 끊으며 냉정하고도 무관심하게 말한다. "앞서 말씀드린 대로 계좌가 마이너스가 되는 건 피하셔야합니다. 그러면 저희에게 진 빚을 갚기 위해 더 많은 돈을 보내셔야 해요. 일이 그렇게 되는 건 저도 보고 싶지 않습…"

"빚이요? 난 당신들한테 진 빚이 없어요! 아무것도 빚지지 않았다고요! 그런 말은 하지 않았잖…"

주식중개인은 끊어진 말을 이어나간다. "…보고 싶지 않습니다. 아무튼 왜 제가 무슨 말을 하는지 모르겠다고 말씀하시는지 모르겠네요. 선생님이 서명하신 신규 계좌 패키지에 전부 나와있는 내용입니다. 지금 제 앞에 그게 있어요. 계좌 개설 신청서, 신용 매수 계약서, 이자 계산서, 전부 다요. 그래서 아까도 말씀드렸지만 계좌가 마이너스가 되기 전에 지금 매도하는 걸 강력히 권해드립니다. 이해하시겠어요?"

농부는 할 말을 잊는다. 완전히 맥이 풀린 느낌이다. 아무리 멍청해도 그렇지 어떻게 계약서를 읽어보지도 않을 수 있을까? 하지만 글씨가 너무 작았다. 작은 글씨로 고객을 속이는 해묵은 수법이다! 놈들에게 당했다! 게다가 그는 농부일 뿐이다. 어떻게 그런 걸 잘 알 수 있겠는가?

그는 '내 잘못이 아냐, 내 잘못이 아냐, 내 잘못이 아냐'라고 계속 생각한다. 하지만 속으로는 모든 게 끝났다는 걸 안다. 그는 모든 돈을 잃었다….

주식중개인은 말을 이어나간다. "아무튼 그게 저의 조언입니다. 지금 상황이 아주 안 좋아요. 다들 선생님과 같은 처지입니다. 모두 마진 콜을 받았어요. 전국에 걸쳐서, 모든 종목에서 그런 일이 일어나고 있어요. 그게 시장에 엄청난 압력을 가하고 있습니다. 자기충족적 예언이 됐어요.

주가가 많이 떨어지는 만큼 청산되는 계좌도 늘어날 겁니다. 마진 콜에 대응할 수 없으니까요. 그래서 시장에 매도 압력이 더 커지고, 주가는 더 내려가고, 마진 콜은 더 늘어납니다. 그게 다시 매도 압력을 더 키워요. 이런 과정이 계속되고 있습니다. 앞서 말씀드린 대로 아주 나쁜 상황이에요. 그래서, 선생님께서는 어떻게 하시겠습니까?"

농부는 말을 잇지 못한다.

월가는 주가를 말도 안 되는 수준으로 부풀려놓았다. 그뿐 아니라 근래의 다우지수 하락이 에베레스트산 정상에서 일어난 눈사태와 같은 타격을 금융계에 입히도록 만들어놓았다. 아무리 작게 시작되었어도 바닥에 이를 때까지는 멈추지 못하며, 계속 커지고 빨라지면서 모든 것을 파괴하는 눈사태 말이다.

농부는 그런 생각을 하면서 주식중개인에게 짧게 대답한다. "다 팔아요."

90% 마진으로 주식을 사는 것은 그만큼 미친 짓이다. 아이에게 불붙은 소형 폭탄을 건네며 "조심해. 이거 아-주 위험한 거야!"라고 말하는 것과 같다.

물론 아이가 보는 건 반짝이는 불꽃뿐이다. 아이는 중추신경계 전체에 퍼지는 강렬한 흥분을 느낀다. 흥분된다! 짜릿하다! 그게 빌어먹을 인간의 본능이다! 90% 마진으로 쓰레기 주식을 사든, 팔이 날아갈 때까지 불붙은 소형 폭탄을 들고 있든, 우리는 강렬한 흥분에 사로잡히면 눈앞의 위험을 제대로 보지 못한다.

바로 그런 이유로 세상의 모든 외팔이 아이들은, 나중에 커서 평생 모은 재산을 급등장에 쏟아붓는다. 심판의 날이 곧 온다고 분명하게 경고하는 목소리가 들리는데도 말이다.

금융 시스템에 대한 신뢰를 완전히 잃다

한편, 1928년에 투기 광풍은 바야흐로 절정에 이르고 있었다. 다우존스앤드컴퍼니는 대표 지수에 18개 종목을 추가하기로 결정했다. 그에 따라 총 종목 수는 30개가 됐으며, 이 수는 지금도 유지되고 있다. 다우지수를 구성하는 30개 대형주는 크게 문제가 없었다. 역사적인 기준으로 보면 주가가 부풀려지기는 했다. 그러나 당시 뉴욕증권거래소에서는 700개 종목이 추가로 거래되고 있었다. 이 종목들의 질이 나중에 큰 문제가 되었다.

실제로 1929년에 주식 가치가 심각하게 떨어지면서 대다수 주권은 그것이 인쇄된 종이만큼의 가치도 지니지 못했다.

어느 증권사가 이런 쓰레기들을 만들어내는 일에 앞장섰을지 재미 삼아 추측해보라. 너무나 심한 악취를 풍기고, 너무나 위험한 구조를 지니고 있는 금융 쓰레기들 말이다. 이 쓰레기들이 마침내 폭발하자, 금융계는 방사능으로 오염되었다. 그래서 20년 동안 투자자들이 얼씬도 하지 못했다.

어디일까? 맞다. 골드만삭스다.

그들은 그때부터 향후 백 년 동안 완벽하게 다듬어갈 전략을 활용하기 시작했다. 그 전략은 쓰레기 생산을 일단 서서히 시작하다가, 그로 인해 뒤따르게 될 피해보다 더 큰 이익을 볼 수 있다고 확신하는 순간 전면적으로 뛰어드는 것이다. 그래서 업계에서 가장 활발하게 쓰레기를 생산해내는 것이다.

1929년 10월이 다가올 무렵 뉴욕증권거래소는 미국을 대표하는 주식거래소에서 핵폭탄급 재앙이 시작될 진원지로 완전히 탈바꿈했다. 유일하게 남은 문제는 터지는 시기뿐이었다.

언론은 그것을 '**검은 목요일**'이라 불렀다.

10월 25일, 금요일에 공식적으로 만들어진 이 명칭은 전날 뉴욕증권거래소에서 일어난 대학살을 묘사하기 위한 것이었다.

다우지수는 개장 때 11%나 폭락했고, 반일半日 거래량은 1,100만 주를 넘어섰다. 1,100만 주는 일반적인 하루 전체 거래량보다 10배 이상 많은 유례없는 수치였다. 당시 사용되던 전자식 시세 표시 방식으로는 거래량을 따라잡지 못할 정도였다.

정오가 되자 3시간이나 시세 표시가 지연되었다. 한편, 공황의 소식은 이미 전국으로 번지며 악화돼갔다. 그때까지 도축업자, 제빵업자, 양초 제조업자 같은 미숙한 투자자들은 평생 모은 돈을 위험한 주식에 쏟아붓고 있었다. 그것도 어리석게 90% 마진으로. 그나마 확인할 수 있었던 일부 시세 현황도 몇 시간씩 지체되자, 주가가 얼마나 떨어졌는지 또는 웨스턴유니언에서 온 전보를 받게 될지 누구도 몰랐다.

오후 2시에는 모든 희망이 사라진 것처럼 보였다.

그러다가 기적이 일어났다.

난데없이 투자 심리가 급회전하여 대규모 매수 주문이 시장을 뒤덮기 시작했다. 매수 주문은 다우지수를 구성하는 주요 대기업을 대상으로 동시에 들어왔다. 덕분에 주가가 급등했다. 더욱 인상적인 사실은 매수 주문을 넣은 사람이 평판 좋은 뉴욕증권거래소 회원이라는 것이었다. 그는 무려 밴더빌트 가문과 록펠러 가문 그리고 나머지 인형 조종사들의 자산을 관리하는 중개인이었다. 또한 그는 내막을 잘 안다는 확고한 명성을 갖추고 있었다.

이런 내부자가 대량으로 물량을 사들이는 것을 본 다른 트레이더들은 거기에 동참하기로 결정했다. 어쨌든 인형 조종사들이 사고 있다는 건 뭔가를 안다는 뜻이었다. 그렇게 해서 트레이더에게서 트레이더에게로, 트레이더에게서 주식중개인에게로, 주식중개인에게서 고객에게로 말이 퍼지기 시작하면서 시장이 되살아났다.

사실 매수세가 난데없이 나타난 것은 아니었다. 인형 조종사들은 파티를 최대한 오래 끄는 게 모두에게(특히 그들에게) 이익이라고 판단했다. 그래서 자금을 모아 일련의 대규모 매수 주문을 낸 것이었다. 그들은 원래 거래하던 중개인을 통해 매수 주문을 넣어서 자신들의 의도를 알렸다.

이처럼 단기간에 대규모 매수 주문을 넣어서 주가를 띄우는 것은 해묵은 수법이었다. 이 수법은 매수자가 그동안 주가의 방향을 잘 맞춘 유명한 투자자일 때 특히 잘 통했다.

이런 유형의 '의도적 매수'를 지금은 주가 조작이라 부르는데, 걸리면 3년에서 5년의 징역형을 받는다. 하지만 1929년에는 온갖 주가 조작과 그와 비슷한 맥락에서 순진한 투자자들을 등치는 수상한 관행을 금지하는 연방증권법이 없었다. 주식시장은 정글의 법칙을 따르는 총체적인 무한 경쟁의 장이었으며, 주가 조작은 인기 종목이었다.

어쨌든, 인형 조종사들의 계획은 멋지게 들어맞았다.

장이 마감할 무렵, 다우지수는 오전의 하락을 거의 전부 만회했다. 일 하락폭은 2%에 불과했다.

투자자들이 한숨을 돌리면서 금요일은 조용히 지나갔다. 모든 것이 아무 문제 없는 듯 보였다.

그리고 월요일이 되었다.

월요일 역시 검었다. 검은 목요일보다 훨씬 검었다. 적어도 언론은 그렇게 표현했다. 다음 날 아침 조간신문의 헤드라인을 읽은 8,000만 명의 미국인은 충격에 빠졌다.

모든 신문이 같은 목소리로 외쳤다.

'검은 월요일! 주가 폭락! 월가의 죽음! 자본주의의 종말!'

검은 목요일 때는 그나마 막판에 급등이 나와 시장을 살려냈다. 하지만 검은 월요일은 달랐다. 아침에 장이 열리자마자 주가가 돌멩이처럼 가라앉더니 계속 가라앉았다. 정확히 오전 9시 30

분에 유혈극이 시작됐다.

모든 일반 투자자들이 일시에 하나의 출구로 미친 듯이 몰려들었다. 뉴욕증권거래소 거래장은 난장판이 됐다.

다우지수는 하루 만에 11%나 하락하여 241포인트로 마감했다. 이는 불과 40일 전에 기록한 역대 최고치보다 33% 낮은 수치였다. 충격적인 하락이었다. 결국 다우지수는 로프에 몰린 권투선수처럼, 오후 4시에 장이 마감되면서 겨우 목숨을 건졌다. 그래도 매도 주문이 쏟아지는 가운데 최저점에 마감이 되고 말았다.

그리고 화요일이 되었다.

화요일도 검었다. 검은 목요일보다 더 검었던 검은 월요일보다 더 검었다. 적어도 언론은 화요일에 벌어진 난장판을 그렇게 표현했다. 이미 공황에 빠진 미국인들은 아직 지난 며칠 동안의 암울한 헤드라인을 소화하려고 애쓰는 중이었다.

모든 신문의 헤드라인이 똑같았다.

'검은 화요일! 주가 추가 폭락! 월가는 정말로 죽었다! 이번에는 농담이 아니다! 정말이다! 파티는 끝났다! 이틀 연속 폭락! 창문에서 뛰어내리는 은행가들을 조심하라!'

안타깝게도 이번에는 언론의 말이 맞았다. 마지막 암흑의 날인 검은 화요일, 1929년 10월 29일에 시장은 다시 12%나 폭락했다. 폭락은 3일 동안 지속됐다.

다우지수는 1932년 7월 8일이 되어서야 바닥을 쳤다. 그날 마감 지수는 41.22포인트였다. 이는 1929년 9월에 기록한 최고치에서 무려 90%나 하락한 수치였다.

물론 시장이 일직선으로 하락한 것은 아니었다. 그런 일은 절대 일어나지 않는다. 시장은 그렇게 돌아가지 않는다. 가장 심한 하락장에서도 랠리는 나온다. 이를 월가 용어로는 호구 랠리 또는 **데드 캣 바운스**dead cat bounce 라 부른다. 이때 시장은 손실을 만회한다. 그러나 이런 랠리는 강하지 않고, 단기적이며, 아주 적은 거래량을 수반한다. 또한 랠리가 끝나면 시장은 다시 하락하기 시작하여 신저점에 이른다.

10월 폭락에 뒤이은 3년 동안 그런 일이 일어났다. 미국의 전체 금융 시스템과 그 이면의 경제는 무너지기 일보직전이었다. 연이은 호구 랠리는 충격에 빠진 나라에 잠시나마 희망의 빛을 안겨주었다.

그러나 상승세는 결국 꺾이고 말았다.

좁은 간격으로 놓인 도미노처럼 주식시장의 붕괴는 은행 시스템의 붕괴와 전국적인 신용 경색으로 이어졌다. 이는 이미 지지부진하던 경제를 멈추게 만들었다. 실로 중대한 문제였다. 미국인들은 금융 시스템에 대한 신뢰를 완전히 잃었고, 재난에 대비하여 잔뜩 움츠리기 시작했다.

이는 궁극적인 자기충족적 예언이었다. 그 결과는 파국이었다.

주식시장의 거래량은 무기력한 수준으로 줄어들었고, 은행들은 예금인출 사태로 무너지기 시작했다. 사람들은 은행에 넣어둔 돈은 안전하다고 생각했다. 그러나 알고 보니 사실 그 돈은 90%

마진으로 쓰레기 주식을 사는 월가 투기자들에게 대출되고 있었다. 상업은 말 그대로 중단됐다.

부랑자와 무료급식소, 비참한 빈곤의 시대였다.

가족들은 부서진 고물차에 가재도구를 싣고 음식, 주거지, 돈벌이가 되는 일자리 같은 기본적인 필수 요소를 찾아 국토를 횡단했다. 이 세 가지 요소를 모두 갖추기는 어려웠다. 특히 일자리는 더욱 그랬다. 실업률이 33%에 이르러, 세 명 중 한 명은 일자리를 찾을 수 없었다. 그나마 찾을 수 있는 일자리는 최저 임금에 하찮은 일을 하는 미숙련 노동직뿐이었다. 발전은 아예 중단됐다. 대공황이었다.

이 경제적 격변의 여파로 정부는 1934년에 마침내 시장에 개입하여 혼란을 바로잡기로 결정했다. 월가를 길들이든지 아니면 최소한 길들이는 척이라도 해야 할 때였다. 그 결과 의회에서 제정한 법에 따라 증권거래위원회가 공식 탄생했다.

증권거래위원회는 최고 규제당국으로서 모든 유형의 증권을 발행하고 거래하는 행위를 규제할 권한을 가졌다. 거기에는 일반 투자자에게 제공되는 주식, 채권, 옵션, 뮤추얼펀드 및 기타 금융 상품이 모두 포함됐다.

그들의 사명은 명확했다. 월가 사기꾼들에게 털려서 극도로 분노한 투자자들이 넘쳐나는 가운데, 나라에 대한 신뢰를 회복하는 것이었다. 월가 사기꾼들은 너무나 심하게 탐욕을 부린 나머지 주식시장을 무너트리고 결국에는 자신들도 털리고 말았다.

의회는 국민들이 신뢰할 수 있는 주식시장과 은행 시스템이 없으면 경제 회복이 거의 불가능하다는 사실을 정확하게 알고 있었다. 그래서 초대 위원장을 고르는 중차대한 일을 나라의 최고 권력자인 대통령에게 맡겼다.

당시 대통령은 다름 아닌 프랭클린 델라노 루스벨트Franklin Delano Roosevelt였다. 그는 원대한 이상을 가졌고, 공정하며, 분명한 적임자를 고를 능력을 갖춘 사람이었다.

적어도 그것이 일반적인 인식이었다. 그런 사람이 누구를 감시자로 골랐는지는 상상도 못할 것이다.

그 인물은 바로 원조 월가의 늑대였다.

5장

주가 조작자가 만든
공매도의 세계

최악의 공매도자는 투자자의 적이다

한편으로 월가에서 가장 악명 높은 주가 조작자를 초대 증권거래
위원장으로 고른 것은 완벽하게 타당했다. 어쨌든 월가의 사기를
뿌리 뽑을 거라면 최고의 사기꾼을 고용하지 못할 이유가 있을
까? 그러나 다른 한편으로 그것은 양떼를 지킬 동물로 늑대를 고
른 다음, 늑대가 본능에 맞서서 양들을 잡아먹지 않기를 기대하
는 것과 같았다.

　어느 쪽이든 그 늑대는 바로 증권거래위원회 초대 위원장인 조
셉 케네디Joseph P. Kennedy였다. 그는 모든 면에서 악당이었다. 유
일하게 인정할 만한 일은 나중에 미국의 35대 대통령이 될 존 F.
케네디John Fitzgerald Kennedy를 낳았다는 것이었다. 운 좋게 대통령
의 아버지가 되었다는 점을 제외하면, 조셉 케네디는 월가 역사
상 가장 악명 높은 주가 조작자 중 한 명이었다.

　폭락을 초래하는 데 중요한 역할을 한 매우 해로운 트레이딩
전략이 그의 특기였다.

구체적으로 말하자면 조셉 케네디는 공매도자였다. 즉, 특정 주식의 가격이 떨어진다는 데 베팅했다. 그는 해당 종목을 빌린 다음 즉시 매도하여 이른바 **숏포지션**short position 을 구축했다. 그의 베팅이 맞으면(주가가 떨어지면) 더 낮은 가격에 주식을 되사서 대여자에게 돌려주고 차액을 챙긴다. 그의 베팅이 틀리면(주가가 오르면) 주식을 되사서 대여자에게 돌려준 후 손실을 떠안는다.

혼란스러운가?

당신만 그런 게 아니다.

대다수 사람들은 주가 하락 시 이득을 보기 위해 보유하고 있지 않은 주식을 매도한다는, 공매도의 개념을 이해하기 어려워한다. 일단 주식을 빌린 다음 돌려주기 전까지 수익을 노린다는 사실을 추가하면 특히 더 그렇다. 이 과정에서 넘어야 할 수많은 난관을 고려하면 솔직히 주가 하락에 베팅하는 건 엄청나게 품이 많이 드는 일처럼 보인다.

가령 어디서 주식을 빌릴 것인가? 빌리는 데 얼마나 많은 비용이 드는가? 빌린 주식을 얼마나 오래 보유할 수 있는가? 어떻게 반환하는가? 실제 거래에 얼마나 많은 돈이 필요한가? 주가가 반대로 가면 어떻게 해야 할까?

이런 문제들 외에도 기타 잡다한 문제들 때문에 대부분의 초보 투자자들은 공매도를 꺼린다. 그들이 보기에 공매도는 리스크로 가득하며, 너무 복잡하다. 그래서 전문가들에게 남겨두는 게 최선이다.

하지만 실제로 그럴까?

공매도가 정말로 그렇게 복잡할까? 위에서 말한 리스크들로 가득해서 전염병처럼 피해야 할까? 아니면 사실 공매도가 불필요한 오해를 받고 있으며, 기민한 투자자에게는 귀중한 도구가 될 수 있지는 않을까? 인생의 수많은 일들처럼 진실은 그 중간 어딘가에 있다.

현실에서는 매수를 하든 공매도를 하든 적지 않은 돈으로 투기성 단타 전략을 쓰다가는 실망하기 마련이다. 그 이유는 나중에 알게 될 것이다. 우선은 실제 사례를 들어서 공매도 방법을 보여주도록 하겠다. 그래야 실체를 제대로 이해하여, 교활한 주식중개인이나 다른 조언자의 꾐에 넘어가지 않을 것이기 때문이다.

팬데믹 때문에 지루해하는 20살의 로빈후드Robbinhood(제로 수수료 정책을 내세워 큰 인기를 얻은 미국의 투자 플랫폼-편집자) 주식 앱 사용자가 있다고 가정해보자. 그는 지난번에 받은 재난지원금으로 투자를 계속해왔다. 지금까지 그는 밈meme 주식을 사서 빠르게 수익을 내고 팔아치우는 방식으로 아주 좋은 성과를 올렸다.

잘 모르는 사람들을 위해 설명하자면, 밈 주식은 기업의 펀더멘털과 거의 무관한 이유 때문에 소액 투자자 사이에 인기를 끄는 주식을 말한다. 이런 주식에 대한 관심은 소셜미디어에서 공유되는 문화적 요소로 인해 주로 촉발된다. 거기에는 특정 기업이나 브랜드에 대한 지지를 보여주려는 욕구도 포함된다. 당연히 밈 주식은 극도로 변동성이 심한 경향을 보인다. 그래서 장기적인 내재가치보다 훨씬 높은 가격에 거래되다가 어느 시점에 화려하게 추락한다.

이런 사실에도 불구하고 지난 6달 동안 우리의 어린 로빈후드 사용자는 밈 주식으로 대박을 쳤다. 초기 투자금인 2만 5,000달러는 15만 달러까지 불어났다. 그의 자신감은 거대한 여드름처럼 부풀었다. 그는 이전의 수많은 투자자처럼 새롭게 이룬 자신의 성공이 날카로운 육감과 자신만의 특별한 능력이 결합한 결과라고 믿었다. 강한 상승장이 그의 고평가된 밈 주식을 포함한 모든 주식을 띄웠다는 명백한 사실은 간과됐다. 밈 주식은 단지 다른 모든 주식처럼 흐름을 탔을 뿐인데도 말이다. 실제로 그는 자신감이 넘치는 나머지, 판을 키워서 공매도에도 손을 대기 시작했다. 마침 공매도를 칠 첫 종목도 이미 파악해뒀다.

그는 상황이 완벽하다고 생각했다. 그가 보기에 해당 기업은 진짜 쓰레기이며, 주가는 내려갈 것이 분명했다. 나스닥에 상장된 이 주식의 현재 주가는 주당 40달러다. 그는 주가가 제로까지 내려갈 거라고 확신했다. 그가 공매도를 주저하게 만드는 유일한 요소는, 아직 공매도의 세부적 측면에 익숙하지 않다는 것뿐이었다. 기본적인 내용은 알지만 아직 잘 모르는 부분들이 있었다. 그에게는 전문적인 조언이 필요했다.

그렇기 때문에 로빈후드 계좌는 첫 공매도를 실행하기에 적절한 통로가 아니다. 그는 월가의 유력 증권사에서 일하는 주식중개인, 짐보 존스Jimbo Jones에게 전화했다. 짐보는 지난 몇 년 동안 그의 주식중개인이었지만 많이 거래하는 편은 아니었다. 로빈후드 계좌를 통한 투자는 재미있고 짜릿했지만 짐보를 통한 투자는 고통스러울 만큼 지루했다. 게다가 친구이기는 해도 짐보는 잘난 체하는 인간이었다.

짐보는 "어린 로빈후드, 그래서 내가 뭘 도와드릴까?"라고 재잘거린다.

'어린 로빈후드!' 짐보 같은 월가 사람들은 로빈후드 앱으로 대박을 친 이들을 로빈후드라고 부른다. '반짝 성공한 부류들! 팬데믹이 낳은 부산물! 꿀 발린 실업급여에 재난지원금으로 생활하는 사회의 거머리들.'

로빈후드는 대답한다. "그 호칭은 좋은 의미로 생각할게요. 하지만 난 부자들의 돈을 빼앗아서 가난한 사람들에게 나눠주지 않아요. 정부가 주는 공짜 돈으로 밈 주식에 투자할 뿐이에요. 거기에 무슨 문제가 있어요?"

"아무 문제없어, 어린 로빈후드. 자부심을 가져."

"자랑스러워요. 아주 많이. 오늘 월가 상황은 어때요? 미망인이나 고아들 돈은 좀 뜯어냈어요?"

짐보는 대답한다. "아직. 하지만 하루는 길잖아. 계속 희망을 품고 있어."

로빈후드는 말한다. "행운을 빌어요. 분명 성공할 거예요. 어쨌든 오늘 도움이 좀 필요해요. 공매도를 치고 싶은데 한 번도 해본 적이 없어요."

"알았어. 무슨 종목을 할 건데?"

로빈후드는 잠시 망설인다. "그게…, 말하기 전에 내가 미리 리서치를 했다는 걸 알아야 해요. 그러니까 하지 말라고 말리지 말아요. 무조건 할 거니까."

"알았어. 어떤 종목이야?"

로빈후드는 해당 기업이 왜 공매도 역사상 최고의 종목인지 자세히 설명했다. 대차대조표, 12개월 매매 추세, 매출 하락, 과도한 간접비용, 뒤처진 사업모델, 자기 잇속만 챙기는 경영진 등 모든 이유가 제시된다. 뒤이어 그는 샛길로 빠져서 자신의 엄청난 투자 실적과 초능력 수준의 타이밍 감각에 대해 떠들어댄다. 짐보는 잠깐 들어주다가 귀를 닫아버린다.

'어중간한 지식은 위험하다'라는 속담이 짐보의 머릿속에 떠오른다. 해당 종목에 대한 공매도는 매우 위험하다. 주가가 반대로 움직일 가능성이 크기 때문이다. 그는 '하지 말라고 설득해야 할까?' 고민한다. 이미 해당 종목을 공매도한 투자자들이 넘친다. 그래서 대규모 **숏스퀴즈**short squeeze가 발생할 위험이 있다! 어린 로빈후드가 신중을 기하지 않으면 빈털터리가 되어 셔우드숲Sherwood Forest으로 돌아가게 될 것이다.

숏스퀴즈는 주식(또는 다른 자산)의 가격이 급등하여 공매도 포지션들이 큰 손실을 입었을 때 발생한다. 이 경우, 그들 중 다수는 마진 콜 때문에 주식을 되사야 한다. 그러면 매수세가 증가하여 가격이 더 높아진다. 결국 남은 공매도자들의 손실은 악화된다. 이제 손실을 줄이기 위해 주식을 되사야 하는 압박이 더욱 강해진다. 이는 주가의 추가 상승으로 이어진다. 이런 과정을 거치면서 쥐어짜기squeeze가 계속된다!

1980년대 초에 이에 대한 유명한 사례가 있었다. 텍사스에 살던 헌트Hunt 형제는 은 시장에서 사재기를 시도했다. 그들은 6달에 걸쳐 조용히 은 선물과 은 옵션을 대량으로 사모아, 사실상 전 세계 최대 은 보유자 중 하나가 되었다. 그들의 매입이 이어지면서 은 가격은 높아져만 갔다. 결국 은 시장에서 대규모 숏스퀴즈가 발생했다. 은 가격이 떨어진다는 쪽에 베팅한 공매도자들은 훨씬 높은 가격에 포지션을 커버(환매수)해야 하는 바람에 큰 손실을 입었다.

결론적으로 공매도는 오랜 경험과 풍부한 자금을 가진 전문가들에게 남겨두는 게 좋은, 매우 위험한 게임이다.

머리에 피도 안 마른 로빈후드는 아직도 떠드는 중이다. "…지금까지 돈을 아주 많이 벌었어요. 이 정도면 확실히 타고났다고 봐야 해요. 공매도 방식만 터득하면 헤지펀드를 시작해볼까 생각하고 있어요." 그는 잠시 키득거리더니 이렇게 말한다. "원하면 내 밑에서 일해도 돼요. 돈 많이 줄게요…. 성과를 내면요."

짐보는 생각한다. '더는 못 들어주겠네! 이 멍청한 녀석이 굳이 절벽에서 뛰어내리겠다는데 말릴 필요 있어? 공매도 수수료도 매수 수수료만큼 많아. 그걸로 카보Cabo 여행이나 가야겠다!'

짐보는 소리친다. "맞아! 넌 이걸로 홈런을 칠 수 있어. 나라면 크게 지를 거야."

로빈후드는 재잘거린다. "알아요. 당신처럼 냉소적인 사람도 나의 논리에는 당하지 못해요. 좋아요. 1,000주 공매도할게요. 그럼 4만 달러가 필요한 거죠?"

짐보는 말한다. "야, 야, 진정해. 일단 주식을 빌릴 수 있는지 알아봐야지. 가능하긴 할 건데 그래도 잠깐 기다려 봐."

"못 빌리면 어떻게 돼요?"

짐보는 말한다.

"그럼 공매도를 할 수 없어. 차입 없이 공매도를 하면 그건 증권거래위원회 규정 위반이야. 오늘은 벌금을 맞고 싶은 기분이 아냐. 적어도 너 때문에 맞고 싶지는 않아. 설령 무차입 공매도가 가능하다고 해도 안 하는 게 좋아. 너무 위험해. 네 계좌에서 이른바 배달 실패fail to deliver가 발생할 수 있어."

"주식을 배달하지 못했다는 건가요?"

짐보는 말한다.

"맞아. 네가 1,000주를 공매도하든, 그냥 매도하든 간에 그걸 산 사람은 나중에 자기 계좌에 해당 주식이 들어올 거라고 생각해. 그런데 그게 들어오지 않는 거지.

정확하게 말하자면, 배달부가 로워 맨해튼을 돌아다니면서 주식 증서를 수령하고 배달한다는 게 아냐. 그런 방식은 1960년대 이후로 사라졌어. 당시에는 그런 물량이 너무 많아서 실제로 일주일에 하루는 거래소 문을 닫고 밀린 서류 작업을 해야 했어. 어쨌든 그래서 지금은 모든 게 디지털 방식으로 처리돼. 전부 1과 0으로 바뀌어서 전자 장부에 기록되지. 그렇다고 해서 달라지는 건 없어.

한 투자자가 주식을 팔고 그걸 다른 투자자가 샀을 때, 매수자는 결제일에 해당 주식이 자기 계좌에 들어올 거라고 생각해. 매도자 역시 매수자가 지불한 돈이 자기 계좌에 들어올 거라고 생각하지. 공매도는 조금 있다가 설명할게. 매수부터 설명하는 게 더 쉬워. 너한테 10만 달러가 있는데, 주당 40달러짜리 XYZ 주식 1,000주를 매수하려 한다고 가정해보자. 나는 XYZ 주식을 주당 40달러에 1,000주 매수하라는 주문을 매매 담당자에게 넣을 거야. 그는 시장에 가서 너 대신 매수를 할 거고, 그럼 몇 초 후에 네 계좌에 1,000주가 들어오고 현금 잔고는 4만 달러 줄어들 거야. 그렇지?"

"맞아요. 그래서요?"

짐보는 말을 이어나간다. "질문을 하나 할게. 전자 장부를 보면 그 주식의 주인이 누구 이름으로 돼있을 것 같아? 네 이름?"

로빈후드는 "네. 당연하죠"라고 말한다.

짐보는 말한다. "틀렸어. 거기에는 우리 회사 이름이 있어. 요즘 모든 주식은 증권사 명의로 돼있어. 즉, 전자 장부 기록상으로는 실제 매수자가 아니라 고객에게 주식을 매도하는 증권사가 주인으로 돼있는 거지."

로빈후드는 "그건 좀 수상하네요"라고 말한다.

월가의 늑대 시장을 이겨라

짐보는 바로 대꾸한다. "안 그래. 너는 여전히 우리 회사의 내부 장부에 그 주식의 실소유주로 기재돼있어. 그러니까 금전적 측면에서는 아무 차이가 없어. 그냥 모든 매매 기록을 관리하기 쉽게 하려는 거야. 안 그러면 시스템이 감당하지 못해."

짐보는 말을 이어나간다. "어쨌든 네가 여기서 처음 계좌를 열 때 많은 양식에 서명했어. 그 중 하나는 너의 계좌에 있는 모든 주식을 우리 명의로 보유할 뿐 아니라 공매도를 원하는 사람에게 대여할 수 있는 권리를 우리에게 주는 거였어. 그건 월가에서 아주 거대한 사업이야. 주식대여부라고 해서 하루 종일 그것만 하는 부서도 있어. 거기 직원들은 증권사, 헤지펀드, 뮤추얼펀드 그리고 수수료를 받고 주식을 빌려줄 만한 모든 사람에게 전화를 걸어. 수익이 엄청나. 네가 공매도를 하기 전에 빌려야 하는 주식이 거기서 나오는 거야. 마법이 아니라고."

로빈후드는 말한다. "알았어요. 당신 회사에서 주식을 빌리기는 하는데 실소유주는 고객이라는 거군요."

"맞아! 공매도를 할 때 주식을 빌리지 않으면 매수한 사람은 결제일에 전자 배달을 받지 못해. 그럼 넌 정말 큰일 나는 거야!"

"왜요?"

"매수자한테 주식을 배달하지 못한 경우에는 거래소에서 10일 후에 너한테 묻지 않고 주식을 사서 매수자에게 배달해, 그리고 그 대금 청구서를 우리 회사로 보내. 우리 회사는 그 청구서를 받고 나서 누구한테 보낼까?"

로빈후드는 "나한테요"라고 말한다.

"게다가 거래소에서는 너의 손실을 최대한 키우려고 가장 높은 가격에서 사. 그러니까 합법적이라고 해도 절대 먼저 주식을 빌리지 않고 공매도를 해서는 안 돼."

로빈후드는 말한다. "알았어요. 절대로 무차입 공매도는 하지 마라."

"그건 망하는 길이야. 어쨌든 너하고는 관계없지만. 방금 주식 대여부에서 연락이 왔어. 빌릴 주식이 있으니까 시작할 수 있어. 이제 마진 계좌를 개설하는 것부터 단계별로 방법을 알려줄게. 공매도를 하려면 지금 바로 해야 해. 잠깐만…."

로빈후드는 묻는다. "마진 계좌가 왜 필요해요? 로빈후드에서는 전부 현금 계좌로 거래해요. 난 돈 빌리는 거 좋아하지 않아요."

"안타깝게도 어쩔 수 없어. 현금 계좌로는 공매도가 불가능해. 엄밀히 말해 네가 입금한 돈은 주식 대금으로 나가는 게 아냐. 네가 우리에게 빌리는 주식에 대한 담보로 쓰이지. 우리는 현금 계좌로는 대출을 해줄 수 없고, 같은 맥락에서 담보도 받을 수 없어. 연방법이 마진 계좌로만 하라고 돼있어. 알았지?"

"네, 그럼 괜찮아요."

짐보는 말한다. "좋아. 계좌번호가 나왔어. 이제 시작할 수 있어. 그럼 첫 번째 질문으로, 몇 주나 공매도할 거야? 주식은 원하는 만큼 빌릴 수 있어."

로빈후드는 "1,000주 정도면 될 것 같아요"라고 대답한다.

"될 것 같다고?"

로빈후드는 "어떻게 하는지 잘 모르잖아요"라고 말한다. 그러더니 자신감 넘치는 투로 덧붙인다. "나의 전문 분야는 다른 거예요. 난 대박 종목을 찾아낼 수 있어요. 그래서 큰돈을 번 거예요! 아무튼 1,000주를 공매도하려면 얼마나 들어요? 5만 달러 정도 돼요?"

짐보는 생각한다. '대단해! 얘만큼 아는 게 적은데도 아주 많이 안다고 생각하는 사람을 본 적이 없어. 이걸로 얼마나 호되게 당하는지 보는 것도 재미있겠군.'

짐보는 따뜻한 목소리로 말한다. "괜찮아, 친구. 내가 다 설명해줄게. 공매도에 필요한 초기 증거금 요건은 거래금액의 150%야. 그러니까 공매도를 하려면…"

로빈후드는 짐보의 말을 끊고 쏘아붙인다. "150%라고요? 4만 달러어치를 공매도하면서 6만 달러를 넣고 싶지 않아요! 그건 말도 안 돼요! 그럴 만한 가치가 없어요."

짐보는 "진정해. 6만 달러를 넣을 필요는 없어!"라고 말한다. 그는 로빈후드 사용자들이 얼마나 무지한지 깨닫는다. 그들은 증거금 요건 같은 간단한 것도 모른다. "네가 빌린 주식을 매도하면 받게 될 4만 달러를 거기에 포함하는 걸 잊은 모양이네. 현재 주가는 주당 40달러야. 그러니까 1,000주를 팔면 네 계좌에 4만 달러가 들어와. 즉, 2만 달러만 있으면 150% 증거금 요건을 충족할 수 있는 거지. 알았어?"

로빈후드는 말한다. "네, 그러니까 4만 달러로 실제로는 2,000주를 공매도할 수 있다는 거죠?"

짐보는 말한다. "맞아. 기본적으로는 얼마를 공매도하든, 증거금은 공매도 금액의 50%야. 이제 물어볼 게 있어. 이번 투자에 얼마나 자신감이 있어? 확실하다고 자신하는 수준이야 아니면 그냥 자신하는 수준이야? 그건 중대한 차이야, 친구."

로빈후드는 말한다. "알아요. 확실하다고 자신해요. 사실 지금까지 이보다 자신있는 경우는 한 번도 없었어요. 됐어요?"

짐보는 말한다. "그 정도면 대단하네. 솔직히 아주 인상적이라고 말해도 지나치지 않아."

로빈후드는 말한다. "네, 이 종목은 주가가 제로까지 떨어질 거예요. 확실해요."

"좋아. 와! 이제는 나도 설득된 것 같아. 지금 로빈후드 계좌에 얼마나 있어?"

"15만 달러 조금 넘어요. 거의 전부가 다 수익이에요. 나쁘지 않죠?"

"전혀 나쁘지 않아, 친구. 그 중에서 지금 현금으로 들고 있는 건 얼마야?"

로빈후드는 말한다. "전부 현금으로 들고 있어요! 그게 내가 투자하는 방식이에요. 하루나 이틀 넘게 포지션을 유지하지 않아요. 나의 타이밍은 완벽해요. 알겠어요?"

월가의 늑대 시장을 이겨라

짐보는 대답한다. "알았어. 너의 타이밍은 과학 이론 수준이라는 거지?"

"당연하죠. 게다가 나는 소질을 타고나기도 했어요. 나의 방식은 배운다고 되는 게 아니에요. 그건 드문 재능이라고 봐도 돼요. 다른 무엇보다 육감이 발달한 것일 수도 있고요. 아무튼 이번 건을 제대로 처리하고 수수료를 낮게 받으면, 그 대가로 주식 팁을 몇 개 줄게요."

짐보는 "좋아. 수수료는 한 푼도 청구하지 않을게"라고 말한다. '로빈후드처럼 나도 수수료를 숨길 거니까.' "수수료는 전액 면제할게. 그만큼 널 믿는다는 거야. 솔직히 우리 둘 다 이만큼 자신감이 있으니, 물량을 조금 더 늘려야 한다고 생각해. 다만 하나 물어볼 게 있어. 주가가 폭락하기까지 얼마나 오래 걸릴 거라고 생각해? 며칠? 몇 주? 몇 달?"

"며칠요. 길게 잡아도 2주 정도 걸릴 거예요. 한 달 이내인 건 확실해요."

짐보는 대답한다. "좋아. 그럼 단기 투자가 되겠네. 내가 이 질문을 하는 이유는 지금 대출 금리가 조금 높거든. 포지션을 장기로 가져갈 생각이면 이자가 불어나기 시작할 거야."

로빈후드는 "이율이 얼마나 되는데요?"라고 묻는다.

짐보는 대답한다. "20%야. 그래도 너는 단기 투자를 할 거니까 고려하지 않아도 돼. 어쨌든 앞으로 공매도는 타이밍이 모든 것이라는 사실만 기억해. 다시 말해서 그냥 예측이 맞기만 해서는 안 돼. 비교적 빨리 맞는 예측을 해야 해. 안 그러면 빌린 주식에 대한 이자가 수익을 갉아먹기 시작하거든. 알았지?"

로빈후드는 대답한다. "네. 그런데 잠깐만요. 금리가 왜 그렇게 높은 거죠?"

짐보는 말한다. "수요과 공급에 따른 거야. 지금 주식을 빌리려고 하는 다른 투자자들이 많아. 그건 너한테 아주 좋은 신호야. 안 그래? 대개는 이율이 3% 정도야. 그러니까 분명히 뭔가 일이 일어날 거라는 뜻이야. 너처럼 생각하는 다른 공매도자들이 많아."

로빈후드는 말한다. "그럴 줄 알았어요. 내가 이런 일에 있어서는 촉이 아주 좋거든요."

"넌 확실히 재능이 있어, 친구." '자뻑에 빠지는 재능.'

로빈후드는 그 말에 동의한다. "그건 틀림없어요. 이제 그 재능을 잘 활용할 때예요. 공매도는 얼마까지 가능해요? 한도가 얼마죠?"

"로빈후드에 15만 달러가 있고, 우리 쪽 계좌에 1만 달러가 있으니까 총 16만 달러네. 공매도를 하려면 초기 증거금으로 투자 총액의 50%가 필요해. 그러니까 넣을 수 있는 돈의 두 배 즉, 32만 달러까지 가능한 거지. 주가가 주당 40달러니까 최대치는 8,000주야. 딱 32만 달러어치지. 그래도 처음에는 안전하게 약간 작게 시작하는 게 좋을 것 같아. 7,000주로 시작하자. 그럼 현금은 14만 달러만 있으면 돼. 물론 주가가 떨어졌을 때 얻는 수익이 줄기는 해. 그래도 주가가 잠시 반대로 갈 때 약간의 현금을 들고 있을 필요가 있어."

로빈후드는 완전히 어이없다는 투로 말한다. "무슨 말하는 거예요? 주가가 반대로 갈 일은 없어요! 무조건 한 방향으로 갈 거고, 그 끝은 쓰레기통이에요. 지금 주가는 너무…"

짐보는 귀를 닫고 생각한다. '로빈후드 같은 생초보가 전 재산을 담보로 잡고 이미 공매도 물량이 넘치는 종목에 들어가도록 놔두면 얼마나 큰 문제가 생길까?'

이 투자는 커다란 리스크를 안고 있다. 특히 앞서 말한 숏스퀴즈에 걸릴 가능성이 높다. 그러면 로빈후드는 순식간에 털릴 수 있다.

불과 얼마 전에 테슬라 종목에서 같은 일이 생겼다. 당시 테슬라 종목에 대한 공매도 물량은 엄청났다. 얼마나 과도한지 빌려줄 주식이 남아나지 않을 정도였다. 이 공매도 물량은 모두 미래의 매수 물량이기도 했다. 공매도자들은 언젠가는 시장으로 돌아가 테슬라 주식을 사야 했다. 그래야 공매도를 하기 위해 빌린 주식을 반환할 수 있었다. 이는 엄청난 대기 수요를 만들어냈다. 마치 고무줄을 최대한 늘려놓은 꼴이었다. 마침내 한계에 이르면 고무줄은 반대 방향으로 빠르게, 사정없이 날아갈 것이었다.

테슬라의 경우 약간의 호재만 있으면 되었다. 그러면 매수 세력이 주가를 밀어올리기에 충분할 만큼 물량을 사들일 수 있었다. 그러자 공매도자들에 대한 마진 콜이 나오기 시작했다. 공매도자들은 공황 상태에 빠졌다. 그들은 공매도 포지션을 커버하기 위해 한꺼번에 시장으로 몰려갔다. 그들의 매수는 주가를 연이어 밀어올렸다.

로빈후드는 계속 말한다. "기분 나쁘게 듣지 말아요. 하지만 당신네 월가 사람들은 시대에 뒤처졌어요. 내게 필요한 모든 정보는 인터넷에서 얻을 수 있어요."

짐보는 생각한다. '빌어먹을 고객 응대 규정만 아니었어도!' "기분 안 나빠. 네가 그렇게 자신한다면…"

"자신있다니까요."

"7,000주를 공매도하고 만약의 경우에 대비해서 소액의 현금을 들고 있는 걸 추천해. 7,000주면 14만 달러가 필요해. 오늘 로빈후드 계좌에서 송금해주면…"

"그렇게 할게요."

짐보는 말을 잇는다. "좋아. 그럼 포지션을 커버할 때 실제로 어떻게 돈을 버는지 아주 간략하게 설명할게. 좋지?"

"네. 해줘요."

"주당 40달러에 7,000주를 공매도 하면, 네 계좌에 7,000주를 판매한 금액 28만 달러가 들어가. 거기에 최소 증거금으로 14만 달러를 넣어야 하니까, 총 잔액은 42만 달러가 돼. 그 다음에 주가가 가령 주당 20달러로 떨어지고, 그 지점에서 네가 포지션을 커버하기로 결정했다고 쳐. 그러면 우리는 시장에 들어가서 주당 20달러에 7,000주를 사는 거지. 14만 달러만 들여서 말이야. 그 돈을 너의 계좌에서 차감하면 잔액은 28만 달러가 돼. 그 다음에는 결제일에 주식을 받아서 대여부에 돌려주면 돼. 그러면 초기 증거금으로 입금한 14만 달러 외에 얼마든 계좌에 남는 돈이 수익이 되는 거야. 이 경우에는 14만 달러가 수익으로 남아. 이게 공매도로 돈을 버는 방식이야. 이해했어?"

로빈후드는 대답한다. "네. 하지만 절대 주당 20달러에서 커버하지 않을 거예요. 이 주식은 제로까지 가요. 그래도 주당 1달러에서 커버할지도 몰라요. 난 월가 사람들처럼 탐욕스럽지는 않으니까요. 주당 1달러면 얼마나 벌어요?"

"주당 1달러에서 커버하면, 주식 매수 대금으로 7,000달러만 들이면 돼. 총 28만 달러에서 7,000달러를 빼면 27만 3,000달러가 수익으로 남아. 물론 네가 빌린 주식에 대해 18%의 이자를 내야 해. 하지만 그건 연 이율이야. 넌 주식을 한 달만 갖고 있을 거니까, 월 이율은 약 1.5%가 돼. 28만 달러의 1.5%만 지불하는 거지. 네가 빌린 날의 시장 가치를 기준으로 잡으니까 4,200달러가 되겠네. 그래서 최종적으로 너의 순수익은 정확하게 26만 8,800달러야."

로빈후드는 "좋네요"라고 말한다.

"당연히 좋겠지. 이제 반대 상황에 대해서 아주 간략하게 설명해줄게. 적어도 알고는 있어야 하니까. 주가가 가령 주당 20달러씩, 60달러로 오른다고 쳐. 그러면 주식을 되살 때 계좌에 손실이나. 7,000주를 사려면 42만 달러가 필요하니까. 하지만 네가 공매도를 하고 받은 돈은 28만 달러밖에 안 돼. 그래서 14만 달러의 손실이 발생해."

"그건 걱정하지 않아요. 주가가 오를 일은 절대 없어요. 이 회사는 망하게 돼있어요."

짐보는 대답한다. "그렇다면 됐어. 그리고 네 계좌를 비롯한 모든 마진 계좌는 모든 공매도에 대해 130%의 최소 유지 증거금 요건을 적용해. 주가가 20% 넘게, 그러니까 이 경우에는 48달러 위로 오르면 너의 계좌는 그 기준 아래로 떨어져. 그러면 마진 콜이 나오고, 너는 돈을 더 넣어서 잔액을 늘려야 해. 안 그러면 너에게 통보하지 않고 자동으로 주식을 되사들여서 포지션을 커버하기 시작할 거야. 다시 말해 계속 너의 포지션을 시장 가격과 비교하면서 커버할 여력이 되는지 확인한다는 얘기야. 잔액이 130% 아래로 줄면 돈을 더 넣어야 해. 주가가 오르는 만큼 그 금액은 늘어나. 초를 치려는 게 아냐. 규정상 이걸 알려줘야 해."

"오늘 들을 부정적인 말은 다 들었어요. 난 들어갈 준비가 됐어요. 지금 바로 7,000주 공매도하고 싶어요."

"과감하네. 그럼 하자. 잠시만."

짐보가 주문을 넣는 동안 로빈후드는 득의만만하게 웃는다. 이건 아주 거대한 성공의 첫 걸음이다. 확실하다. 말 그대로 감이 온다. 그는 이 한 번의 간단한 거래로 가능성의 우주를 열었다. 지식으로 무장한, 아니 아는 게 많을 뿐 아니라 나이에 맞지 않게 현명하니까 지혜로도 무장한 그는 공매도나 매수 또는 둘을 한 번에 할 수 있다. 9개월 전만 해도 코스트코에서 알바를 했다는 게 믿기지 않는다. 지금은, 이렇게 큰돈을 굴린다!

짐보는 선언한다. "됐어! 너는 공식적으로 '게임스톱' 주식을 주당 40달러에 7,000주 공매도했어. 축하하고, 행운을 빌어."

로빈후드는 묻는다. "행운요? 행운은 패배자들에게나 필요한 거예요. 이건 재능의 영역이에요. 더도, 덜도 아니에요. 곧 알게 될 거예요. 게임스톱의 주가는 제로가 될 거예요!"

짐보는 대꾸한다. "알았어. 오늘 송금하는 거 잊지 마. 늦어도 내일 오후 2시 전에는 입금돼야 해."

로빈후드는 성가시다는 듯 "알았어요"라고 말한다.

"잊지 마. 내일, 1월 14일 오후 2시까지 돈 넣어."

딸깍.

공매도, 단타 전략은 오로지 전문가의 영역

불쌍한 로빈후드!

당신이 지난 3년 동안 동굴에 숨어있지 않았다면 그후 어떤 일이 일어났는지 알 것이다.

게임스톱은 월가 역사상 최대 규모의 숏스퀴즈 사례 중 하나가 됐다. 2020년 1월 말에 주가는 주당 400달러까지 치솟았다. 내재가치는 기껏해야 주당 5달러인데도 말이다. 이 숏스퀴즈의 중심에는 수백만 명의 소액 투자자들이 일으킨 대중적 반란이 있었다. 그들은 월스트리트베츠WallStreetBets라는 온라인 주식 포럼에서 하나로 뭉쳤다.

이 포럼은 제이미 로고진스키Jaime Rogozinski라는 사람이 2016년에 만든 것으로서, 엄밀하게 말하자면 서브레딧sub-Reddit이다. 즉, 이 포럼에 접근하려면 먼저 레딧Reddit이라는 웹사이트를 거쳐야 한다.

월스트리트베츠는 실질적으로 투자계의 거친 서부와 같다. 다른 비非 X등급 온라인 채팅방에서 기대하는 일반적인 사회적 예의는 존재하지 않는다. 대신 사람들은 서로를 멍청한 원숭이라 부른다(이는 월스트리트베츠에서는 큰 칭찬으로 간주된다). 또한 그들은 한 종목에 몰빵하고 대박을 노리는 투자 방식의 미덕에 대해 열변을 토한다. 이 금전적 자살은 '욜로YOLO'라 불린다. '인생은 한 번뿐You Only Live Once'이라는 뜻이다.

어쨌든 가끔씩 월스트리트베츠에 영리한 투자 아이디어가 올라오는 것은 부정할 수 없다. 전체 회원이 그 아이디어 뒤에 결집하여 해당 종목을 매수하기 시작하면 난리가 난다!

게임스톱 주식이 그런 경우였다. 로어링 키티Roaing Kitty라는 아이디로 활동하면서 나름 인정받는 한 회원이 설득력 있는 주장을 제시했다. 게임스톱 주식이 근본적으로 저평가돼 있으며, 이 회사를 가차 없이 공격하여 주가를 끌어내린 전문 공매도 세력이 틀렸다는 내용이었다. 그래서 매수 물량만 빠르게 늘리면 펀더멘털 측면에서 적정한 수준까지 주가를 밀어올릴 수 있었다. 그뿐 아니라 공매도자들은 주가가 조금만 올라도 마진 콜을 받아 포지션을 커버할 수밖에 없었다. 그러면 더 많은 매수세가 형성돼 주가를 더 밀어올릴 것이었다.

그렇게 로어링 키티가 올린 단 하나의 설득력 있는 게시글로 인해 모든 일이 시작됐다.

이후 생긴 일은 충격적이었다.

수백만 명의 소액 투자자들은 일치단결하여 게임스톱의 주가를 말도 안 되게 높은 수준까지 밀어올렸다. 그 결과 충분한 자금력을 가진 공매도자들, 특히 시트론캐피털Citron Capital과 멜빈캐피털Melvin Capital이라는 두 헤지펀드는 엄청난 손실을 입은 후 포지션을 커버해야 했다.

멜빈캐피털의 경우 너무나 막대한 손실을 입어서 사업을 유지하기 위해 외부 투자자들로부터 27억 5,000달러의 현금을 조달해야 했다. 시트론은 그 정도로 심각한 손실을 입은 것은 아니었다. 그럼에도 손실액이 수천만 달러에 달했다. 결국 시트론의 펀드 매니저인 앤드류 레프트Andrew Left는 공매도 사업을 영원히 접는다고 공표했다.

운 좋게도 나는 앤드류 레프트와 제이미 로고진스키를 모두 만나서 양쪽의 이야기를 들을 수 있었다. 나는 두 사람에게 "게임스톱 사태를 한 단어로 표현한다면 뭐라고 하겠습니까?"라고 같은 질문을 던졌다. 아이러니하게도 그들은 같은 대답을 했다.

"'난장판'이요"라고.

앤드류 입장에서 난장판이었던 이유는 수천만 달러의 손실을 초래했고, 주가가 그렇게 많이 오를 합리적 이유가 없었기 때문이다. 이 사태를 초래한 800만 명의 소액 투자자들은 팬데믹 때문에 따분해하던 차에 정부에서 공짜로 준 돈까지 갖고 있었다. 그들은 자신들이 어떤 주식이든 '하늘까지' 주가를 띄울 수 있다는 사실을 헤지펀드들에게 증명하고 싶어했다. 그게 합리적인지 아닌지는 상관없었다. 게임스톱의 주가가 분명 곤두박질칠 것이고, 자신들이 넣은 돈을 모조리 잃을 거라는 사실은 그들에게 중요치 않은 것처럼 보였다. 헤지펀드를 혼낼 수 있다면 그걸로 괜찮았다.

물론 앤드류의 예측은 정확했다.

1월 28일, 게임스톱의 주가는 주당 483달러라는 역대 최고점을 기록한 후 바로 곤두박질쳤다.

월스트리트베츠 회원들이 주로 사용하던 플랫폼인 로빈후드와 TD아메리트레이드Toronto-Dominion Ameritrade가 게임스톱 주식을 추가 매수하지 못하도록 막았기 때문이다. 다른 한편 매도는 여전히 허용되었다. 그 여파는 실로 파괴적이었다.

신규 매수를 금지하는 한편 매도를 허용하는 것은 대서양 바닷물 전체를 작은 모닥불에 붓는 격이었다. 장이 닫히기 전에 게임스톱의 주가는 112달러까지 급락했다. 주가가 일 저점에 마감하면서 수십억 달러의 가치가 날아갔다.

두 회사가 이처럼 극단적인 조치를 취해야만 했던 이유는 무엇이었을까?

로빈후드는 TD아메리트레이드보다 규모가 작고 자본준비금도 훨씬 적다. 그래서 고객인 수백만 명의 소액 투자자들이 집단 매수에 나서자 자본 요건을 지키지 못할 위험에 놓였다.

자본 요건은 규제당국이 바로 이런 시나리오에 대응하기 위해 요구한 것이었다. 즉, 증권사의 고객들이 변동성 심한 종목에 집중적으로 포지션을 구축했을 때, 전체 청산 시스템에 금전적 리스크가 발생하지 않도록 하기 위한 것이었다.

왜 금전적 리스크가 발생할까?

이전 챕터에서 설명한 내용을 상기해보라. 모든 거래에는 쌍방이 존재한다. 한쪽이 일정한 물량의 주식을 매수하면, 다른 한쪽은 그만큼의 주식을 매도해야 한다. 이때, 양쪽에 있는 두 증권사가 중간에서 고객이 대금을 지불하도록 보증한다.

그렇기에 게임스탑 사태가 벌어지는 동안 로빈후드는 매일 소액 투자자 군단의 매수로 발생하는 수십억 달러의 매수 대금을 책임져야 했다. 만약 게임스톱의 주가가 빠르게 떨어질 때 방금 매수한 고객들이 갑자기 손실이 난 포지션에 대해 대금을 지불하지 못하거나 지불하지 않으려 하면, 로빈후드가 손실을 보전해야 한다.

나는 주식중개인으로 일한 첫날 이런 상황이 전개되는 모습을 목격했다.

영화에 나온 내용을 상기해보자면, 그날은 1987년 10월 19일이었다. 바로 '검은 월요일'로 잘 알려진 날이다. 그날 다우지수는 하루에 508포인트나 하락했다. 내가 일하던 LF로스차일드L. F. Rothschild는 문을 닫아야 했다. 아이러니하게도 이 회사는 자체 트레이딩 때문에 문을 닫은 게 아니었다. 기관 투자자 고객인 하스증권Haas Securities의 무모한 트레이딩이 원인이었다. 그들은 LF로스차일드를 통해 5억 달러가 넘는 포지션을 구축했고, LF로스차일드는 코가 꿰인 상태였다. 주가가 폭락하면서 하스는 너무나 큰 손실을 입은 나머지 매수 대금조차 지불하지 못했다. 결국 5억 달러의 채무는 LF로스차일드의 대차대조표로 이전되었다.

나머지는 말하지 않아도 알 것이다.

LF로스차일드는 며칠 만에 순자본증거금 요건을 지키지 못하게 되었고, 100년 동안 이어오던 회사의 문을 닫아야 했다.

이런 시나리오는 특히 자본이 넉넉지 않은 로빈후드에게 상당한 위협이었다. 게다가 상황을 더욱 복잡하게 만든 또 다른 큰 문제가 있었다. 그들은 고객들의 대규모 주식 매수로 코가 꿰였을 뿐 아니라 마진 계좌에서도 리스크에 노출돼있었다. 근본적으로 게임스톱 주식을 신용 매수한 고객(로빈후드에게는 안타깝게도 거의 모든 고객)들은 엄청난 잠재적 리스크를 안고 있었다. 게임스톱의 주가가 급락하는 경우, 아직 손실을 보전할 자산이 있을 때 고객의 포지션을 매도하지 못하면 로빈후드가 대신 손실을 보전해야 했다.

자칫 재난이 벌어질 수도 있는 상황이었다. 결국 로빈후드는 게임스톱 주식에 대한 신규 매수를 즉시 제한하지 않을 수 없었다. 안 그랬다가는 순자본증거금 요건을 지키지 못했다는 이유로, 바로 다음날 규제당국이 영업을 정지시킬 수도 있었다. 어느 쪽이든 로빈후드 입장에서는 피해를 감수하는 결정밖에 할 수 없었다.

실제로 게임스톱 주식에 대한 매수를 막겠다는 발표가 나자마자, 전체 월스트리트베츠 커뮤니티는 정당한 분노를 터트렸다. 그들은 로빈후드가 공매도 세력과 작당했다고 공개적으로 비난했다. '어쩔 수 없다'는 로빈후드의 말은 800만 소액 투자자에게는 믿기 어려운 핑계에 불과했다. 그들은 '최애 주식'의 주가가 폭락하면서 자신의 꿈도 같이 날아가는 모습을 끔찍한 기분으로 지켜보았다.

TD아메리트레이드는 로빈후드보다는 재정 규모가 큰 플랫폼이었다. 로빈후드처럼 그들도 아직 결제되지 않은 모든 거래에 대한 금전적 책임을 저야 했다. 다만 그들이 제시한 매수 차단 이유는 궁지에 몰려서라기보다는 자체적 리스크 관리와 시장질서 유지였다.

아메리트레이드가 보기에 게임스톱의 주가는 펀더멘털과 완전히 유리돼있었다. 그 이유는 분노한 소액 투자자들이 월가에 한방 먹이기 위해 조직적으로 주가를 띄웠기 때문이었다. 돈을 벌 수 있는지 여부는 그들에게 중요치 않았다.

결국 대다수 투자자는 돈을 벌지 못했다. 큰 수익을 낼 수 있을 만큼 일찍 포지션을 구축한 소수의 월스트리트베츠 회원들도 예외는 아니었다.

무엇이 잘못됐을까?

그들 중 대다수는 탐욕, 또래 압력, 파티가 끝나지 않을 것이라는 암묵적 믿음 때문에 매도를 거부했다. 오히려 최고점까지 계속 사들이기만 했다. 게다가 대부분 신용 매수였다는 점이 상황을 악화시켰다. 그래서 주가가 폭락하자 완전히 털릴 수밖에 없었다.

바로 이런 이유로 월스트리트베츠를 만든 제이미 로고진스키는 게임스톱 주식의 급등락 과정이 "완전한 난장판"이었으며, "결코 일어나지 말았어야 하는 일"이라고 표현했다. 그는 한 발 더 나아가 이렇게 말했다. "그건 좋은 것도 지나치면 안 된다는 것을 보여주는 전형적인 사례였어요. 숏스퀴즈는 주당 80달러 정도까지는 타당했을지도 모릅니다. 하지만 그 후로는 말도 안 되는 수준에 이르렀고, 거의 모두가 돈을 잃었어요."

그의 말은 일리가 있다. 특히 오늘날 게임스톱의 주가를 고려하면 더욱 그렇다.

게임스톱의 현재 주가는 주당 23달러를 조금 넘기는 수준이다. 게임스톱은 오프라인 영업을 중심으로 한 낡은 사업모델을 개선할 방안을 여전히 모색하고 있다.

끝으로 우리의 어린 로빈후드와 그의 계좌는 어떻게 됐을까?

아무리 좋게 말해도 그의 타이밍은 더 이상 나쁠 수 없었다.

주당 40달러에 공매도를 한 지 며칠 만에 게임스톱의 주가는 주당 100달러를 넘어섰다. 로빈후드는 투자액 전체를 훨씬 전에 모두 날렸지만 말이다. 주가가 50달러에 이르렀을 때 짐보의 회사에서 마진 콜이 날아왔다. 그 내용은 이랬다.

—— 즉시 2만 달러를 추가 송금하여 당사의 최소 유지 증거금 요건을 충족하지 않으면 포지션을 청산할 것입니다!

당연히 로빈후드는 그렇게 할 수 없었다. 그는 가진 돈을 모두 털어서 숏포지션을 잡았기 때문이다. 일이 잘못될 경우에 대비할 금전적 여력이 남아있지 않았다. 짐보의 회사는 뒤도 돌아보지 않고 로빈후드의 공매도 물량을 커버했다. 로빈후드의 계좌에는 5,000달러에 조금 못 미치는 마이너스 잔액만 남았다.

로빈후드가 이 돈을 갚을 수 있을지는 확실치 않다. 하지만 그럴 가능성은 애저녁에 물건너갔다고 봐도 무방할 것이다. 결국 짐보의 회사는 그 빚을 안고 있을 수밖에 없다.

이 모든 것을 감안할 때 공매도를 시도하는 게 타당할까? 아니면 전문 트레이더들에게 남겨두는 게 최선일까?

그 답은 명백하다. 전문가들에게 남겨두는 게 최선이다.

솔직히 말해서 당신이 '단타 전략'이나 '개별 종목 선정'으로 돈을 벌려고 한다면, 나는 그냥 매수하는 것에 대해서도 같은 조언을 할 것이다. 그건 전문가들의 영역이라고.

다만 이 이야기는 조금 앞서나간 것이다. 주식시장에서 지속가능한 방식으로 진짜 돈을 버는 방법을 알아보기 전에, 월가의 간략한 역사를 마저 살펴보도록 하자. 이제 이야기할 주제는 내가 가장 좋아하는 규제기관인 증권거래위원회의 탄생이다.

6장

투명한 주식시장을
만들기 위한 노력들

증권거래위원회의 등장

공정하게 말하자면, 금융계 최고 감독기관으로 신설된 증권거래위원회는 결과적으로 이전의 감독기관보다 훨씬 나았다. 근본적인 문제는 이전에는 감독기관이 존재하지 않았다는 것이다. 그래서 그보다 낫다는 말은 사실상 별로 의미가 없다.

실제로 1934년 이전에 주식시장에 투자하는 것은 어프Earp 같은 보안관이 부임하기 전에, 애리조나주 툼스톤Tombstone(영화 〈OK 목장의 결투〉의 무대-옮긴이)을 산책하는 일과 같았다. 즉, 운이 좋으면 즐거운 오후를 보낸 후 강도나 살인을 당하지 않고 집에 돌아올 수 있었다. 그러나 운은 언젠가는 다하기 마련이다. 결국 어느 날 잘못된 시간에 잘못된 장소에서 거친 서부의 어두운 무법성을 직면하게 된다.

광란의 1920년대 동안 미국의 주식시장이 그런 지경이었다.

부패한 CEO는 허위 보도자료를 내고, 부도덕한 주식중개인은 무가치한 주식을 추천하고, 월가의 인형 조종사들은 순진한 투자자를 발사대에 묶은 다음 '발사'라고 외쳤다. 이 모든 총알을 피하는 건 사실상 불가능했다. 사방에서 아무런 경고 없이 총알이 날아왔다.

주식시장에 투자하는 것은 마치 부패한 카지노에서 베팅하는 것과 같았다. 이길 확률이 불리하게 설정돼있을 뿐 아니라, 모든 게임에 사기의 요소가 부차적으로 섞여있었다. 주사위를 굴리고, 바퀴를 돌리고, 카드를 받을 때마다 기술자와 사기꾼도 같이 게임을 했다. 그들은 확률을 더욱 불리하게 만들었다. 이 둘의 조합으로 인해 돈을 따는 일은 불가능해졌다.

이것이 미국 주식시장의 현실이었다. 증권거래위원회가 등장하기 전까지는.

늑대에게 양을 지키는 일을 맡기고, 여우에게 닭을 지키는 일을 맡기고, 수용자가 정신병원을 운영하도록 허용하고, 방화범을 소방서장으로 선출하는 것.

돌이켜보면, 조셉 케네디를 규제 먹이사슬의 최상단에 앉힌 것은 이와 다를 바 없었다. 그러니 머지않아 문제가 생길 것은 처음부터 명백했다.

위와 같이 주식시장의 부패를 보여주는 많은 비유가 만들어진 데에는, 분명 그럴 만한 이유가 있다. 이 모든 비유는 권력을 악용한 전력이 있는 사람에게 권력을 맡기는 것은 위험하다는 사실을 말해준다.

어쨌든 조셉 케네디의 도덕성은 의심스러운 구석이 있었다. 그는 거짓말쟁이, 사기꾼, 엽색가, 조작꾼, 밀주업자에 히틀러를 존경한 월드 클래스 유대인 혐오자였다. 또한 딸이 위험한 전두엽 절제 수술을 받게 만들기도 했다. 그럼에도 그는 탁월한 행정가로서 매우 쓸모 있는 일들을 했다. 그러면 긍정적인 면부터 살펴보자.

조셉 케네디가 수장으로 있던 시절, 증권거래위원회의 최우선 업무는 월가의 부패한 카지노들이 하는 장난을 단속하는 것이었다. 그래서 모두가 따라야 하는 명확한 경기 규칙을 제도화했다. 이 규칙은 월가에서 일하는 사람뿐 아니라, 월가에서 자금을 확보하는 기업, 월가에서 투자하는 사람 그리고 이 모든 일을 가능하게 만드는 다른 모든 사람에게 적용됐다. 사상 처음으로 전국에 걸쳐 합법적으로 강제할 수 있는 일관된 연방증권법이 마련된 것이다.

전국적 적용의 중요성은 아무리 과장해도 지나치지 않다.

증권거래위원회는 연방 전체에 걸친 권한과 자체 집행기관을 갖췄다. 모든 주에서 사기 혐의가 있는 사람이나 법인을 소환할 수 있었으며, 조사 결과에 따라 기소할 수 있었다. 거기에는 은행가, 중개인, 트레이더, 애널리스트, 변호사, 회계사, 거래소, 신용평가사 등 시장에 영향을 미치는 모든 개인이 포함됐다.

오늘날 연방증권법은 모두에게 고객을 공정하고 정직하게 대할 법적 의무를 부과한다. 증권거래위원회의 증권 사기를 추적하는 능력은 당연하게 여겨진다.

그러나 1934년에는 지각변동과 맞먹는 것이었다. 실제로 광란의 1920년대에 주식중개인에게 고객을 정직하고 공정하게 대하는 일을 어떻게 생각하는지 물었다면, 그는 고개를 한쪽으로 기울이며 잠시 당신을 물끄러미 쳐다보았을 것이다. 방금 전에 전혀 논리에 맞지 않는 말을 들은 사람처럼 말이다. 그러고는 당신을 향해 웃음을 터트리며 이렇게 말했을 것이다. "왜 그래야 하는데요? 여긴 보이스카우트가 아니라 월가예요. 정직과 공정성은 아이들이나 품는 어린 시절의 환상이에요."

내 말이 과장된 것 같은가? 역사가 우리에게 준 한 가지 교훈이 있다면, 그것은 주위의 모든 사람이 똑같이 나쁘게 행동할 때, 인간은 지극히 나쁜 행동을 할 수 있다는 것이다.

가령 고대 로마에서는 노예들이 사자에게 잡아먹히는 동안 도덕적인 시민들은 박수를 치며 환호했다. 또한 중세 종교재판 때는 독실한 기독교인들이 비신자라는 이유로 수백만 명의 유대인과 무슬림을 죽였다. 그러고는 가족이 있는 집으로 돌아가 하나님에게 더 가까이 다가갔다고 느꼈다. 물론 수백만 명의 유대인과 다른 사람들을 학살한 나치 독일의 이루 말할 수 없는 잔혹한 행위도 언급하지 않을 수 없다.

이것들이 말하는 단순한 진리는 어떤 사회 또는 어떤 시대에서는 도덕적이거나 받아들일 수 있는 행위로 간주되는 것들이, 다른 시대에는 반인륜적 범죄가 될 수 있다는 것이다.

이러한 경우는 생각보다 소소한 일에서도 찾아볼 수 있다.

가령 현재의 당신이 1930년대로 가서, 전립선 검사를 받기 위해 의사를 찾아갔다고 해보자. 의사는 고무장갑에 윤활제를 바르면서 여전히 담배를 피우고 있다. 당신은 담배를 꺼달라고 요구한다. 21세기의 관점에서 보면 당신은 그런 요구를 할 모든 권리가 있다. 그러나 1930년대의 관점에서 보면 당신의 요구는 터무니없다. 어차피 모두가 항상 담배를 피우지 않는다! 환자들, 의사의 아내, 의사의 동료, 의사의 자녀, 심지어 지금 병원에서 산소 치료를 받는 의사의 아버지도 담배를 피운다.

그래서 의사는 합리적인 사람처럼 이렇게 말한다. "긴장을 푸세요. 나는 환자의 항문에 담배연기를 불어넣은 적이 한 번도 없어요. 그러니 엉덩이 근육을 이완시키세요. 아무 문제없을 겁니다." 그리고 그는 좋아하는 브랜드의 담배를 천천히, 깊게 빨아들인 후 짙은 연기를 환자의 괄약근 쪽으로 내뿜는다.

마찬가지로 우리가 지금은 당연하게 여기지만, 처음 도입됐을 때는 가히 혁명적이었던 수많은 종류의 규준들이 있다. 월가 중개인들이 공정하고 정직해야 하며, 고객의 이익을 자신의 이익보다 우선시해야 한다는 원칙도 그 중 하나다. 오늘날 우리는 이런 행동을 도덕적으로 당연한 것이라 생각한다. 그러나 1934년 이전에는 명백히 그렇지 않았다. 당시 월가 사람들은 투자자들을 총알받이로 이용했다. 그러고도 밤에는 숙면을 취했다.

증권거래위원회는 상장사들에게도 마찬가지로 심대한 영향을 미쳤다.

사상 최초로 증권 발행 및 자본 조달과 관련하여 명확한 일련의 규칙이 생겼다. 모든 신규 상장에 대해 중앙통제식 등록 제도가 실행되었다. 검토 과정을 간소화하기 위한 표준화된 양식도 마련되었다.

새로운 시스템에서는 모든 신규 상장사가 증권거래위원회에 사업설명서 형식으로 신청서를 제출해야 했다. 증권거래위원회 기업금융부는 접수된 신청서를 검토했다. 그 과정에서 위원회와 상장사를 오가며 수차례 의견 제시와 개정이 이루어졌다. 그렇게 해서 최종 승인이 나야만 해당 기업의 주식은 '합법적 등록'이 된 것으로 간주됐으며, 대중에게 판매될 수 있었다. 이때도 대중들에게 사업설명서가 제공돼야 했다.

증권거래위원회는 이 승인 절차와 관련하여 89년 역사에서 가장 명민한 결정 중 하나를 내렸다. 그것은 두 개의 결정이 하나로 합쳐진 진정한 원투 펀치로 작용하여 자본 형성에 엄청난 파장을 일으켰다.

기업은 모든 정보를 공개하라

첫 번째 명민한 결정은 '**완전 공개**'라는 개념을 검토 절차의 기반으로 삼은 것이었다. 완전 공개의 정의에 따라 기업은 모든 관련 정보를 대중에게 제공해야 했다. 그래야 잠재적 투자자가 근거 있는 결정을 내릴 수 있기 때문이었다. 무엇보다 공개 내용에는 기업의 핵심 사업, 현재 재정 상황, 성장 잠재력, 경영팀, 유통주식 수, 증권 유형, 최대 주주 명단, 투자에 영향을 미칠 수 있는 모든 위험 요소에 대한 자세한 설명이 포함돼있어야 했다.

증권거래위원회의 관점에서 보면, 대중으로부터 자금을 조달하려는 기업은 자신의 좋은 면과 나쁜 면 그리고 특히 추한 면을 기꺼이 알려야 한다. 그렇기에 기업들의 사업설명서는 회사의 밝은 미래를 그리는 섹시한 선전물이 돼서는 안 된다. 사업설명서는 정반대여야 한다. 즉, 근거 있는 투자 결정을 내릴 때 검토할 수 있는 가장 중요한 문서가 돼야 한다. 실제로 사업설명서가 없으면 앞이 보이지 않는 상태로 비행하는 것과 같다.

사업설명서의 일부 항목은 건너뛰어도 무방하다. 하지만 다음 항목에는 특별한 주의를 기울여야 한다.

- **요약:** 가장 폭넓은 관점을 제시하는 항목인 요약은 사업설명서의 첫 부분에 나와서, 투자자들에게 핵심 요점을 간략하게 소개한다. 여기에는 상장 목적, 사업 개요, 관련 리스크, 상장사의 재정 상태, 경영팀 그리고 투자자가 관심을 가질 만한 다른 세부 사항이 포함된다.

- **시장 및 산업 데이터:** 이 항목은 투자자에게 상장사가 속한 시장 및 산업에 대한 정보를 제공하는데, 주로 외부에서 작성된 산업 보고서에 의존한다. 여기에는 산업 규모, 성장률, 주요 추세, 경쟁 상황 같은 구체적인 내용이 포함된다. 또한 미래의 성공 가능성을 측정하기 위해 회사가 활용하는 주요 척도도 제시된다. 그 예로는 일간 활성 사용자 수, 전년 대비 동일 매장 매출 성장률, 고객당 평균 매출 등이 있다. 또한 이 항목에는 해당 산업 환경에 대한 규제 및 그에 따라 상장사가 직면하는 리스크에 대한 정보도 포함된다.

- **통합 재무 자료:** 이 항목은 표준 재무제표와 추가적인 관련 재무 데이터를 제공한다. 여기에는 주로 최신 대차대조표, 손익계산서, 현금흐름 분석 그리고 이 모든 자료에 대한 미래 예측치가 포함된다. 일부 경우에는 곧 있을 인수 및 합병 같은 경영권 거래 정보와 그것이 현금흐름부터 수익 전망까지 회사 재정에

미칠 영향에 대한 정보도 포함된다.

- **이사의 경영진단 및 분석의견:** 이 항목은 투자자에게 회사의 현재 재정 상황과 미래의 성장 가능성에 대한 기본적인 설명을 제공하는데, 다른 항목들보다 '대화하는 듯한' 문장으로 작성되는 게 특징이다. 여기에는 회사의 운영 현황, 과거 실적, 자본 원천 및 현재 유동성 그리고 사업상의 주요 위험 요소에 대한 정보가 포함된다.

- **사업:** 이 항목은 회사의 제품과 서비스 그리고 전반적인 사업 운영에 관해 자세히 설명한다. 여기에는 회사의 역사, 목표 시장, 경쟁우위에 관한 정보뿐 아니라 주요 고객, 공급업체, 전략적 파트너, 주요 계약에 대한 세부 사항도 포함된다. 이런 정보는 회사의 운영 상황과 기회 및 난관에 대한 포괄적인 개요를 제시하여, 투자자가 근거 있는 결정을 내리는 데 도움을 준다.

- **경영진:** 이 항목은 회사의 일상적 운영을 책임지는 사람들에 대한 핵심 정보를 제공한다. 여기에는 주로 최고 경영진과 주요 이사의 이름, 배경, 경력, 자격, 역할 및 책임 등 모든 정보가 포함된다.

- **주요 주주:** 이 항목은 상장사의 주요 지분을 보유한 개인 및 법인의 명단과 그들의 인적사항 및 보유 지분, 상장사와의 관계에 대한 핵심 정보를 제공한다. 이 정보는 투자자에게 매우 중요하다. 주요 주주의 행동이 상장사와 그 주식의 가치에 중대한 영향을 미칠 수 있기 때문이다. 가령 주요 주주는 이사회

월가의 늑대 시장을 이겨라

결정에 영향을 미치거나, 인수합병 및 배당 지급 같은 중요한 문제에 투표권을 행사할 수 있다. 따라서 투자자는 누가 주요 주주인지, 그들의 개인적 투자 목표가 자신의 투자 목표와 일치하는지 파악하는 것이 중요하다.

- **특수관계자 및 이해관계자 거래:** 이 항목은 상장사와 그 임원, 이사, 주요 주주 같은 특수관계자 사이의 금전적 거래 내역을 제시한다. 여기에는 대출, 자산 매각 및 매입, 서비스 제공 및 수혜 또는 다른 유형의 금전적 거래가 포함된다. 투자자로서는 이런 거래 내역을 파악하는 것이 중요하다. 이해충돌이 발생할 수도 있고, 이해관계자가 부당한 영향력을 행사할 수도 있기 때문이다. 따라서 사업설명서는 이런 거래 내역을 완전히 공개해야 한다. 각각의 거래 내역에는 거래 조건, 거래 목적, 관련 고려사항이 포함돼야 한다. 이 정보는 투자자들이 상장사와 이해관계자가 맺은 관계의 성격과 범위를 이해하고, 해당 주식에 투자하는 데 따른 잠재적 위험과 편익을 평가하는 데 도움을 준다.

- **위험 요소:** 이 항목은 회사의 사업과 실적에 영향을 미칠 수 있는 잠재적 리스크와 불확실성을 다룬다. 일반적인 위험 요소로는 수요 변화, 경쟁 구도 변화, 경제 상황 변화 같은 시장 리스크와 공급사슬의 차질이나 기술적 실성, 규제 변화 같은 운영 리스크, 이율이나 환율, 신용도 변화 같은 금융 리스크, 소송이나 조사 또는 법규 및 규제 변화 같은 법률 리스크, 자연재해나 기후변화 관련 문제 같은 환경 리스크가 있다. 이러한 위험

요소를 공개하면 향후 해당 위험이 발생하더라도 경영진이 그에 따른 책임을 피하는 데 도움이 된다. 반대로 말하면 공개되지 않았던 위험 요소가 발생할 경우 경영진은 그에 대한 책임을 질 수 있다. 그래서 기업들은 '주방 싱크'(영어 관용구 '주방 싱크 빼고everying but thd kitchen sink'라는 표현이 있음-옮긴이) 접근법을 쓴다. 즉, 아무리 가능성이 낮거나 하찮다 해도 생각할 수 있는 모든 위험을 나열한다. 따라서 이 항목을 읽을 때는 끝까지 집중력을 유지하는 것이 중요하다. 모든 것이 흐릿해지는 '위험 요소 피로'에 굴복하면 각 위험 요소의 중요성을 인식하지 못할 수 있다.

이 중에서 어느 항목이 가장 중요할까? 단연코 '경영진'이다. 경영진의 중요성을 결코 과소평가하지 말아야 한다. 최고 수준의 경영진은 거의 언제나 회사가 성공하게 만들 방법을 찾아낸다. 설령 초기 사업모델이 실망스런 결과를 내더라도 말이다. 이 경우 그들은 새로운 사업모델로 전환하여 계속 나아간다. 반면 형편없는 경영진은 세상에서 가장 좋은 사업 아이디어가 주어져도 곧장 망하는 길로 달려가며, 주주들도 같이 데려간다.

이것이 사업설명서에 대한 나의 공식적인 설명이다.

내게 보다 '실질적인 설명'을 요청한다면 그 내용이 약간 달라질 것이다. 나는 이렇게 말할 것이다.

'사업설명서는 지루하고 보기 싫고 끔찍한 문서로서, 아주 노련한 투자자를 제외하고 그것을 읽는 모든 사람에게 겁을 주기 위한 것이다. 경영진은 사업설명서의 강력한 면책조항을 활용하기 위해 가능한 모든 리스크를 가능한 최악의 방식으로 부각하여, 기업의 모든 상방 잠재력을 평가절하한다.'

그 결과 초보 투자자가 일반적인 사업설명서를 처음부터 끝가지 읽으면 투자하지 않고 도망치게 될 가능성이 95%다.

왜 그럴까?

미숙한 사람의 눈에는 급히 도망치는 것 말고는 다른 결론을 내릴 수 없을 정도로 너무 위험해 보이도록 만들기 때문이다.

따라서 사업설명서를 읽는 방법에 대해서는 두 가지 상반되는 관점이 있다.

어느 것이 옳고 어느 것이 틀릴까?

인생의 대다수 문제가 그렇듯이 진실은 그 사이 어딘가에 존재한다. 다만 한 가지 요점만은 분명하게 해두고 싶다.

내 말은 사업설명서가 회사의 사업 전망에 대해 부적절한 관점을 갖게 만든다는 게 아니다. 그보다는 한 기업의 사업설명서에서 볼 수 있는 모든 경고와 위험 요소를, 같은 업계에 속한 다른 기업들의 사업설명서에서도 충분히 볼 수 있다는 의미다. 다시 말해 한 기업의 사업설명서에서 부각하는 대부분의 난관과 위험 요소는 대부분 경쟁업체들도 겪고 있는 문제라는 얘기다.

즉, 모든 기업에게 사업은 대체로 힘들다는 것이다.

모든 구비마다 리스크와 위험이 도사리고 있다. 어떤 사업을 살피든 간에 회사를 쓰러트릴 만한 수많은 함정이 있다. 자본 조달이 어려울 수도 있고, 공급사슬에 차질이 생길 수도 있고, 경쟁업체나 변덕스런 고객과 문제가 생길 수도 있고, 수금이 어려워질 수도 있고, 심한 불경기와 걷잡을 수 없는 물가상승률, 잠재적 소송, 기술 변화, 세계적 팬데믹 등으로 애를 먹을 수도 있다.

이런 현실을 감안하여, 사업설명서를 검토할 때 항상 명심해야 할 것은 무엇일까?

그 답은 '**사업설명서의 맥락**'이다.

특정 사업설명서에 나오는 긍정적인 내용 및 부정적인 내용은 같은 업계에 속한 비슷한 기업의 사업설명서에 나오는 긍정적인 내용 및 부정적인 내용과 어떻게 비교되는가? 이는 투자 결정을 내릴 때 고려해야 할 가장 중요한 사안이다.

알고 보면 이 세상에서 시간만 상대적인 게 아니다.

투자에 있어서는 리스크와 보상이 상대적이다. 그리고 사업설명서에 나오는 모든 팩트들도 전부 상대적이다.

이 사실을 알면 아인슈타인은 아마 매우 뿌듯해할 것이다.

노련한 투자자가 전형적인 사업설명서의 부정적인 기조를 쉽게 꿰뚫어볼 수 있는 이유가 거기에 있다. 그들은 자신이 보는 대다수 사업설명서가 모든 사업설명서에 나오는 표준화된 내용을 담는다는 사실을 안다. 그래서 올바른 결정을 내릴 수 있는 적절한 맥락을 찾아낸다.

반대로 초보 투자자는 이 부분에서 애를 먹는다. 충분한 수익

사업설명서를 보지 못했기 때문에 올바른 결정을 내릴 수 있는 적절한 맥락을 알지 못하고 있는 탓이다. 위험 요소에 대한 과대 평가와 잠재력에 대한 과소평가의 중간에서, 해당 기업에 대한 그들의 의견은 부정적인 쪽으로 기우는 경향이 있다. 그래서 적절한 결론에 이르지 못하게 된다.

가령 초보 투자자가 미국 달러에 대한 사업설명서를 읽는다고 가정하자. 어떤 생각을 갖게 될까? 일단 그 사업설명서에는 수많은 긍정적인 요소가 담길 것이다. 달러는 국제적인 준비통화다. 게다가 미국 자체가 세계 최대 경제대국이자 유일한 초강대국이며, 전체 역사에 걸쳐 항상 채무를 이행해왔다.

　그러면 부정적인 요소는 어떨까? 맙소사, 어디서부터 시작해야 할까?

　우선 연준이 말도 안 되게 오랜 기간에 걸쳐 제로 금리를 유지하면서 엄청나게 많은 돈을 찍어냈다는 사실부터 살펴보자. 이두 가지 사실만 해도 심각한 경보가 울려야 마땅하다. 하지만 그밖에도 일일이 나열하기에는 너무 많은 위험 요소가 있다. 결국 그것이 국가 통화의 속성이다. 최고의 통화도 난잡하게 관리되기 마련이다.

　물론 대부분의 초보 투자자는 그러한 속사정을 모른다.

　실제로 사업설명서를 다 읽을 무렵에 그들은 쇼크에 가까운 상태에 빠질 것이다. 그래서 '연준은 무슨 생각을 하는 거지?'라고

의아해한다. 왜 연준은 달러를 미답未踏의 영역으로 끌고 가 전 세계에 걸쳐 엄청난 불확실성을 만들어내는 걸까? 달러의 사업설명서에 따르면 '극단적인 방식의 달러 가치 절하는 그 가치에 대한 인식을 심각하게 훼손시킬 수 있다'고 견해를 밝힌 경제학자들도 많았다.

초보 투자자는 이 대목을 읽고 큰 충격을 받는다.

이런 문제들은 생각보다 터무니없지는 않다. 그럼에도 초보 투자자는 사업설명서가 어떻게 이런 문제들을 시사할 수 있는지 의아해한다. '미친 것 같아! 무책임해! 적어도 내가 살아있는 동안에는 절대 일어나지 말아야 하는 일이야. 논리에 어긋나. 여기는 미국이야!'

어쨌든 타격은 이미 가해졌다.

달러에 대한 초보 투자자의 시각은 영원히 바뀌었다. 의심의 씨앗이 무의식에 심어져 비활성 바이러스처럼 조용히 도사릴 것이다.

실제로 국제 외환시장에 대한 지식이 적은 사람은 '미치지 않고서는 지금 미국 달러에 투자할 수 없다'고 생각할 것이다.

그런데 잠깐만. 사업설명서에 나온 긍정적인 측면은 어떻게 할 것인가? 그것은 부정적인 측면을 상쇄하여 미국 달러에 대한 정확한 인식을 심어주기에 충분하지 않았나?

안타깝게도 그렇지 않았다.

다시 말하지만 사업설명서는 원래 긍정적인 측면은 덜 긍정적으로, 부정적인 측면은 더 부정적으로 보이도록 만든다. 솔직히 그렇게 하는 게 맞을지도 모른다.

사업설명서는 미숙한 투자자들에게 난관을 안긴다. 그러나 주식중개인은 모든 잠재적 투자자에게 사업설명서를 보내야 한다. 이 점은 그들이 순간적인 흥분에 들떠서 내뱉는 온갖 허풍과 거짓말을 강력하게 막아준다.

실제로 나는 그런 모습을 직접 목격했다. 그것도 가장 심한 수준으로 말이다. 그래서 그들이 신규 상장주를 홍보할 때 어떤 말까지 하는지 알면 누구든 충격받을 것이라고 말할 수 있다. 스트래튼오크몬트Stratton Oakmont(저자가 설립한 증권사-옮긴이)만 그런 게 아니다. 골드만삭스를 위시한 월가의 모든 주요 증권사가 그렇게 한다. 거기서 일하는 일선 중개사들은 실적을 올리고자 할 때면, 순간적인 흥분 상태에서 나이아가라 폭포처럼 쏟아낸다.

결론은 이것이다. 어떤 기업의 전체적인 면모를 파악하려면 먼저 사업설명서를 아주 꼼꼼하게 읽어야 한다. 다만 추가 리서치를 해야 적절한 맥락을 얻을 수 있다.

모든 기업이 각각의 사업을 키우려는 과정에서 난관에 직면한다는 사실을 절대 잊지 마라. 배당금을 주는 우량 기업이든, 파괴적 기술을 통해 고속 성장하는 하이테크 기업이든, 수치상으로는 역겨울 만큼 실적이 나쁜 신생 스타트업이든 간에, 커다란 맥락 안에서 고려해야 할 수많은 위험 요소가 있다.

증권거래위원회의 인증 도장은
수익을 보장하지 않는다

이제 증권거래위원회의 두 번째 명민한 결정으로 넘어가자. 그것은 사업설명서에 대한 인증 절차에 '**가치 평가를 포함시키지 않는다**'는 결정이다. 다시 말해 증권거래위원회는 해당 기업의 성공 가능성에 대해 볼, 스트라이크 판정을 하지 않는다. 정말로 다행스러운 일이다!

어차피 증권거래위원회 기업부서에서 일하는 사람들도 어떤 기업이 성공하거나 실패할지 전혀 모른다. 어떻게 알겠는가? 그들 중 대다수는 막 대학이나 로스쿨을 졸업한 사람들이다.

가령 내가 거기서 일한다고(웃기는 일이지만) 치자. 아무리 35년 동안 벤처 투자를 한 나라고 해도 어떻게 그걸 알 수 있을까?

내가 말하고자 하는 바는 이것이다.

세계 최고의 벤처 투자자도 제대로 투자하는 확률이 10번 중 3번밖에 안 된다. 그것도 운이 좋을 때나 가능하다. 실제로 벤처 투자자들과 대화해보면, 자신이 투자를 포기한 스타트업이 나중에 세계 최고의 기업 중 하나가 된 수많은 사례에 대한 이야기를 들을 수 있다.

결론적으로 말해서 모든 산업에서 승자와 패자를 고르는 일은 복불복이다. 그걸 아주 잘하는 사람도 제대로 맞히는 경우가 소수에 불과하다. 한 예로, 배우 실베스터 스탤론Sylvester Stallone이 처음 〈록키Rocky〉의 시나리오를 보여줬을 때 투자를 거절한 사람이 얼마나 될까? 한번 맞춰보라.

할리우드의 모든 사람들이 그랬다! 승자를 잘 골라내는 엄청난 실적 덕분에 최고의 자리까지 오른 모든 천재적인 영화사 사장들이 말이다. 그들은 〈록키〉가 상업적 매력이 거의 없는 멍청한 시나리오라고 생각했다. 특히 실베스터 스탤론이라는 무명 배우가 주연을 맡기에 더더욱 그랬다.

"어쩌면 라이언 오닐Ryan O'Neal이 주인공을 맡으면 히트를 칠지도 모르겠네요."

라이언 누구?

맞다.

50살 미만의 사람은 라이언 오닐이 누군지도 모를 것이다. 스탤론이 무명 배우로 고생하던 1970년대 초반에 라이언 오닐은 한창 인기를 끌었다. 다들 라이언 오닐이 할리우드 역사상 최고의 흥행 배우가 될 것이며, 스탤론은 직업을 바꿔서 클럽 문지기나 스턴트맨이 돼야 한다고 생각했다. 하지만 알다시피 〈록키〉는 오스카 최고 영화상을 받는 작품이 되었고, 스탤론은 유명 인사가 됐으며, 라이언 오닐은 잊힌 인기인의 대명사가 됐다.

다시 말하지만 승자를 고르는 일은 항상 위험하다. 상장사의 경우에는 더욱 그렇다. 너무 많은 변수가 개입하며, 자칫 일이 잘 못될 소지가 너무 많다. 언제 번개가 칠지는 결코 알 수 없다. 누군가가 새로운 아이디어나 신선한 관점을 들고 나타날지도 모른다. 한때 파산당할 운명이었던 세계 최악의 기업이 지금은 차세대 애플이나 구글이 되는 길을 걸어갈 수도 있다.

바로 이런 이유로 승인 절차에서 완전 공개를 원칙으로 하되, 가치 평가를 하지 않는다는 증권거래위원회의 결정은 막강한 원투 펀치와도 같았다. 덕분에 자본 형성이 원활해졌고, 우리 모두가 혜택을 얻는 현대의 투자 환경이 조성됐다.

다만 가치 평가가 배제된 정부 기관의 승인은, 그 자체로 일반적인 투자자들에게 약간의 난관을 안기기도 한다. 가령 속사포처럼 말하는 주식중개인의 거짓말 아닌 거짓말을 들을 수 있다. 사업설명서에 대한 증권거래위원회의 승인을 마치 품질 인증 도장이라도 받은 것처럼 말하는 것이다.

전혀 그렇지 않다.

증권거래위원회의 '승인'은 기업이 자신의 실상을 밝힌 방식에 대한 승인일 뿐이다. 최악의 경우 그 실상이 너무나 썩은 냄새가 나는 완전 쓰레기라서, 제정신이 아닌 사람만 투자할 수 있는 정도일 때도 있다!

심지어 어떤 사업설명서를 보면 '해당 기업이 1년 더 기업으로 살아남는다면 운이 좋은 것'이라는 회계법인의 의견이 들어있다. 이런 기업은 심한 경생에 시달리고, 시장에 기반이 없으며, 특허가 미덥지 않고, 상표가 무가치하다. 또한 꾸준히 기업을 망하게 하는 실적을 올린, 실패 전문 경영진이 이끄는 경우가 많다.

사업설명서에는 이처럼 숱한 경고가 적혀있는데도 주식중개인은 초보 투자자에게 증권거래위원회의 빛나는 인증 도장을 받았다는 점만 내세운다. 표지에는 작은 글씨로 '증권거래위원회는 회사의 가치에 대한 평가를 하지 않는다'고 나와있다. 그러나 글씨가 너무 작아서 굳이 읽는 사람이 거의 없다. 설령 읽는다 해도 주식중개인이 대충 설명하고 넘어가버린다. 이것이 모든 월가 기업의 표준 운영 절차다.

짧은 이야기를 하나 들려주겠다.

여러분은 모두 나의 월가 경력이 어떻게 시작됐는지 알고 있을 것이다.

앞서 밝힌 대로 나는 LF로스차일드라는 평판 좋은 증권사에서 경력을 시작했다. 이 증권사는 뉴욕증권거래소에서 양질의 주식을 판매했다. 적어도 대부분의 경우는 그랬다. 문제는 가끔 추가 수입을 올리려고 쓰레기통에 뛰어드는 데도 거리낌이 없었다는 것이다.

회사 사람들은 내게 "어차피 월가는 그런 데야"라고 설명했다.

나는 6개월 동안 LF로스차일드에서 힘든 수습기간을 보낸 후

중개사 시험에서 1등을 차지했다. 그리고 세상을 정복할 준비를 갖추고 월요일 아침에 출근했다.

그런데 하필이면 그날이 1987년 10월 19일, 망할 검은 월요일이었다!

나는 지수가 하루 만에 508포인트나 빠지는 광경을, 6시간 반 동안 충격과 공포 속에 지켜보았다. 그렇게 LF로스차일드는 문을 닫을 수밖에 없었고, 나는 일자리를 잃었다.

그날이 어제처럼 생생하게 기억난다. 직원들은 고개를 숙이고 꼬리를 다리 사이로 감춘 채 이렇게 중얼거렸다. "젠장! 게임이 끝나버렸어! 믿을 수 없어! 게임이 끝나버렸어!" 나는 '게임이 끝났다는 게 무슨 말이야? 나는 한 번도 플레이한 적이 없다고! 어떻게 끝나버릴 수가 있어?'라고 생각했다.

이후로 상황은 계속 악화되기만 했다. 아래층으로 내려가보니 〈뉴욕포스트New York Post〉 1면에 이런 헤드라인이 보였다.

── 월가의 죽음!

그 아래에는 뉴욕증권거래소의 암울한 모습을 담은 사진이 실려 있었다. 헐렁한 옷을 입은 뚱뚱한 남자들이 공포에 질린 표정을 하고 있었다. 그 아래에 나오는 부제의 내용은 이랬다.

── 택시 운전을 할까 고민하는 주식중개인들

월가의 늑대 시장을 이겨라

돌이켜보면 이 부제가 나를 일깨웠다.

그제서야 나는 내 인생과 함께 게임이 정말로 끝나버렸다는 사실을 깨달았다. 그때 나는 치의대를 중퇴한 24살 청년으로서 파산을 선언한 지 7개월도 채 되지 않은 때였다.

짧게 이야기하자면 나는 치의대를 중퇴한 후 육류 및 수산물 사업을 시작했다. 나의 사업은 금세 26대의 트럭을 굴리는 규모까지 커졌지만, 또 그만큼 빠르게 망했다. 나는 젊은 사업가가 저지를 수 있는 모든 실수를 저질렀다. 자본이 부족한 상태에서 빌린 돈으로 사업을 무리하게 키웠다. 그렇게 한순간에 사업이 망했고, 나도 망했다. 그래서 월가로 들어간 것이었다.

기껏 LF로스차일드에서 6개월간 수습기간을 거쳤으나, 나는 다시 원점으로 돌아왔다. 월세도 내지 못할 만큼 절망적인 빈털터리가 됐다는 말이다. 월가는 공황 상태에 빠졌고, 신규 채용은 중단됐다.

나는 월가 밖에서 일자리를 구할 수밖에 없었다. 롱아일랜드에 있는 인베스터스센터Investors Center라는 작은 증권사였다.

'인베스터스센터'라는 이름만 떠올려도 등골이 서늘해진다.

나는 리먼브라더스나 골드만삭스, 메릴린치Merrill Lynch 같은 이름에 익숙해져 있었다. 이런 이름은 무게감이 있었으며, 월가의 이미지에 부합했다. 내가 "안녕하세요, 저는 롱아일랜드 깡촌에 있는 인베스터스센터에서 일하는 조던 벨포트라고 합니다. 저는 선생님만큼이나 월가와 거리가 먼 사람입니다. 그래서 선생님이 모르는 걸 제가 알 가능성은 거의 없습니다만, 그래도 투자를 좀 해주시겠습니까? 아마 그 돈을 다시 볼 일은 없을 겁니다"라고 말하게 될 줄은 꿈에도 몰랐다.

아마 여러분은 지금쯤 〈울프 오브 월스트리트The Wolf of Wall Street〉를 적어도 한 번 또는 아마 그보다 많이 봤을 것이다. 그 영화에는 내가 처음 인베스터스센터의 허름한 사무실에 들어갔다가 놀라서 입을 벌리는 재미있는 장면이 나온다.

아무리 사무실을 둘러봐도 부나 성공 또는 월가를 연상시키는 것은 단 하나도 없다. 책상에는 컴퓨터도 없고, 영업 보조인력도 없고, 정장을 차려입은 주식중개인도 없다. 그저 20개의 낡은 나무 책상만 있을 뿐이다. 그 중 절반은 비어있다. 나머지 책상에는 청바지와 운동화 차림에 멍청한 표정을 짓고 있는 덩치 큰 미숙아들이 앉아있다.

간부가 나를 면접하는 동안 약 30센티미터 떨어진 곳에 앉은 녀석이 유독 눈에 거슬렸다. 키가 크고 말랐으며, 얼굴이 말보다 길었다. 20살도 안 되는 나이에 어디 놀러가는 옷차림을 하고 있었다. 그는 고객과 통화하던 도중 갑자기 벌떡 일어나 전화기에 대고 고함을 지르며 욕하기 시작했다. 간부와 나는 고개를 돌려 무슨 말을 하는지 들었다.

그 말상 중개인은 소리쳤다. "계속 이럴 거예요? 멍청한 사업설명서에 뭐라고 적혀있는지는 신경 쓰지 않아요! 사업설명서는 겁주는 것만 해요. 그게 다예요! 나쁜 것만 말하고 좋은 건 말하

월가의 늑대 시장을 이겨라

지 않는다고요. 그러니까 내가 시키는 대로 해요. 사업설명서 따
위는 화장실에 가서 전등을 끈 다음에 어두운 데서 읽어요. 그게
최선이에요. 이 종목은 하늘까지 날아갈 거니까요. 그런 기회를
놓치면 안 되죠. 안 그래요?" 그는 차분하게 다시 자리에 앉아서
대답을 기다렸다.

간부는 말했다. "크리스 나이트Chris Knight라는 직원인데 우리
회사에서 제일 실적이 좋아. 말 정말 잘하지?"

나는 대답했다. "네. 그런 것 같아요. 그런데 너무 쉽게 수익을
보장하기는 하네요. 뭐, 제가 뭐라고 남을 재단하겠어요? LF로스
차일드에서도 터무니없는 말들을 많이 했어요. 거기라고 성가대
처럼 행동한 건 아니에요." 나는 그에게 동지라도 되는 듯한 미소
를 지었다. 마치 '걱정하지 말아요. 나도 월가에서 어떤 식으로 영
업하는지 알아요. 당신을 고발하지는 않을 거예요!'라고 말하는
것처럼 말이다.

LF로스차일드 중개인들이 성가대처럼 행동한 건 아니라는 나
의 말은 거짓말이 아니었다. 거기 있던 6개월 동안 나는 '사업설
명서 따위는 화장실에서 전등을 끄고 읽으라'는 똑같은 말을 최
소한 10번 넘게 들었다. 아마 어디 비밀 영업 훈련 매뉴얼에 나오
는 말인 것 같았다. 하지만 증권거래위원회는 그걸 모르는 게 분
명했다. 결국 그건 사업설명서에 대한 증권거래위원회의 규정을
명백히 어기는 행위였다.

법에 따르면 원래는 이렇게 진행돼야 했다.

'사업설명서 배포 기간'은 기업이 증권거래위원회 기업금융부에 사업설명서를 제출하면서 시작돼, 주식 거래가 시작된 지 30일 후에 끝난다. 이 기간에는 사업설명서에 나오는 정보만 투자자에게 전달될 수 있다. 다른 모든 정보는 엄격하게 제한된다. 영업이나 마케팅, 광고는 물론 크리스 나이트 같은 멍청한 중개인이 마구 내뱉는 발언에서도 언급되지 말아야 한다. 만약 언급하면 법을 어긴 것이 된다.

문제는 이 법을 현실에 적용하기가 아주 어렵다는 것이다.

현장에서 중개인들이 신규 주식을 파는 양상을 보자. 그들의 영업 멘트는 크게 네 부분으로 나눌 수 있다.

❶ **희소성 강조 단계:** 이 단계는 중개인이 고객에게 전화를 걸어서, 2주 동안 인기 신규 주식이 판매되는데 꼭 사야 한다고 말하면서 시작된다. 그는 60초 동안 해당 기업을 간략하게 설명한다. 이때 주로 물량이 한정돼있다는 사실을 강조한다. 즉, 거래가 시작되면 얼마 안 가 가격이 오를 것이라는 얘기다. 유일하게 나쁜 소식은 인기가 너무 좋아서 고객에게 줄 수 있는 물량이 많지 않다는 것이다. 그래도 금만큼 가치가 있는 주식이어서 고객은 그 물량이라도 구할 수 있기를 빌어야 한다고 역설한다. 이쯤 되면 고객은 중개인에게 너무 고맙다고 말한다.

❷ **사전 프레이밍**framing **단계:** 이 단계에서 중개인은 사업설명서에 적힌 내용이 고객에게 미치는 부정적인 영향을 최소화하려 애

쓴다. 물론 고객이 사업설명서를 읽는다면 말이다. 중개인은 신규 주식이기 때문에 사업설명서를 제공해야 하는 법적 의무가 있다고 말한다. 그러면서 이렇게 덧붙인다. "바쁘시니까 그걸 전부 읽느라 시간을 낭비하지 않으셔도 됩니다. 따분한 내용이에요. 그냥 대충 훑어보세요. 대부분 그렇게 합니다. 오해하지 마세요. 회사는 아주 좋아요. 그러니까 그런 걸 읽는 게 좋다면 얼마든지 원하는 만큼 읽으세요!"

❸ **기도 단계:** 중개인은 전화를 끊은 후 증권거래위원회가 부여한 법적 의무를 충족하기 위해 고객에게 이메일로 사업설명서를 보낸다. 그러고는 눈을 감고 신에게 기도한다. 고객이 읽지 않게 해달라고. 만약 읽어보기라도 하는 날에는 필연적으로 분노하거나, 최소한 혼란스러워하는 고객의 전화를 받아야 한다. 그러면 4단계를 실행한다.

❹ **무력화 단계:** 중개인은 고객의 전화를 예상하고 있다. 즉, 부정적인 사업설명서가 미치는 각성 효과를 무력화시킬 준비가 돼 있다. 그들은 도덕성 수준에 따라 미리 준비한 수많은 반론 중에서 하나를 고른다. 가령, 해당 기업과 비슷했는데 나중에 대박을 친 다른 기업에 대한 이야기를 들려준다. 이는 살짝 선을 넘는 정도다. 반면 어두운 세계로 깊이 들어가 유명한 멘트를 날릴 수도 있다. "사업설명서는 화장실로 가서 불을 끄고 읽으세요"라고 말이다.

어쨌든 인베스터스센터에서 면접을 보던 상황으로 돌아가보자. 크리스 나이트는 다시 의자에서 벌떡 일어나 전화기에 대고 소리 쳤다. "아이 진짜! 빌, 그러지 말아요! 말도 안 되는 이야기를 하면 어떡해요. 사업설명서에 나오는 건 최악의 시나리오일 뿐이라고요. 게다가 주식 가격이 주당 10센트밖에 안 돼요. 그게 다예요! 주당 10센트짜리가 잘못돼봐야 얼마나 잘못되겠어요? 안 그래요?"

나는 간부 쪽으로 몸을 기울이며 속삭였다. "방금 저 사람이 주당 10센트라고 한 건가요?"

간부는 말했다. "맞아. 왜? 무슨 문제가 있어?"

나는 대답했다. "아닙니다. 그렇게 싼 주식은 제가 처음 들어봐서요."

그때 크리스 나이트는 전화기를 쾅, 내려놓으며 씩씩거렸다. "쥐새끼 같은 게! 그냥 전화를 끊어버려? 간이 부었군! 죽어버릴 거야!"

나는 간부에게 걱정스런 눈길을 보냈다.

그는 말했다. "괜찮아. 다음번엔 걸려들 거야."

나는 고개를 끄덕였다. 하지만 그곳엔 뭔가 단단히 잘못된 게 있었다. 안 좋은 예감이 들었다. 10센트에 상장한다고? 나는 '진짜 쓰레기인가 보네'라고 생각했다.

물론 그 무렵 나는 증권거래위원회가 가치 평가를 하지 않는다는 사실을 잘 알고 있었다. 아무리 쓰레기 같은 주식이라도 사업설명서를 승인받은 후 시장에서 팔릴 수 있었다.

나는 주식중개사 시험을 준비할 때 완전 공개에 대한 모든 것을 배웠다. 하지만 책으로 배우는 것과 크리스 나이트 같은 중개인을 통해 현실에서 이루어지는 양상을 보는 것은 많이 달랐다. 그러니 그때는 잠재적 악용 가능성을 고려할 때 가치 평가 배제가 정말 좋은 것인지 의구심이 들었다.

어쨌든 모든 상황이 잘못된 것처럼 보였다. 인베스터스센터의 사업 전체가 존재하면 안 되는 것 같았다. 그런 사업이 허용되는 게 말이 되지 않았다.

그러나 간부 바로 뒤에 있는 벽에는, 나의 의심과 반대되는 주장을 제시하는 두 개의 명판이 걸려있었다. 그 중 하나는 커다란 직사각형 형태로서 연청색 글씨로 인베스터스센터가 전국증권업협회National Association of Securities Dealers, NASD의 자랑스런 회원임을 알려주었다. 다른 명판은 정사각형 형태로서 인베스터스센터가 증권거래위원회 승인을 얻은 정식 증권사임을 알려주었다. 놀라운 사실이었다.

나는 두 개의 명판을 가리키며 말했다. "여기가 실제로 규제를 받고 있는 곳인가요? 와, 놀랍네요!"

간부는 약간 놀란 듯하더니 바로 대꾸했다. "그게 무슨 말이지? 당연히 규제를 받지!" 그는 책상에 놓인 다섯 개의 투명 아크릴 큐브를 가리켰다. 각 큐브는 약 8센티미터 높이로, 그 안에 작게 축소된 사업설명서가 들어있었다. "우리가 지금까지 신규 상장시킨 것들이야." 그는 자세히 보라는 듯 그 중 하나를 내게 던 졌다. "우리가 하는 모든 일은 완전히 떳떳한 거야."

나는 생각했다. '믿을 수 없군! 이런 영업이 합법적으로 가능할 거라고 누가 생각하겠어?'

돌이켜보면 그 회사가 합법적이라는 나의 생각은 크게 틀린 것 이었다.

인베스터스센터는 합법적인 증권사와는 거리가 한참 멀었다. 나는 거기서 장차 월가 역사상 가장 요란한 소동 중 하나를 벌이 게 만들 짓들을 배웠다.

그건 차치하더라도, 그날 나는 그 자리에 앉아 미니 사업설명 서가 들어있는 투명 아크릴 큐브를 바라보며 이렇게 생각했어야 마땅했다.

'가치를 평가하지 않는다고? 그건 분명히 양날의 검이야!'

이야기를 이어나가기 전에, 기업 공개 요건과 관련하여 여러분에 게 공유해야 할 몇 가지 사소한 정보가 더 있다. 먼저 이 요건은 기업이 상장된 후에도 계속 적용된다. 즉, 기업은 주기적으로 정 보를 공개하여 투자자에게 사업 현황을 알려야 한다.

가장 일반적인 공시 자료 네 가지를 간략하게 살펴보자.

❶ **양식 10-K:** 이것은 모든 상장사가 매년 제출해야 하는 포괄적 인 보고서다. 쉽게 말해서 이른바 재무 공개 양식의 잡탕으로

서 여러분이 알아야 할 모든 것을 포함한다. 무엇보다 좋은 점은 전면적인 감사를 받으며, 허위 사실을 기재하면 위증으로 처벌받는다는 것이다. CEO와 CFO는 '자신이 아는 한 여기에 담긴 모든 내용이 100% 진실이다'라고 밝히는 서신에 서명해야 한다. 즉 거짓도, 과장도, 창조적 회계도, 이중 계상 재고도 없다고 밝혀야 한다. 이는 증권거래위원회가 CEO와 CFO의 거짓말과 속임수를 단속하기 위해 근래에 추가한 요건이다. 과거에는 그들이 가짜 수치를 제출해도 가벼운 처벌밖에 받지 않았다. 지금은 고의로 허위 정보를 제출했다가는 FBI에 체포돼 교도소로 직행할 가능성이 아주 높다.

❷ **양식 10-Q:** 이것은 10-K의 발전된 버전이자 10-K의 축소판이라고 할 수 있는데, 1년에 한 번이 아니라 3달에 한 번 제출해야 한다. 대신 10-K와 달리 감사를 받지 않는다는 차이점이 있다. 즉, 여기에 담기는 정보는 신뢰도가 떨어진다. 그래도 10-Q는 조기 경보 시스템으로 아주 유용할 수 있다. 나중에 10-K에 드러날 현금흐름, 공급사슬, 재고 관리 그리고 다른 측면의 문제들을 미리 알려주기 때문이다.

❸ **양식 8-K:** 이 양식은 회사에 생긴 주요 변동사항을 알리기 위한 것으로서, 언제든 제출할 수 있다. 주요 변동사항의 예시로는 인수, 파산 신청, 주요 경영진 교체, 이사진 교체, 주식 신규 발행 등이 있다. 실질적으로 8-K는 해당 재료가 어떻게 인식되는지 그리고 시장에서 어떻게 자리하는지에 따라 단기 트레

이더들에게 최고의 친구가 될 수도 있고, 최악의 악몽이 될 수도 있다.

❹ **양식 13-D:** 흔히 '실소유권 양식'으로 불리는 13-D는 해당 기업의 유통주식을 5% 넘게 보유한 개인이나 집단이 새롭게 등장했을 때, 이를 공개적으로 알리기 위해 사용된다. 이때 그 투자자는 주식을 5% 넘게 보유한 모든 의도를 공개해야 한다. 단지 투자를 통해 수동적으로 돈을 버는 것 외에 별다른 적극적인 의도가 없다면 13-G라는 간결한 양식을 제출할 수 있다. 가장 흔한 적극적인 의도는 주식 공개 매수를 통한 인수가 있다. 일론 머스크가 근래에 트위터를 인수한 것이 그런 예다. 또는 행동주의 투자자가 주주 가치를 높이기 위해 운영 방식이나 자본 구조에 핵심적인 변화를 강제하는 것이 목적인 경우도 있다.

위 네 가지 외에 다른 공개 양식도 있으나, 위 양식들이 가장 많이 언급되며 투자 결정의 상당 부분을 좌우한다.

다음 이야기로 넘어가기 전에 여러분에게 전달해야 할 사실이 있다. 월가는 일반 투자자를 상대로 큰 우위를 누린다. 그것은 '월가는 일반 투자자가 모르는 뭔가를 안다'는 일반 투자자의 인식에서 나온다. 지난 수백 년 동안 월가는 금융계만큼이나 영혼 없는 광고계에, 수십억 달러의 광고비를 투입하여 이 인식을 거의 완벽하게 다졌다.

　DM, 광고판, 라디오 광고, TV 광고를 통해, 그리고 지난 20년 동안에는 넘쳐나는 온라인 광고의 조합을 통해 광고계는 성공적으로 임무를 달성했다. 세상에서 가장 냄새나고, 추하고, 탐욕스런 돼지인 월가의 입술에 더없이 매혹적인 빨간색 립스틱을 바르는 임무 말이다.

　혼란스러운가? 자세히 설명해주겠다.

　결론부터 말하자면 월가가 없어도 당신의 돈을 굴릴 수 있다.

　월가는 전혀 필요 없다. 오히려 당신이 직접 하면 훨씬 잘할 수 있다.

　내 말이 과장된 것 같은가?

　좋다. 그렇게 보일 수 있다. 하지만 워런 버핏은 어떤가? 그가 허풍 치는 사람처럼 보이는가?

　절대 아니다. 그건 그의 성향이 아니다. 그는 부드러운 말씨로 탁월한 지혜를 전하는 사람이다. 당신이 확실하게 신뢰할 수 있는 사람이다.

　실제로 우리 모두는 워런 버핏이 믿을 만한 투자 조언을 제공한다는 데 동의할 수 있다. 맞는가? 그렇다. 그는 실로 그런 사람이다.

　이 점을 염두에 두고, 워런 버핏이 최근에 금융계에 대해 한 말을 살펴보자. 입장료를 받고 들려줄 만한 말이다.

　"월가 중개인이나 헤지펀드 매니저한테 내 돈을 주느니, 다트를 던져서 S&P500의 방향을 맞추는 원숭이들한테 주겠습니다. 감정적으로 하는 말이 아닙니다. 정말 10번 중 9번은 원숭이들이 월가 사람들보다 더 나은 실적을 올릴 겁니다."

사실, 불과 30년 전만 해도 상황이 많이 달랐던 것은 맞다.

내가 처음 월가에 입성했던 1987년만 해도, 어제 일어난 사건들이 적힌 조간 〈월스트리트저널〉에서 읽을 수 있는 내용 외에 '금융계에서 무슨 일이 일어나는지'를 알려면 주식중개인이 필요했다.

그래서 내가 나의 첫 회사 스트래튼오크몬트에서 작성한 영업 멘트에는, 바로 이 부분을 짚는 내용이 포함돼있었다. 정보 격차로 인해 일반 투자자는 월가 중개인보다 크게 불리하다는 점을 고객들에게 상기시켜준 것이다. 월가 중개인은 시장 상황을 바로 확인할 수 있기 때문이다.

이 영업 멘트는 한때 뉴욕증권거래소에 상장된 우량주이던 이스트먼코닥Eastman Kodak 주식을 팔기 위해서도 사용된 바 있다. 당시 코닥은 얼마 전 폴라로이드Polaroid로부터 특허권을 침해했다며 고소당한 상태였다. 그 결과 소송이라는 악재가 드리우면서 주가가 주당 100달러에서 40달러까지 급락했다.

고객에게 코닥 매수를 제안하는 내용은 단순했다.

많은 투자 기관의 정관에는 대규모 소송에 직면한 기업으로부터 거리를 둬야 한다는 제한 조항이 있다. 따라서 소송이 해결된 후에는 그들이 다시 해당 기업의 주식을 사들이면서 주가가 급

월가의 늑대 시장을 이겨라

등한다. 나는 그 사례로 코닥과 비슷한 상황을 겪은 다른 세 개의 주식을 제시했다. 해당 종목들은 소송이 해결되자마자 활발하게 되살아나 빠르게 신고점에 이르렀다.

물론 나의 제안은 논리적 측면과 감정적 측면을 통틀어 모든 측면에서 타당했다. 그러나 효력을 발휘하게 만드는 결정적인 영업 멘트는 제일 마지막에 있었다.

이 대사는 대단히 강력했다. 고객에게 들려주면 절반의 확률로 중간에 내 말을 끊고 "맞는 말이에요"라거나 "확실히 그렇기는 하네요"라고 말했다. 또는 "당신들, 정말 끝내주는 돈벌이를 하는군!"이라는 의미로 다 안다는 듯한 '흠' 소리를 냈다.

근본적으로 이 한 줄의 핵심 대사는 고객에게 지금 주식을 사야 한다는 사실을 명확하게 알렸다. 신문에서 소송이 해결됐다는 소식을 읽기 전에 말이다. 그뿐 아니라 추가 수수료를 내더라도 월가 주식중개인을 끼고 투자하는 게 중요하다는 사실을 부각시켰다. 결국에는 수수료보다 더 많은 가치를 제공하니 말이다.

핵심 대사는 주문을 넣을지 말지 묻기 직전, 그러니까 제일 마지막에 나온다.

가령 이런 식으로 말한다. "이런 상황에서 돈을 벌려면 소송이 해결되기 전에 지금 포지션을 잡아야 해요. 〈월스트리트저널〉에서 그 뉴스를 읽을 때는 이미 늦어요."

이 말이 전하는 메시지는 명확하다.

그것은 '월가 사람이 아니면 주식시장에서 돈을 벌 가능성이 없다'는 것이다. 당시엔 정보의 이동 속도가 너무 느려서 일반인이 보는 〈월스트리트저널〉이나 다른 매체에 도달할 무렵이면 거의 가치가 없어졌다. 그때는 이미 월가의 모든 트레이더, 애널리스트, 주식중개인이 소식을 접하고 매수하거나, 매도하거나, 그대로 가는 대응을 한 후다.

월가 중개인들은 그런 우위를 확고하게 유지하기 위해 쿼트론 Quotron이라는 특수한 컴퓨터를 썼다. 이 컴퓨터는 실시간 호가를 보여주었다. 또한 주요 금융 뉴스를 바로바로 알려주는 블룸버그라는 독자적 뉴스 서비스까지 제공됐다.

더욱 유리한 고지를 점하기 위해 월가의 모든 대형 기업은 워싱턴 DC의 증권거래위원회 본부에 전령을 파견했다. 전령은 거기서 상장사들이 신고서를 제출하기를 기다렸다. 그들은 신고서가 도착하는 순간 행동에 들어갔다. 즉 자전거를 타고 가거나, 뛰어가거나, 차를 몰고 가거나, 팩스를 보내서 자기 회사의 금융 애널리스트들에게 서둘러 신고 내용을 알렸다.

그러면 애널리스트들은 그 내용을 분석하고 해부한 다음 독자적인 리서치 보고서로 만들었다. 이 보고서는 회사의 트레이더, 중개인 그리고 궁극적으로는 고객에게 공유됐다.

앞서 말한 강력한 영업 멘트는 이 모든 우위를 은근하게 시사하고 있었다.

그럼에도 불구하고 고객이 여전히 주저하거나, 지역 중개인을 통해 투자하겠다고 말하는 드문 경우가 있었다. 그러면 이런 말을 덧붙였다. "선생님이 지역 중개인과 맺은 거래 관계에 끼어들려는 게 아닙니다. 분명 그 사람은 육우 선물이나 작황 보고서 같은 것은 잘 처리해줄 겁니다. 하지만 주식에 있어서는 여기 월가에서 일하는 제가 시장 상황을 훨씬 빨리 파악합니다. 지역 중개인이 어제 나온 〈월스트리트저널〉을 읽는 동안, 저는 내일 어떤 뉴스가 실리는지 알 수 있습니다." 이런 말이 계속 이어졌다.

오클라호마에서 농장을 운영하거나, 미시건에서 공장 노동자로 일하는 투자자가 월가의 중개인과 경쟁할 방법은 없었다. 정보 간극과 기술 간극이 존재할 뿐 아니라, 고객은 주식중개인에게 전화를 걸지 않고는 단 한 주의 주식도 사지 못했다.

하지만 지금은 어떤가?

내가 방금 말한 내용이 오늘날의 디지털 세계와 조금이라도 비슷한 구석이 있는가? 지금은 전 세계 모든 곳에 있는 모든 스마트폰, 노트북, 데스크톱으로 정보가 빛의 속도로 흘러가지 않는가? 그때와 지금은 상황이 전혀 다르다. 비슷하지도 않다.

그런데도 월가는 여전히 흘러간 옛 노래로 투자자들을 현혹하려고 절박하게 애쓴다. 자신에게는 일반인이 모르는 정보가 있다고 말이다. 이는 가장 극단적인 형태의 순전하고 완전한 거짓말이다.

한때는 이 말이 맞았다. 하지만 그런 시절은 이미 오래 전에 지나갔다.

2001년 이후, 모든 상장사는 증권거래위원회 온라인 데이터베이스인 에드가EDGAR에 신고서를 제출할 법적 의무를 진다. 그래서 모든 10-K, 10-Q, 8-K, 13-D를 인터넷에 접근 가능한 세상의 모든 투자자가 즉시 확인할 수 있다.

간단히 말해서 정보 간극은 메워졌다.

온라인에서 www.edgar.com을 치기만 하면 전체 상장사에 대한 최신 정보가 제공된다. 손가락만 움직이면 필요한 모든 정보를 얻을 수 있는 것이다.

이제 우리는 가치 평가를 배제한 **완전 공개의 힘**을 누릴 수 있게 됐다.

이는 막강한 원투 펀치와도 같았다. 덕분에 자본 형성이 원활해졌고, 전 세계가 부러워하는 주식시장의 토대가 마련됐다.

물론 그렇게 되기까지는 오랜 시간이 걸렸다.

THE WOLF OF INVESTING

미국을 인질로 잡은 조셉 케네디

1934년 미국은 여전히 황폐한 상태였다. 대공황은 미국이 이전에 경험한 어떤 위기와도 달랐다. 이전에도 숱한 호황과 불황이 있었고, 가끔 공황이 발생하기도 했다. 그러나 그때 일어났던 일들과는 많이 달랐다. 사람들은 분노했고, 변화를 요구했다. 그 변화를 일으키기 위해 증권거래위원회가 설립됐다. 증권거래위원회의 핵심 사명은 두 가지였다.

❶ 투자자 신뢰 회복
❷ 투자 재개 유도

이는 고귀한 사명이었다. 첫 번째 사명을 달성해야만 두 번째 사명을 달성하기 위한 길이 열렸다. 국민들에게 주식시장이 공정해졌다는 사실을 설득할 수 있다면, 그들은 다시 편한 마음으로 투자에 나설 것이었다.

이는 명민한 계획이었다. 이론상으로는.

유일한 문제는 그게 말처럼 쉬운 일이 아니라는 것이었다.

자본시장의 경색을 풀려면 월가와 일반 투자자, 양쪽에서 매수에 나서야 했다. 경기가 공정해졌으며, 새로운 증권법이 모두에게 공정하다는 데 양쪽이 동의해야 했다. 그렇지 않으면 이전과 달라질 것이 없었다. 분명 월가는 공정하든 불공정하든 기쁘게 받아들이겠지만, 국민들은 그러지 않을 것이었다. 그들은 볼 장을 다 봤고, 당할 만큼 당한 상태였다. 그때까지 너무나 많이 뜯겼기 때문에 진정한 변화가 없으면 다시 돌아오지 않을 것이었다.

월가는 월가대로 불안해했다. 아니, 사실 공포에 떨었다.

100년 넘게 지속된 탐욕과 과잉이 마침내 통제됐다. 새로운 증권법은 만만하게 볼 것이 아니었다. 완전 공개, 신규 증권 등록, 공정하고 정직한 중개, 고객 우선 등 이런 것들은 1930년대에는 획기적인 개념이었다. 그 이전에는 비슷한 일을 시도조차 한 적이 없었다.

그렇다고 해서 월가에게 다른 수가 있었을까? 아무리 충격적인 조치라도 이번에는 국민들의 태도가 정말로 진지했다.

금융시장을 마음껏 약탈하던 좋은 시절은 마침내 끝나버렸다. 그래서 월가는 이를 악물고 올바른 일을 하기로 결심했다.

월가의 대형 은행 및 증권사 리더들은 모두 한 자리에 모여서 새로운 규칙을 받아들이는 데 합의했다. 이후로 월가는 규칙을 존중하고, 준수할 것이었다. 또한 뉴욕증권거래소는 투자자의 필요를 항상 우선시하는 더 친근하고, 온화하고, 공정한 곳으로 바뀔 것이었다. 결국 이 모든 일은 미국을 위한 것이었다.

그때까지 미국은 그들을 엄청나게 잘 대해주었다. 덕분에 그들은 상상하기 힘든 부와 권력을 얻었다. 이제는 그 은혜를 약간은 되갚아야 할 때였다. 그것은 일종의 재탄생이 될 것이었다. 말하자면 밝고, 희망차고, 도덕적인 월가의 신시대가 열릴 것이었다.

믿기지 않는다. 그렇지 않은가?

국가적 위기의 순간에 월가가 도덕적 중심을 잡고, 대의를 위해 이익을 희생하는 데 동의했다는 이런 헛소리를 믿는다면 당신에게 와칸다Wakanda(마블 세계관에 나오는 가상의 아프리카 국가-옮긴이) 도심지 땅을 좀 팔고 싶다.

솔직히 그 욕심 많은 놈들이 순순히 물러설 거라고 정말로 생각하는가? 당연히 아니다! 그 다음에 일어난 일은 금융계 버전의 10살짜리 떼쓰기였다. 가령 이런 식이었다. "옛날 규칙대로 계속 플레이하지 못할 거면 아무도 놀지 못하게 공을 집에 가져가버릴 거야. 어쩔래?" 월가가 바로 그렇게 했다.

대형 증권사들은 일체 협조를 거부했다.

그들은 이렇게 주장했다. "불공정해! 그건 미국식이 아냐! 공산주의의 계략이야! 우리는 새로운 규칙을 받아들이지 않을 것이고, 지킬 생각도 없어. 증권을 등록하지 않을 거야. 사업설명서를 제출하지 않을 거야. 어떤 것도 공개하지 않을 거야. 절대 고객의 필요를 우선시하지 않을 거야. 우리가 왜 그래야 하지? 우리가 미친 줄 아는 거야? 정직하게 영업해서 어떻게 돈을 벌라는 거야?"

그렇게 해서 보이콧이 시작됐다.

주요 신문에는 그들의 입장을 대변하는 기사가 실렸다. 야당 의원들은 공개적으로 비방당했다. 대법원에 소송이 제기됐다. 월가의 인형 조종사들은 미국 역사상 최대 규모의 로비를 펼쳤다. 그들은 터무니없는 새로운 증권법을 개정하라고 주장하면서 의회를 상대로 전쟁을 벌였다. 법 개정이 이루어질 때까지 주식시장은 문을 닫을 것이었다. 새로운 주식 상장도, 자본 조달도, 신용 공여도 일체 없을 것이었다.

그들의 메시지는 명확했다. 협조하지 않으면 미국을 인질로 잡겠다는 것이었다.

이 수법은 통했다.

의회는 자본 조달 및 신용 공여를 거의 독점한 월가의 강한 압박에 굴복하고 말았다. 증권법은 보다 사용자 친화적인 버전으로 순화되면서 뉴욕증권거래소를 위한 수많은 예외조항이 생겼다. 그 결과 뉴욕증권거래소는 대부분 자체 규제를 할 수 있게 됐으며, 인형 조종사들을 단속하는 강도도 약화됐다.

당연히 증권법 원안을 설계한 사람들은 완전히 충격에 빠졌다. 그러나 그들을 더욱 충격에 빠트린 것은 루스벨트의 다음 결정이었다.

루스벨트에게는 여전히 문제가 있었다.

월가는 그를 신뢰하지 않았다.

그들이 보기에 루스벨트는 외부자이자 공산주의 성향을 가진 확고한 이상주의자로서 미국 기업에 과도하게 적대적이라고 간주되었다. 그래서 순화된 연방증권법조차 월가의 인형 조종사들에게는 너무나 극단적이었다. 그들은 루스벨트에게 조금이라도 양보했다가는 크게 밀릴 것이며, 어느새 통제당하게 될 것이라고 생각했다.

결국 교착상태가 지속됐다.

이러한 교착상태를 벗어나려는 루스벨트에게는, 월가에 자신의 계획을 영업할 사람이 필요했다. 그러기 위해서는 월가 사람들이 알고 신뢰하는 내부자여야 했다. 그렇지 않으면 시장은 계속 닫혀있을 것이고, 국민들은 고통받을 것이며, 대공황은 계속될 것이었다.

루스벨트가 조셉 케네디를 선택한 이유가 거기에 있었다.

엄격한 증권법 원안의 작성자이자, 그전까지 루스벨트의 핵심 자문이었던 이들로서는 유감스럽기 짝이 없는 일이었다. 그들은 충격과 분노에 빠졌다. 언론도 마찬가지였다. 언론들은 '사실이 아니기를. 조셉 케네디라니! 그들은 늑대에게 양 지키는 일을 맡겼다. 이제 어떤 일이 일어날 것인가?'라는 헤드라인을 실었다.

하지만 루스벨트에게는 나름의 이유가 있었다.

그는 조셉 케네디가 그저 말 빠른 세일즈맨 유형의 인간으로서, 윙크하고 고개를 끄덕이면 월가가 재개되도록 만들 수 있다는 사실을 알고 있었다.

그의 계획은 지극히 단순했다.

겉으로 내세우는 말은 이랬다. "우리는 월가 전체를 항상 감시할 자원을 결코 가질 수 없다. 따라서 법을 집행하는 데 있어서 누구를 면밀히 감시할지 실용적인 관점에서 결정해야 한다.

근본적으로 새로운 법을 모두 지킬 것이라고 신뢰할 수 있는 특정한 사람들이 있다. 그리고 우리가 신뢰할 수 없는 다른 모든 사람들이 있다.

우리가 신뢰하는 사람들을 규제하는 방법은 간단하다. 우리는 그들이 지켜야 할 법규를 제시할 것이다. 그러면 그들의 도덕적 태도가 알아서 법규를 지키게 만들 것이다. 하지만 다른 모든 사람은 매의 눈으로 감시할 것이다."

조셉 케네디를 선택한 것은 이런 방식의 일환이었다.

그는 기업 금융 측면에서 엄격한 공시 요건을 받아들이라고 이전의 공범들을 설득했다. 그러면 집행 측면에서 이중 사법 시스템을 적용하겠다고 약속했다.

그는 동료 인형 조종사들에게 이렇게 설명했다. "상황이 이전보다 더 나아질 겁니다. 투자자들의 신뢰를 회복하면 우리가 훔칠 돈이 더 많이 생길 겁니다. 규정을 어기다가 걸려도 증권거래위원회가 못 본 체하거나 가벼운 처벌만 하도록 만들겠습니다. 눈총을 받지 않고도 간단하게 할 수 있을 겁니다.

우리는 새로운 조사에 들어가는 기준을 크게 높일 것이고, 그 결과도 여러분에게 유리하도록 해석할 겁니다. 우리의 사기가 너

월가의 늑대 시장을 이겨라

무나 걷잡을 수 없이 커져서 일반 대중이 아주 많은 돈을 잃고 언론까지 개입하는 드문 경우도 있겠죠. 그런 경우에는 꼬리 자르기를 할 수 있도록 만들겠습니다. 낮은 직급의 멍청이가 욕심이 난 나머지 독단적으로 일을 저질렀다고 말하는 거죠. 그러면 그 멍청이만 희생시키고 회사는 멀쩡할 수 있습니다. 아주 좋을 거예요. 장담합니다. 동의하시죠?"

당연히 모두가 동의했다.

결국 그것은 왕년에 월가의 늑대로 불리던 사람이 세운 실로 명민한 계획이었다. 이제 그는 양의 탈을 쓴 늑대로 변신하는 마법을 부렸다.

조셉 케네디는 신속하게 작업에 들어갔다.

첫 번째 단계는 금융계를 좋은 편과 나쁜 편, 두 집단으로 나누는 것이었다. 첫 번째 집단에는 그가 신뢰할 수 있는 사람들이 들어갔다. 월가 대형 은행과 증권사, 뮤추얼펀드, 투자 신탁, 신용평가사, 법무법인, 회계법인의 수뇌부 그리고 다우지수에 상장된 30개 기업의 최고 경영자 등 사실상 폭락을 초래한 책임이 있는 모든 사람이 거기에 포함됐다.

하지만 조셉 케네디는 그들을 범죄자로 보지 않았다.

그에게 그들은 명예로운 사람들이었다. 따라서 모든 명예로운 사람들처럼 자율규제 시스템으로 규제할 수 있었다. 어쨌든 그들은 좋은 집안에서 태어났고, 좋은 사립학교를 나왔고, 좋은 대학에 들어갔고, 좋은 컨트리클럽에 소속돼 있었다. 그들은 자율규제 시스템과 함께 성장했고, 그 중요성을 이해했다. 그들에게 명예 규율은 신성한 전통으로서, 반드시 지켜져야 하고 보호돼야 하는 것이었다. 적어도 그걸 어기려 할 때조차 그들은 자신과 다른 사람들에게 그 규율의 중요성을 강조했다.

두 번째 집단, 말하자면 '나쁜 편'에는 기득권에 속하지 않은 다른 모든 사람이 들어갔다. 조셉 케네디가 그들을 신뢰할 수 없는 사람들로 본 것은 부당하다고 말할 수 있다. 그럼에도 그들은 기득권의 바깥에 있었기 때문에 알려지지 않은 존재들이었다. 따라서 피해를 입히지 못하도록 매의 눈으로 감시해야 했다.

물론 서류상으로 두 집단에게 따로 적용되는 두 가지 규칙은 존재하지 않았다. 그러기에는 조셉 케네디가 너무 똑똑했다. 그는 그런 짓이 헌법의 기본 정신 중 하나인 동등보호 정신에 어긋나며, 대법원에서 즉시 폐지당할 것임을 알았다. 그래서 공식적으로는 모두에게 적용되는 한 가지 규칙만 있었다.

그러나 실제 현실은 많이 달랐다.

법규는 선택적으로 집행됐고, 기득권 구성원이 너무 큰 사고를 쳐서 그냥 넘어갈 수 없는 드문 경우에는 가벼운 처벌이 가해졌다. 덕분에 월가 대형 기업들은 이전과 같은 방식으로 사업을 운영할 수 있었다. 인형 조종사들의 지배도 계속됐다.

이야기를 더 진행하기 전에 여러분에게 간략히 알리고 싶은 요점이 있다. 나는 지금 여러분이 어떤 생각을 하고 있을지 안다.

아마 이렇게 생각할 것이다. '당신이 증권거래위원회를 비판하는 건 약간 개인적인 의도가 있는 것 같아. 당신은 주가조작 혐의로 증권거래위원회로부터 고발당했고, 결국 300만 달러의 벌금을 냈잖아. 당신은 스스로를, 도덕적으로 파산해 뿌리까지 썩은 시스템으로부터 부당하게 처벌받은 사람이라고 생각하겠지.'

만약 이런 생각을 했다면, 나는 충분히 이해한다. 전체 이야기를 모르면 그렇게 보일 수도 있다. 내가 여전히 앙심을 품고 증권거래위원회에 복수하려는 것처럼 보일 것이다.

잠시 오해를 바로잡도록 하자. 이런 추측은 사실과 거리가 멀다. 나는 증권거래위원회에 아무런 감정이 없다. 감옥에 있을 때, 다른 수감자들은 줄곧 자신이 무죄라고 단언했다. 그럴 때면 나는 "쇼생크에서 유일하게 유죄인 사람이 나야!"라고 말하고는 했다.

알겠는가?

나는 내가 무고하다고 착각한 적이 한 번도 없다. 흉악한 조사관들이 내게 누명을 씌웠고, 나를 잡아넣으려는 사법부에게 당했다는 생각은 하지 않는다. 나는 기소된 혐의에 대해 분명히 유죄였다! 나는 법을 어겼고, 마땅한 대가를 치렀다. 절대 그 사실을 축소하거나 합리화하려고 한 적이 없다.

사실 돌이켜보면 증권거래위원회에 적발된 것은 결과적으로는 내게 일어난 가장 좋은 일 중 하나였다. 몰락의 경험은 다른 방식으로는 결코 배우지 못할 귀중한 교훈을 가르쳐주었다. 그

교훈은 지금 내가 누리고 있는 멋진 삶의 토대가 됐다.

다시 말하지만, 증권거래위원회에 대해 내가 문제를 제기하는 것은 과거에 있었던 일이나 그들이 나를 대한 방식과 아무 관련이 없다. 그보다는 그들이 월가의 대형 기업들에서 벌어지는 일들(온갖 선행매매와 주가조작, 버블 조장, 사기 및 부정행위들)을 정확히 알면서도 아무것도 하지 않는다는 사실과 관련이 있다. 처벌을 하더라도 기껏해야 과속 딱지만큼의 영향밖에 미치지 못하는 우스울 정도로 소액의 벌금만 부과할 뿐이다.

조셉 케네디 이야기로 돌아가자. 그의 계획은 완벽하게 통했다. 증권거래위원회는 월가의 지지 아래 출범했다. 약속대로 뉴욕증권거래소는 운영을 재개했다. 다만 10년 동안은 여전히 거래가 활발하지 않았다. 실업률이 33%에 이르렀고, 세계는 또 다른 세계대전이 일어날 위기에 처해있었다. 히틀러의 전쟁 야욕을 무너트리기 위해 산업 생산량을 늘리는 가운데, 사람들이 가진 적은 돈은 전쟁 채권으로 들어갔다.

전시 경제는 처음에는 천천히 돌아갔지만, 이내 탄력을 받아 재빠르게 돌아갔으며, 전쟁이 끝날 무렵에는 전에 없던 호황을 구가했다.

결과적으로 2차세계대전은 모든 것을 바꿔놓았다.

2차세계대전은 역사상 유례가 없는 경제 대국을 탄생시켰다. 월가는 국제 금융 중심지로서 런던을 대체했다. 미국은 방대한

월가의 늑대 시장을 이겨라

천연자원과 두 개의 대양으로 국토의 양면이 보호되는 축복을 받았다. 덕분에 거의 아무런 상처를 입지 않고 전쟁을 마칠 수 있었다. 공장들은 호황을 맞았고, 자본은 흘러넘쳤으며, 사람들은 열심히 일했다. 주식시장은 대규모로 상승할 채비를 갖추고 있었다.

그럼에도 다우지수가 1929년의 대폭락에서 기록한 모든 하락분을 완전히 회복하는 데 9년이 더 걸렸다.

마침내 회복됐을 때도 아이러니가 없지는 않았다.

새로운 판이 열렸다는 소문과 함께 과감한 주장이 제기되었다. 그게 모든 걸 바꿀 것이라는 주장이었다.

그것도 더 나은 쪽으로 말이다.

THE WOLF

of

INVESTING

7장

폭락장에서 배우는
지수 읽는 법

대호황에도 다우지수가 회복하지 못한 이유

충격적일 만큼 암울한 사실을 받아들일 준비가 됐는가? 그 사실
은 다우지수가 1929년의 대폭락과 뒤이은 대공황에서 완전히 회
복하는 데 **25년**이 넘게 걸렸다는 것이다. 어둡고 암울하고 비참
한 25년이었다.

구체적으로 말하자면, 다우지수는 1929년 9월 3일에 381.17
포인트의 역대 최고점을 찍었다. 그리고 거의 25년 3개월 후인
1954년 11월 23일까지 그 수준을 넘어서지 못했다.

나는 1987년에 중개사 시험을 준비할 때 이 사실을 처음 알았
다. 너무나 놀라웠다. 그때 나는 광란의 1920년대 동안 레버리지
를 많이 쓴 포지션이 위험을 초래했다는 내용을 읽고 있었다. 그
포지션들은 시한폭탄과 같았으며, 결국 검은 월요일에 폭발해버
렸다. 나는 또한 연방 정부와 연준이 초반 몇 년 동안 심각한 실
수를 저질렀다는 사실을 알게 됐다. 그들은 금리와 세율을 낮춰
야 할 때 오히려 높였고, 통화 공급량을 늘려야 할 때 오히려 줄

였으며, 수입품에 높은 관세를 매겨서 교역을 마비시켰다.

이로 인한 악순환은 결국 다우지수를 90%나 급락시켰다. 1932년 7월 8일, 다우지수는 역대 최저점인 41.22포인트를 기록했다. 실로 안 좋았던 해였다. 뒤이어 25년 동안 느리고도 고통스런 회복이 진행됐다.

돌이켜보면 매우 이상하게 보이는 사실이 있다. 2차세계대전 이후의 대호황에도 불구하고 여전히 다우지수는 상승하지 않고 있었다. 전후 미국은 경제대국이 되었고, 전국의 공장은 호황을 맞았다. 실업률은 낮았고, 사기는 높았다. 산업 생산량은 대폭락 이전의 고점 대비 300%나 늘어났다. 그런데도 설명할 수 없는 이유로 주가 상승은 충분치 않았다. 2차세계대전이 끝난 후 다우지수가 마침내 대폭락 이전 고점을 넘어서기까지 9년이 더 걸렸다.

충격적이지 않은가? 광란의 1920년대 동안 은행과 증권사들은 근원적 가치를 까마득히 넘어서는 지점까지 주가를 부풀렸다. 그들의 엄청난 과감성은 인상적인 수준이었다. 그러나 세계대전과 그에 뒤이은 산업 부흥도 고집스런 다우지수를 대폭락 이전의 고점 위로 끌어올리기에는 여전히 충분치 않았다. 이는 실로 놀라운 사실이다.

주식시장은 그 이면에 위치한 경제 상태를 6개월에서 9개월 앞서 알려주는 선행지표 역할을 해야 한다. 그렇다면 2차세계대전이 끝난 후 경제가 유례없는 호황을 맞고, 미국의 미래가 더없이 밝아보일 때 다우지수는 왜 여전히 지지부진했을까? 그것도 대폭락 이전 고점보다 50%나 낮은 181.43포인트에서?

주식시장에 어떤 문제가 있었길래 다른 경제 부문처럼 회복하지 못한 걸까? 알고 보면 거기에는 그럴 만한 이유가 있었다. 바로 '수치가 사실과 한참 동떨어졌다'는 이유 말이다.

앞서 제시한 다우지수의 비교는 잘못된 가정과 정보 누락에 기반한 허위 정보였다. 실제로는 다우지수가 완전한 회복을 이루는 데 7년 2개월이 걸렸다. 구체적으로 말하자면, 나라가 여전히 대공황의 와중에 있던 1936년 11월 5일에 다우지수는 184.12포인트라는 새로운 역대 최고점을 찍는 데 성공했다. 이로서 1929년에 기록한 이전 역대 최고점인 381.15포인트를 넘어서게 되었다.

수치가 잘못된 것처럼 보이지만 그렇지 않다.

어떻게 이전의 역대 최고점인 381.17포인트보다 많이 낮은 184.12포인트가 새로운 역대 최고점이 될 수 있을까?

첫째, 여러분의 산수가 잘못된 게 아니다. 381은 184보다 큰 숫자다. 둘째, '뭔가 빠진 것'이 있다는 생각도 맞다. 사실 세 가지 요소가 빠졌다.

❶ 디플레 영향
❷ 배당 영향
❸ 다우지수 구성

이 세 가지 요소를 고려해야 다우지수가 실질적으로 얼마나 올랐는지 정확하게 파악할 수 있다. 안 그러면 실상이 크게 왜곡된다. 아주 단기간인 경우(2, 3개월)에는 이 세 가지 요소를 감안하지 않아도 정확한 파악이 가능하다. 하지만 그보다 길어지면 갈수록 왜곡이 심해지다가 나중에는 완전히 틀리게 된다. 왜 그럴까? 첫 번째 요소부터 살펴보자.

1. 디플레 영향

지난 85년 동안 미국 경제는 대체로 꾸준히 인플레를 겪었다. 즉, 해마다 물가가 서서히 올랐다. 더 오르는 해도 있고 덜 오르는 해도 있지만 전반적으로는 계속 올랐다.

하지만 대공황 때는 그렇지 않았다. 1930년부터 1935년까지 정반대 현상이 일어났다. 미국 경제는 역사상 처음으로 대규모 디플레를 겪었다. 그에 따라 상품과 서비스의 가격이 급락했다. 자동차부터 주택, 식품, 난방유, 휘발유, 버스 요금, 미용 요금까지 모든 가격이 전반적으로 33%나 하락했다.

그러면 이는 다우지수에 어떤 영향을 미쳤을까? 다른 모든 것들처럼 다우지수(같은 맥락에서 주가지수)의 실질 가치는 언제나 이면의 경제 상황에 따라 상대적으로 결정된다. 예를 들어 다우지수가 현재 500포인트라고 가정하자. 또한 주택 평균 가격이 3,000달러, 자동차 평균 가격이 100달러, 공과금이 월 3달러, 우유 1갤런과 달걀 한 판, 다진 고기 1파운드가 모두 5달러라고 가정하자.

이런 가운데 재난이 닥친다.

대공황이 발생하고, 상품과 서비스의 가격이 한꺼번에 급락한다. 주위에 있는 모든 것이 33% 더 싸진다. 신규 주택 가격은 2,000달러로, 새 자동차 가격은 66달러로, 공과금은 월 2달러로, 우유 1갤런과 달걀 한 판, 빵 한 덩이, 다진 고기 1파운드는 10달러에서 3.50달러로 떨어진다. 한편 다우지수는 조금도 움직이지 않는다.

이런 가정하에 여러분에게 질문을 하나 하겠다. 33%에 이르는 디플레가 발생했다는 사실을 고려할 때, 구매력 측면에서 이전과 동일한 다우지수의 실질 가치는 어떻게 변할까? 이전과 같을까, 아니면 더 늘어날까?

당연히 더 늘어난다.

얼마나? 실질 기준으로 33%만큼 늘어난다. 따라서 달러 가치가 그대로 유지되는 한, 다우지수의 500포인트는 665포인트에 준하는 구매력을 지닌다. 분명히 해두자면 이는 이론적인 차원에 그치는 것이 아니다. 매우 심대한 경로로 여러분의 호주머니 사정에 영향을 미치는 경제적 현실이다.

이런 이유로 경제 통계는 두 가지 다른 기준으로 발표된다.

❶ 명목 기준
❷ 실질 기준

월가의 늑대 시장을 이겨라

'**명목 기준**'은 외부 요인에 맞춰 수치를 조정하지 않아, 맥락을 넓히지 않았다는 뜻이다. 그냥 날것 그대로의 수치인 셈이다. 반대로 '**실질 기준**'은 외부 요인에 맞춰서 수치를 조정하여 맥락을 넓혔다는 뜻이다. 몇 가지 외부 요인의 예를 들자면 인플레, 디플레, 환율 변동, 계절적 변동, 인구 규모 등에 따라 조정이 이루어질 수 있다.

장기간에 걸쳐 자산가치를 비교할 때 이런 조정을 하지 않으면 무의미한 결과가 나올 수 있다.

1936년에 다우지수는 184포인트였다. 이는 명목 기준으로 보면 역대 최고점보다 50%나 낮은 수치다. 그러나 실질 기준으로는 수치보다 33% 더 높은 가치를 지닌다. 즉, 역대 최고점보다 20% 낮아진 것에 불과하다.

이제 두 번째 요소에 대한 논의로 넘어가자.

2. 배당 영향

터무니없는 이야기를 하나 하겠다.

여러분은 IBM, 인터내셔널 비즈니스 머신Intenational Business Machine이라는 회사를 들어봤을 것이다.

옛날, 나의 어린 시절인 1970년대에 IBM은 전 세계에서 가장 크고 유명한 기업 중 하나였다. 심지어 '빅 블루Big Blue'라는 별명도 있었다. 주요 제품인 컴퓨터가 파란색이었고, 로고가 파란색과 흰색으로 돼있었으며, 투자자들이 블루칩으로 여겼기 때문이다. IBM은 170개국에 35만여 명의 임직원을 뒀으며, 연 매출은 150억 달러를 넘었다(당시 150억 달러는 실제로 엄청난 수치였다).

하지만 IBM 경영진은 1980년대 초반부터 회사를 망치기 시작했다. 그들은 처음에는 PC 붐, 뒤이어 서버 붐, 그 다음에는 인터넷 붐을 놓치고 말았다. 그래도 IBM은 지금까지 대기업으로 남아있다. 현재 임직원 수는 28만 명이며, 연 매출은 590억 달러를 넘는다. 또한 IBM 주식은 뉴욕증권거래소에서 주당 120달러에 거래되는 다우지수 구성 종목 중 하나다.

물론 IBM은 거대하기는 하지만 모든 대기업이 그렇듯 처음부터 대기업으로 출발한 건 아니었다. IBM조차 시작은 미미했다. IBM의 기원은 1800년대 후반까지 거슬러 올라간다. 당시 허먼 홀러리스Herman Hollerith라는 영리한 독일계 미국인은, 판지로 만든 '천공 카드'에 대한 아이디어를 떠올렸다. 이 아이디어는 1890년, 일일이 수동으로 계산해야 하는 막대한 인구 조사 작업을 간편하게 만들려는 과정에서 나온 것이었다. 근본적으로 이 일은 에디슨이 전구를 발명하고 사람들이 전기를 사용하기 전에, 컴퓨터를 만들려는 시도를 한 것이었다.

놀랍게도 천공 카드를 사용하는 방식은 대단히 잘 통했다. 덕분에 사업이 번창했고, 1910년에 회사가 상장됐다. 20년 후 그 주식은 다우지수 구성 종목이 됐다. 이처럼 놀라운 성공 사실을 염두에 두고, 1910년에 처음 상장될 때 IBM에 100달러를 투자했다면 지금 그 가치가 얼마나 될지 추측해보라.

아마 엄청난 금액일 거라 생각할 것이다.

그처럼 대단한 성공을 거뒀는데 어떻게 안 그렇겠는가?

그렇게 생각했다면 그것은 100% 맞다.

1911년에 IBM에 100달러를 투자했다면 현재 가치는 400만 달러를 조금 넘을 것이다. 대단히 인상적이지 않은가?

그런데…, 정말 그럴까?

솔직히 이 숫자를 처음 확인했을 때 나는 그렇게 놀라지 않았다. 내가 100달러를 투자해서 400만 달러가 돼도 만족하지 않을 거라는 말이 아니다. 그건 완전히 말도 안 된다. 내 말뜻은 1,000만 달러나 2,000만 달러 정도로 약간 더 많을 거라고 예상했다는 것이다. 어쨌든 IBM은 1910년에 비교적 작은 기업이었다. 그러다가 75년 후에 세상에서 가장 높은 수익을 올리는 기업이 되었다. 그것도 2위 기업과의 격차가 거의 2.5배나 되었다! 글쎄다. 나는 결과적으로 엄청난 대기업이 되었다는 사실을 고려할 때, 100달러가 더 큰 금액으로 불어났을 것이라 생각했다.

그게, 알고 보니 나의 직감이 맞았다.

앞서 계산에서 빠진 한 가지 중요한 요소가 있었다. 이 요소는 결과를 엄청나게 바꿔놓는다. 그것은 IBM이 1930년대 이후로 배당금을 지급했다는 것이다.

주식을 보유해서 돈을 버는 방법은 사실 두 가지다. 첫 번째 방법은 자산 가치 상승을 노리는 것이다. 이는 저점 매수, 고점 매도라는 오랜 투자 격언을 따랐음을 그럴듯하게 표현한 것이다. 월가 용어로 그에 따른 수익은 '자본 수익'이라 부른다. 미국에서 자본 수익은 두 가지 종류로 나눠진다.

❶ **단기 자본 수익:** 여기에는 1년 이하로 보유한 모든 투자상품에서 얻는 수익이 포함되며, 일반 소득과 같이 과세된다.

❷ **장기 자본 수익:** 여기에는 1년 넘게 보유한 모든 투자상품에서 얻는 수익이 포함된다. 해당 수익에 대한 현행 세율은 15%다. 이는 대부분의 저소득 투자자를 제외하면 일반 소득에 적용되는 세율보다 크게 낮다. 아래 표는 미국의 일반 소득에 대한 과세 구간을 보여준다.

세율은 시간이 지나면 바뀔 수 있다는 사실을 기억해야 한다. 따

2023년 연방 과세 구간

세율(%)	독신 가구(달러)	기혼 가구(달러)	절감률(%)
10	0~11,00	0~22,000	0
12	11,001~44,725	22,001~89,450	3
22	44,726~95,375	89,451~190,750	7
24	95,376~182,100	190,751~364,200	9
32	182,101~231,250	364,201~462,500	17
35	231,251~578,125	462,501~693,750	20
37	578,126+	693,751+	22

라서 반드시 여러분이 투자한 특정 투자상품이 해당 연도에 어떤 세율을 적용받는지 계속 확인하고, 세금 전문가와 상담해야 한다.

주식을 통해 돈을 버는 두 번째 방법은 배당금을 받는 것이다. 배당은 기업이 이익의 일부를 일반 주주를 비롯한 전체 주주에게 나눠주는 것을 말한다. 즉, 배당을 주는 기업의 주식을 보유하면, 배당이 이루어질 때 보유분만큼 배당을 받는다. 가령 IBM은 분기별로 주당 1.5달러를 배당한다. 따라서 1주에 대해 분기마다 1.5달러, 1년에 총 6달러를 받을 수 있다.

배당액을 토대로 '**배당수익률**'이라는 또 다른 중요한 수치를 파악할 수 있다.

IBM의 사례를 계속 활용해보자. 이 경우, 주당 6달러의 연 배당액을 현재 주가인 120달러로 나누면 된다. 그 값을 백분율로 나타내면 5%가 된다. 다시 말해 그냥 IBM 주식을 사서 들고 있기만 하면, 주가에 변동이 없어도 여전히 매년 5%의 투자수익률을 올릴 수 있다.

이를 숫자로 나타내면 다음과 같다.

배당수익률=연 배당÷현재 주가

주식 A

매수가(t-1년)=120달러

가격(오늘)=120달러

배당=주당 6달러

투자수익률=(순투자수익÷총 비용)×100%

순투자수익=(가격-매수가)+배당

투자수익률=((120달러-120달러)+6달러)÷120달러=0.05×100%=5%

투자수익률=5%

일반적으로 배당에는 두 가지 유형이 있다.

❶ **정기 배당:** 대개 분기마다 지급하며, 현금 또는 추가 주식의 형태로 주어진다.

❷ **특별 배당:** 언제든 지급될 수 있는 1회성 배당으로서 현금 또는 추가 주식의 형태로 주어진다. 기업이 특별 배당을 선언하는 이유는 다양하다. 그 중에 몇 가지를 보면 다음과 같다.

- 잉여 보유 현금: 당장의 사업 운영이나 확장에 필요치 않은 잉여 보유 현금이 생길 수 있다. 이 경우 기업은 그 중 일부를 주주들에게 특별 배당으로 분배하는 방안을 선택할 수 있다.

- 1회성 이벤트: 주요 자산을 매각하거나 대규모 합의금을 받은 경우, 잉여 현금 중 일부를 주주들에게 특별 배당으로 분배하는 방안을 선택할 수 있다.

- 사업 전략 전환: 기업이 사업 전략을 전환하여 더 이상 지금처럼 많은 현금을 보유할 필요가 없을 수 있다. 이 경우 주주들에게 특별 배당을 주는 방안을 선택할 수 있다.

- 주주 압박 완화: 행동주의 주주들은 특별 배당을 하라고 기업을 압박할 수 있다. 특히 기업이 정기 배당을 지급해온 역사가 있으며, 상당한 현금을 보유하고 있는 경우에는 더욱 그렇다.

기업이 생긴 지 얼마 되지 않았고 빠르게 성장하는 경우 배당을 지급하는 일이 드물다. 앞으로 계속 성장하기 위해 경영 자금이 필요하기 때문이다. 반면, 전체 사업 운영 및 미래 성장에 필요한 현금흐름을 충분히 창출하는 단계에 이르면 이사회가 배당을 선언할 수 있다. 배당금은 지분에 따라 전체 주주에게 분배된다.

역사적 관점에서 보면 배당수익률이 높은 특정 산업이 있다. 이들 산업은 은퇴 후 추가 소득을 바라는 노년층 투자자들에게 지극히 매력적이다. 가령 유틸리티 기업, 석유 및 가스 기업, 금융서비스 기업은 모두 배당수익률이 높은 경향이 있으며, 분기마다 주주들에게 배당을 준다. 다른 소득원이라곤 매달 나오는 복지 수당밖에 없는 은퇴자에게, 고배당 종목으로 구성된 포트폴리오는 겨우 먹고사는 수준과 호사스럽게 사는 수준의 차이를 만들 수 있다.

그런 측면에서 배당 소득은 두 가지 결과로 이어질 수 있다.

❶ 소비: 일부 투자자는 실제로 배당 소득으로 먹고산다. 하지만 최근에 지급된 배당금을 갖고 라스베이거스에 가서 며칠 동안

신나게 놀면 안 된다는 법은 없다. 내 말은 당신 돈이니 그걸로 무엇이든 하고 싶은 일을 할 수 있다는 것이다! 그래도 자제력을 발휘해서 다음의 선택지를 고르는 게 더 낫다.

❷ **재투자:** 소득으로 생활비를 댈 필요가 없다면 이 선택지가 분명 더 바람직하다. 배당을 지급하는 대다수 기업은 배당재투자 프로그램을 제공한다. 즉, 당신이 받을 배당금으로 주식을 자동으로 추가 매수하도록 해준다. 여기에 대해서는 나중에 더 자세히 살필 것이다. 그때 장기 복리를 활용하여 투자수익률을 극대화하는 방법도 설명해줄 것이다.

배당을 받으려면 '배당기준일'이라고 부르는 특정한 날짜에 주주 명단에 포함돼있어야 한다. 배당기준일에 주식을 매수한다해도 주주 명단에 바로 들어갈 수 없기에 배당을 받을 수 없다.

'배당락일'은 주식을 매수해도 배당을 받을 수 없는 거래가 시작되는 날을 말하며, 대개 배당기준일 이틀 전으로 설정된다.

배당락일이 되면 대개 주가가 배당액만큼 감소한다. 각 주의 가치가 주주들에게 지급된 배당액만큼 줄어들었기 때문이다. 가령 주가가 주당 100달러이고, 해당 기업이 주당 1달러의 배당을 선언한 경우를 보자. 이 경우 주가는 현재 매수해도 1달러의 배당을 받을 수 없다는 사실을 반영하여 주당 99달러로 떨어진다.

이러한 배당이 25년에 걸친 다우지수의 회복에 어떤 영향을 미쳤는지를 계산할 때 고려해야 할 두 가지 사안이 있다.

❶ 첫째, 배당수익률과 주가 사이에는 역관계가 성립한다. 구체적으로 말해서, 주가가 하락하면 배당수익률이 상승한다. 반대로 주가가 상승하면 배당수익률이 하락한다. 간단한 계산이지만 IBM 주식을 예로 들어 설명해보겠다. IBM 주가가 주당 120달러에서 60달러로 50% 하락했다고 가정하자. 그러면 5%의 배당수익률은 자동으로 두 배인 10%가 된다. 반대로 주가가 주당 120달러에서 240달러로 100% 상승하면, 5%의 배당수익률은 자동으로 절반인 2.5%가 된다. 다시 말하지만 간단한 계산이다.

❷ 둘째, 주식 가격은 계속 오르내리는 경향이 있는 반면 배당 규모는 일관되게 유지되는 경향이 있다. 그 이유는 기업이 주주들에게 지급하는 배당금을 유지하기 위해 할 수 있는 거의 모든 일을 하기 때문이다. 배당금이 조금만 줄어도 해당 주식이 심대한 타격을 입을 수 있다. 생각해보면 이는 전적으로 타당하다. 왜 그럴까? 기업이 분기별 배당을 줄여야 한다고 생각한다는 것은, 현금흐름 문제가 생겼다는 확실한 신호이기 때문이다. 또한 많은 주식의 주가는 배당을 통해 뒷받침된다. 수익률에 굶주린 투자자들은 배당 소득에 이끌린다. 그들은 배당수익률이 더 높은 다른 종목을 사기 위해 해당 종목을 매도하

기 시작한다. 바로 이런 이유로 배당금이 조금만 줄어도 주가에 엄청난 압박이 가해지는 경향이 있으며, 기업 이사회는 대개 최후의 수단으로만 배당금 삭감을 승인한다.

이런 사실들을 염두에 두고, 다우지수가 대공황 동안 90% 하락했을 때를 생각해보자. 이는 다우지수를 구성하는 30개 기업의 배당수익률에 어떤 영향을 미쳤을까?

이 질문의 답을 듣기 전에 주의할 것이 있다. 내가 여기서 말하는 것은 각 기업의 배당액에 생긴 변화가 아니라는 점이 중요하다. 대부분의 경우 배당액은 그대로 유지되었다. 내가 말하는 것은 다우지수의 90% 하락이 각 30개 기업의 배당수익률과 그들의 평균 배당수익률에 미친 영향이다. 물론 그 답은 90% 하락에 발맞추어 각 기업의 배당수익률이 올랐다는 것이다. 그들의 평균 배당수익률도 마찬가지다.

구체적으로 말해서, 1930년과 1945년 사이에 다우지수를 구성하는 30개 종목의 평균 배당수익률은 14%였다. 역사적 기준으로 보면 실로 놀라운 수치다. 현재 다우지수를 구성하는 30개 종목 즉, 다우의 평균 배당수익률은 1.9%에 불과하다.

실질적으로 해당 기간 동안 전체 다우 종목을 보유하고 배당을 재투자한 투자자는 5년마다 투자금액을 두 배로 불릴 수 있었다는 뜻이다. 다우지수는 한 발짝도 나아가지 않았는데도 말이다. 배당만으로도 이런 실적을 올리기에 충분했다.

월가의 늑대 시장을 이겨라

요점을 설명하기 위해, IBM이 1910년에 처음 상장됐을 때 투자한 100달러에 대한 원래의 계산으로 돌아가보자.

그 내용을 상기하자면, 배당이 없을 경우 현재 가치는 400만 달러였다. 100달러를 400만 달러로 불리는 것은 분명 비웃을 일이 아니다. 그러나 투자기간을 감안할 때 사실 내게는 그다지 놀랍지 않았다. IBM이 지난 100년 동안 주주들에게 지급한 모든 배당을 재투자한 경우, 같은 투자가 오늘날 어느 정도의 가치를 지닐지 짐작해보라. 그 답을 알면 아마 매우 놀랄 것이다.

준비되었는가?

그 숫자는 1억 4,000만 달러로 급증한다.

맞다. 무려 1억 4,000만 달러다. 이는 초기 투자액의 100만 배보다 많다.

여러분에게는 어떻게 느껴질지 모르겠다. 하지만 이 숫자는 나를 정말로 놀라게 만들었을 뿐 아니라, 실질 기준으로 다우지수가 대공황으로부터 완전히 회복하여 폭락 전 고점인 383포인트를 넘어서는 데 25년보다 훨씬 짧은 기간이 소요된 이유를 설명한다.

사실 해당 기간의 디플레를 반영하고 다우 종목의 매우 높은 배당금을 포함하면, 다우지수는 겨우 7년 후인 1936년 11월 5일에 185포인트를 찍었을 때 신고점에 이르렀다.

계산을 해보자. 디플레는 이미 반영했다. 다우지수의 각 포인트는 (실질 기준으로) 33% 더 많은 가치를 지닌다. 즉, 62포인트가 추가된다. 그에 따라 다우지수의 실질 가치는 185포인트에서 247포인트가 된다. 그 다음에는 14%로 급등한 높은 배당수익률을 반영해야 한다.

이를 위해서는 이른바 '72의 규칙'[10]을 활용한다. 거기에 따르면 수익률이 14%인 경우 5년마다 돈이 두 배로 불어난다. 이는 그전까지 가려져왔던 사실을 드러낸다. 다우지수가 1936년 말에 완전히 제자리로 돌아왔다는 사실 말이다. 이 시기는 대다수 사람들이 생각하는 것보다 19년이나 빠른 것이며, 여전히 대공황이 한창이던 때다.

또한 1939년에는 다우지수에 거의 우스울 정도로 나쁜 결정이 이뤄졌다. 그 결과 다우지수의 실질 가치가 크게 하락했다. 이에 대한 얘기는 세 번째 변수로 다루겠다.

3. 다우지수 구성 종목

마지막으로 IBM 이야기로 돌아가보자.

IBM은 1911년에 처음 상장됐으며, 1929년에 10월 대폭락을 경험했다. 이 기간에 IBM은 꽤 성공한 기업이었으나 아직 유명 기업 반열에는 오르지 못했다. 문제는 회사의 주요 사업이 데이터 처리였으며, '데이터 처리'라는 개념이 아직 존재하지도 않던

---

[10] 복리를 간단하게 계산하는 방식이다. 연간 수익률로 72를 나누면 돈을 두 배로 불리는 데 몇 년이 걸리는지 알 수 있다.

월가의 늑대 시장을 이겨라

시대에 사업을 운영했다는 것이다.

실제로 검은 월요일이 닥쳤을 때 IBM은 다우지수 구성 종목조차 아니었다.

다우존스앤드컴퍼니는 1932년이 되어서야 마침내 IBM을 다우에 포함하기로 결정했다. 그때도 IBM은 여전히 일반 대중에게 비교적 낯선 기업이었다.

당시 다우지수는 1929년의 전 고점에서 90% 넘게 하락한 상태였다. IBM의 주가도 크게 나은 형편이 아니어서 다우지수와 거의 맞물려서 급락했다. 그래서 1929년 9월의 폭락 전 고점인 234달러에서 크게 하락한 9달러에 거래됐다.

요컨대 이전 3년은 모두에게 험난했다.

하지만 다행스럽게도 상황이 빠르게 호전되었다. 특히 IBM의 경우는 더욱 그랬다.

순전한 천재성이든, 그저 행운이든 간에 IBM을 다우지수 구성 종목으로 만든 사람에게는 '노벨 종목선정상'을 수여해야 한다. IBM이 다우지수 구성 종목이 된 지 3주 후에, '미국을 위한 새로운 계획'을 공약으로 내세운 루스벨트가 대선에서 승리했기 때문이다.

그는 회계 부기簿記, bookkeeping 악몽의 역사에서 악몽 같은 최악의 제도를 만들었다. 그것은 바로 사회보장법이었다. 갑자기 미국의 모든 기업은 직원이 일한 시간을 기록한 다음, 임금 중 일부를 연방 정부에 지불해야 할 법적 의무를 지게 됐다. 뒤이어 연방 정부는 각 노동자가 마침내 65세가 되어 연금 수급 자격을 갖추면, 그간의 노동 기록에 따라 누구에게, 언제, 어디서, 얼마를 지급해야 할지를 파악해야 했다. 결국 해결책은 오직 하나뿐이었다.

바로 인터내셔널 비즈니스 머신이었다.

IBM은 최첨단 도표 작성기와 특허 받은 천공 카드를 갖추고 있었다. 이것들은 미국이 직면한 가장 큰 문제인 데이터 처리에 대한 유일한 해결책이었다.

그런 이유로 기업 역사상 가장 폭발적인 성장이 시작됐다. 그때까지 IBM은 10년에 한 번 인구조사가 실시될 때만, 그에 필요한 가산기 및 천공 카드를 제조하는 회사였다. 그러나 이제는 세상에서 가장 크고 가치 있는 기업이 됐다. 그것도 2위인 엑손모빌 Exxon Mobil 을 250%의 격차로 따돌릴 정도였다.

실로 놀라운 성공담이지 않은가?

이 성공담의 영예는 IBM뿐 아니라 다우존스앤드컴퍼니의 명민한 사람들에게도 돌아가야 한다. 그들은 IBM이 47년 동안 전설적인 성장을 이루기 직전에 구성 종목으로 추가하는 지혜와 선견지명을 보였다. 47년에 걸친 폭발적인 성장과 주가 급등, 배당 대량 증액을 내다본 것이다. 주주들은 엄청난 수익률을 누렸다. IBM이 다우지수 구성 종목이 됐을 때 9달러에 겨우 1주만 산 투자자라 해도 예외는 아니었다. 1979년에는 그 가치가 무려 4만 1,272달러에 이르렀기 때문이다. 달리 말하자면, 47년 동안 폭발적으로 성장한 IBM의 투자수익률은 **45만 8,600%**였다.

정말 믿기 어려운 수준 아닌가?

얼마나 지혜로운 일인가! 얼마나 대단한 선견지명인가! 다우존스앤드컴퍼니의 천재적인 종목 선정자들은 얼마나 명민한가! 그 모든 기간에 걸쳐 IBM이 다우지수에 미친 파급력이 얼마나 클지는 상상조차 하기 어렵다. 분명 혼자 힘으로 다우지수를 이전에는 상상도 하지 못한 수준으로 끌어올렸을 것이다. 그렇지 않은가?

실은 그게 아니었다.

한 가지 작은 문제점이 있었다.

1939년에 다우존스앤드컴퍼니의 한 월드 클래스 멍청이(어쩌면 '멍청이들'이었을지도 모른다. 한 명이 했다기에는 너무나 멍청한 결정처럼 보이기 때문이다)가 IBM을 구성 종목에서 빼기로 결정했다. 한창 세상에서 가장 가치 있는 기업으로 성장하는 와중에 말이다. 그렇다. IBM은 다우지수 구성 종목이 된 지 7년 만에 탈락됐다.

왜 다우존스앤드컴퍼니가 그런 결정을 내렸는지는 사실 중요치 않다. 다만 간략히 설명하자면, 다우존스유틸리티지수[11]라는 다른 지수를 뜯어고치는 과정에서 IBM이 유탄을 맞은 것이 원인

---

11 1929년에 만들어진 15개 상장 유틸리티 기업(전기, 가스, 수도 등 필수 공공재를 생산하고 공급하는 기업─편집자)의 주가 변동을 추적하는 지수다. 기업 선정은 시가총액, 유동성, 집단 대표성을 토대로 이뤄진다. 이 지수는 주식시장에서 유틸리티 업종의 전반적인 상황을 알려주는 대표적인 지표로 간주된다.

이었다. 결국 IBM은 당시 IBM보다 훨씬 큰 기업인 AT&T로 대체됐다.

어쨌든 이는 끔찍하게 나쁜 결정으로 드러났다.

이후 40년 동안 IBM은 형편없는 고객서비스로 고객을 열받게하는 것 말고는 모든 척도에서 AT&T를 앞질렀다. 해당 부문에서는 AT&T가 독보적인 최고 기업이었다. 그러나 다른 모든 부문, 특히 주가 상승률 부문에서는 두 기업의 격차가 실로 놀라울 정도였다.

구체적으로 1939년부터 IBM이 마침내 다우지수 구성 종목으로 복귀한 1979년까지를 예로 들어보자. 이 기간에 AT&T에 1,000달러를 투자했다면 그 가치는 겨우 2,500달러가 되었을 것이다. 반면 같은 1,000달러를 IBM에 투자했다면 그 가치는 400만 달러 이상이 됐을 것이다.

IBM이 다우지수 구성 종목으로 복귀한 정확한 날짜는 1979년 3월 16일이었다.

당시 다우지수는 841.18포인트였다.

결정적인 질문은 'IBM이 애초에 퇴출되지 않았다면 1979년 3월 16일에 다우지수는 얼마였을까?' 하는 것이다.

추측해보고 싶은가? 내가 수고를 덜어주겠다.

답은 2만 2,740포인트다.

놀랍지 않은가?

실로 그렇다. IBM 또는 같은 맥락에서, 하나의 종목이 장기간에 걸쳐 다우지수에 미칠 수 있는 파급력은 이토록 심대하다. 물론 파급력은 양방향으로 미칠 수 있다. 올바른 결정이 긍정적인 파급력을 미칠 수 있는 만큼, 잘못된 결정이 부정적인 파급력을 미칠 수 있다.

이 점이 왜 중요할까?

거기에는 세 가지 이유가 있다.

첫째, 이 세 번째 변수는 다우지수가 대폭락에서 회복하는 데 25년이 걸렸다는 보편적인 인식을 완전히 틀린 것으로 만든다. 실질 기준으로 보면 회복하는 데 7년밖에 걸리지 않았으며, 그것도 나라가 여전히 대공황의 와중에 있을 때 이루어졌다.

둘째, 이는 끈기 있는 장기 투자의 가치를 뚜렷하게 상기시킨다. 장기 투자를 하는 이들은 격렬한 하락세에 놀라서 바닥에서 매도하는 일을 하지 않는다. 주위 사람들이 모두 시장이 회복하는 데 수십 년이 걸릴 거라고 말해도 말이다.

역사적으로 보면 그것은 전혀 사실이 아니다. 지난 150년을 뒤돌아보면, 약세장의 평균 지속기간은 2년 미만이었다. 미국 경제 전반의 붕괴를 수반한 역사상 최악의 약세장도 7년밖에 지속되지 않았다. 달리 말하자면, 멍청이들의 말은 듣지 말고 인내심을 가져라!

셋째, 이는 다우지수처럼 30개 종목으로 구성되는 지수가 폭넓은 주식시장의 상황을 정확하게 알려주는 벤치마크가 될 수 없음을 명확하게 말해준다. 아무리 구성 종목을 신중하게 선정한다고 해도 그렇다. 30개는 표본이 너무 적다. 또한 다우지수는 초창기 부터 빠르게 성장하여 경제에 중심적인 역할을 하는 중소기업의 중요성을 간과한다.

물론 내가 처음 이 사실을 깨달은 건 아니다.

다우지수가 주식시장(그리고 이면의 경제)의 벤치마크로서 부정확하다는 사실은 100년 넘게 논쟁 대상이었다. 1900년대 초기 이후 미국의 모든 대통령, 재무부 장관, 연준 의장은 다우지수가 시장과 동일하며, 다우지수 하락은 경기 침체를 뜻한다는 대중의 오해와 씨름해야 했다. 사실은 전혀 그렇지 않다.

대중은 지나치게 단순화된 금융 뉴스의 보도 방식 때문에 단지 그렇다고 세뇌당했을 뿐이다. 금융 뉴스는 매일 다우지수의 방향과 두어 가지 특이사항을 알려준다. 그런 다음 미국 경제가 어떻게 될지 떠들어댄다. 결국 이 모든 내용은 일반인들의 머릿속에서 한데 뒤섞인다. 그런 뉴스를 늘상 듣다보면 '탁!' 연결고리가 만들어진다.

실효적인 지수를 개발하기 위한 노력

실제로 멀게는 1923년부터 스탠더드스태티스틱스Standard Statistics 라는 회사가 매우 불완전한 다우지수보다 더 정확한 벤치마크 기능을 하는 지수를 만들려고 시도했다. 다만 한 가지 작은 문제가 있었다.

아직 컴퓨터가 나오지 않은 시대에는 그게 말처럼 쉬운 일이 아니었다.

'삼세번에는 된다'라는 말을 들어봤는가?

미국 주식시장과 이면의 경제에 대한 보다 정확한 벤치마크를 만들려는 스탠더드스태티스틱스의 노력이 그런 경우였다. 그들의 지수가 성공하려면 주식시장과 동의어가 될 만큼 확고하게 자리 잡은 다우지수보다 몇 배는 뛰어나야 했다.

실제로 1920년대 초반에 전국의 모든 신문은 전날 장 마감 시의 다우지수를 비즈니스 섹션 1면에 실었다. 또한 최신 미디어로 각광 받은 뉴스 라디오는 전날 시황을 하나의 간단한 문장으로 간략하게 정리했다. 가령 "월가 상황을 보면, 노동부가 발표한 고용률이 예상치보다 견조하게 나온 데 대한 반응으로 투자자들이 호가를 높이면서 활발한 거래가 이루어진 덕분에, 어제 다우존스산업평균지수는 3포인트 상승 마감했습니다"라거나 "월가 상황을 보면, 정부가 부진한 3분기 경제 성적을 발표하여 불경기가 임박했다는 신호를 보낸 후 투자자들이 위험에 대비하는 가운데, 어제 많은 거래량과 함께 다우존스산업평균지수가 6포인트 하락 마감했습니다"라는 식이었다.

이런 뉴스가 내포하는 메시지는 명확했다. 바로 다우지수는 주식시장과 동의어이며, 경제와 다우지수는 불가분하게 연결돼있다는 것이었다.

다른 한편, 월가의 모든 사람에게 다우지수의 결점은 너무나 명확했다.

특히 두드러지는 세 가지 결점이 있었다.

❶ 다우지수는 표본 크기가 너무 작아서 폭넓은 주식시장을 정확하게 대표하지 못했다. 당시 뉴욕증권거래소에는 이미 700여 개 종목이 상장된 데다가 그 수가 빠르게 늘어나고 있었다.

❷ 다우지수는 공업 부문에 많이 치중돼 있었으나, 미국 경제는 갈수록 다양화되고 있었다. 결국 다우지수는 유효성을 유지하기 위해 비공업부문 기업도 편입하기 시작했다. 그러나 그 변화는 훨씬 나중인 1960년대에야 이루어졌다.

❸ 다우지수는 계산을 단순화하기 위해 각 종목에 가격 가중 방식을 썼다. 그에 따라 주가의 단위가 높은 종목은 유통주식 수가 얼마나 되든지 낮은 종목보다 지수에 훨씬 큰 영향을 미쳤다. 그 결과 어느 날이든 주가가 가장 높은 두 개의 종목이 지수의 방향을 좌우하는 경우가 많았다.

물론 이런 결점들에 대한 해결책은 명확했다.

그것은 보다 폭넓은 산업에 속한 종목을 더 많이 편입하고, 각 기업의 시가총액(즉, 나머지 구성 종목과 비교하여 상대적인 현재의 총 시장가치)을 토대로 지수를 계산하는 것이었다. 그리고 그 결과를 하나의 간단한 수치로 매일 발표하는 것이었다.

주가가 아닌 시가총액을 활용하면 세 가지 이점이 생긴다.

❶ 시가총액 가중 방식은 규모가 큰 기업의 주가 변동에 더 큰 영향을 받는다. 따라서 폭넓은 주식시장과 이면의 경제를 보다 정확하게 대표하게 된다.
❷ 시가총액 가중 방식은 각 기업의 실제 가치를 반영한다. 반면 가격 가중 방식은 시가총액과 무관하게 주가가 얼마나 높은지만 반영한다.
❸ 시가총액 가중 방식은 시가총액 변동 없이 주가만 높이는 주식분할 및 기타 행위의 영향력을 감소시킨다.

안타깝게도 종목 수와 산업 범위를 늘리고 시가총액 가중 방식을 쓰는 해결책은 컴퓨터 없이 실행하기가 대단히 어려웠다. 가령 30개 종목만 대상으로 삼는다 해도, 한 부대의 회계사와 통계학자가 매일 계산에 매달려야 했다.

그럼에도 스탠더드스태티스틱스는 위축되지 않고 1923년에 첫 시도를 했다. 그들이 힘든 계산 끝에 매주 한 번씩 발표한 최초의 지수는 폭넓은 산업에 속한 233개 종목으로 구성됐다. 이 지수는 전반적인 추세를 파악하는 용도로 홍보됐다. 그러나 월가의 반응은 기껏해야 미지근한 수준이었다. 알고 보니 주간 지수는 뭔가를 파악하는 데 그다지 유용하지 않았다. 결국 몇 년 후 스탠더드스태티스틱스는 처음 만든 지수를 버리고 구상 단계로 되돌아갔다.

두 번째 시도는 1926년에 이뤄졌다.

그들은 지난 실수로부터 교훈을 얻어서 이번에는 일간 지수를 들고 나왔다. 이 지수는 폭넓은 산업에 속한 90개 대형주[12]로 구성되었으며, 해묵은 다우지수보다 나은 개선판으로 기획된 것이었다. 그들은 월가와 일반 대중에게 보다 쉽게 다가가기 위해 새 지수에 '종합지수Composite Index'라는 듣기 좋은 명칭까지 부여했다.

그러나 이번에도 마찬가지였다. 30개 종목으로 구성된 경쟁 지

---

12 시가총액이 100억 달러 이상인 종목을 말한다. '시가총액'은 유통주식의 총 가치를 말하며, 주식 수에 현재 주가를 곱하여 계산한다. 대형주는 대개 확고한 기반을 갖추고 꾸준히 성장한 기업의 주식으로서 소형주나 중형주보다 안전하다고 간주된다.

월가의 늑대 시장을 이겨라

수보다 훨씬 나은 척도임에도 불구하고 종합지수는 다우지수처럼 인기를 끄는 데 실패했다. 결국 이후 30년 동안 어떤 것의 벤치마크도 되지 못했다. 그래도 스탠더드스태티스틱스는 위축되지 않았다. 그들은 천천히 그러나 확고하게 더 많은 종목을 종합지수에 편입해나갔다. 그리고 대공황 동안에도 발표를 멈추지 않았다.

뒤이어 신용평가산업을 뿌리채 뒤흔든 합병이 이뤄졌다.

1941년에 스탠더드스태티스틱스는 핵심 경쟁사 중 하나인 푸어스퍼블러싱Poor's Publishing과 합병하여 스탠더드앤드푸어스 Standard & Poor's를 만들었다. 이 회사는 나중에 세계 최대 신용평가사가 됐다. 또한 그들은 결국에는 핵심 경쟁 지수인 다우존스산업평균지수까지 장악하게 된다. 2011년에 다우지수 운영권을 확보한 스탠더드앤드푸어스는 모든 금융 지수에서 이론의 여지가 없는 글로벌 리더가 됐다.

한편 1940년대 말에 오늘날의 월가 수수료 절취 복합체의 현대적 버전이 확고하게 자리 잡기 시작했다. 새롭게 부상하는 증권사인 메릴린치가 주도하는 가운데, 금융계와 광고계의 공생관계가 폭발적으로 확대됐다. 전국에 걸쳐 일반 투자자를 겨냥한 마케팅 캠페인이 전개됐다. 메릴린치는 마케팅 캠페인을 시작한 지 5년 만에 비교적 덜 알려진 증권사에서 미국 최대 기업 중 하나가 됐다.

다른 월가 기업들은 재빨리 변화를 감지했다.

머지않아 모든 대형 기업은 수백만 달러짜리 광고 캠페인으로 언론 매체를 도배했다. 그 내용은 주로 윤리경영에 대한 의지와 견줄 데 없는 실적을 강조하는 것이었다.

물론 이 두 가지 주장은 새빨간 거짓이었다. 하지만 어쨌든 광고는 강력한 힘을 발휘한다. 그렇지 않은가? 특히 어디로 눈길을 돌리든 같은 메세지가 고장난 레코드 플레이어처럼 계속 반복될 때는 더욱 그렇다.

그 파국적인 메시지는 무엇이었을까?

아이러니하게도 같은 메세지가 지금도 여전히 들리고 있다.

월가 수수료 절취 복합체는 일반 투자자들에게 한 가지 사실을 설득하기 위해 하루 24시간, 1년 365일 쉬지 않고 광고 캠페인을 펼친다.

그 사실은 월가 전문가가 일반 투자자보다 돈을 더 잘 운용할 수 있다는 것이다. 그게 메시지의 전부다! 그 많은 광고의 요지가 그것이다.

월가는 일반 투자자의 잘못된 믿음에 의존한다. 월가의 독자적인 리서치나 최첨단 트레이딩 전략, 색다른 금융상품 또는 온라인 트레이딩 플랫폼이 없으면 돈을 잃는다는 믿음 말이다.

하지만 이는 사실과 거리가 아주 멀다.

내 말이 과장된 것 같은가?

워런 버핏이 돈을 월가에 맡기느니 다트를 던지는 원숭이에게 맡기겠다고 한 말을 기억하는가?

정말 그게 맞을까?

그의 말은 100% 옳다.

명문대 졸업장과 '최첨단 전략'을 갖춘 월가 최고 두뇌들도 원숭이들을 이기지 못한다. 원숭이들이 명문대 출신 월가 사람들을 10번 중 9번이나 이겼다.

정말 놀랍지 않은가?

눈을 가린 원숭이들이 그렇게 종목 선정을 잘할 줄 누가 알았을까?

물론 유일한 문제는 정작 당신에게 필요할 때 눈을 가린 원숭이들이 주위에 없다는 것이다. 게다가 이 원숭이들은 그다지 사용자 친화적이지도 않다. 그들은 사나운 데다가 엄청나게 똑똑하다. 사실 다트판에 다트를 던지는 것처럼 당신에게 똥을 던질 수도 있다.

하지만 다행스럽게도 버핏이 말하려는 바는 동물원에 가서 원숭이들을 납치한 다음, 눈가리개를 하고 다트 던지는 법을 가르치라는 게 아니다.

그 자리에서 청중들이 약간 더 졸랐다면 버핏은 이런 요지의 말을 했을 것이다. "아주 간단한 전략을 고수할 의지가 있다면, 그저 월가를 10번 중 9번 이기는 데 만족할 필요가 없습니다. 항상 그들을 완전히 뭉개버릴 수 있습니다."

그렇다면 그 놀라운 전략은 무엇일까?

그것을 온전히 이해하려면 1957년 3월 6일로 시간을 거슬러 올라가야 한다. 이 운명의 수요일에 스탠더드앤드푸어스는 세계 최초의, 컴퓨터로 산출한 주식지수인 **S&P500**을 출범시켰다.

폭넓은 산업에 속한 500개 대형주로 구성된 이 신식 주식지수는 궁극적으로 세계 최고의 투자 수단으로 변신할 것이었다. 그 수혜자는 월가에서 가장 신경 쓰지 않는 투자자 집단, 바로 일반 투자자가 될 것이었다.

명확히 해두자면, S&P500이 안긴 엄청난 혜택은 한 번에 생기지 않았다. 그보다는 처음 생길 때부터 조금씩 쌓여갔다.

그것이 1단계였다.

스탠더드앤드푸어스에는 두 명의 매우 뛰어난 통찰력을 지닌 사람들이 일하고 있었다. 아이러니하게도 기술력이 그들의 꿈을 실현할 수 있는 수준으로 발전하기까지는 34년이 걸렸다. 그들은 자신들이 월가 수수료 절취 복합체에 맞서 싸울 무기를 내놓게 될 줄 전혀 몰랐다.

사실 그들이 지수를 출범한 후부터 그 지수가 세계 최고의 투자 수단으로 변신하기까지는 20년의 간극이 있었다. 또한 이 변신은 스탠더드앤드푸어스 내부에서 이뤄진 것이 아니었다. 그것을 이룬 사람은 성질 더럽고 기득권을 혐오하는 월가 사람이었다.

새롭게 부상하는 인물인 그의 이름은 존 보글John Bogle이었다.

그가 만든 회사의 이름은 뱅가드Vanguard였다.

〈로드 러너 쇼The Road Runner Show〉를 보면 와일 코요테Wile E.

Coyote가 유도 미사일로 로드 러너를 죽이려하는 장면이 나온다. 그러나 미사일은 경로를 벗어나 오히려 코요테를 날려버린다. 1976년에 바로 이런 일이 일어났다. 당시 존 보글은 S&P500을 금융계의 미사일로 삼아 월가 수수료 절취 복합체의 심장을 정면으로 겨눴다. 그의 의도는 그것을 날려버리는 것이었다!

존 보글은 왜 그런 일을 하려고 한 걸까?

간단히 말하자면, 오랫동안 품었던 의심이 맞았음을 확인해주는 확실한 증거를 접했기 때문이었다. 그동안은 증명할 방법이 없던 그 의심은 월가가 뽐내는 최고의 종목 선정 능력이라는 게 완전히 거짓이라는 것이었다.

그 내용은 이렇다.

1900년대 초반 이후로, '주식시장은 너무나 효율적이어서 꾸준히 시장수익률을 넘는 것은 불가능하다'는 사실을 증명하는 연구가 이루어졌다. 이들 연구는 소규모였지만 설득력이 있었다.

이 이론의 핵심에는 한 가지 단순한 생각이 있었다. 그것은 상장사에 대한 모든 의미 있는 정보는 쉽게 구할 수 있기 때문에 이미 주가에 반영돼있다는 것이다. 다시 말해서, 어느 때든 투자자들은 자신이 구할 수 있는 모든 정보를 구매 결정에 이미 반영하며, 이는 다시 각 기업의 주가에 반영된다는 것이다.

이 이론은 1930년대에 처음 테스트를 받았다.

대폭락 이후 알프레드 코울스Alfred Cowles 라는 미국 경제학자가 한 가지 생각에 집착하게 됐다. 그것은 월가의 정상급 애널리스트들도 시장이 앞으로 어디로 갈지 전혀 모른다는 것이었다. 만약 그들이 안다면 왜 고객들에게 폭락 전에 매도하라고 조언하지 않았을까? 그가 보기에는 말이 되지 않았다. 온갖 화려한 리서치 보고서에도 불구하고 사실 그들은 모르는 게 아닐까?

그는 이 질문에 답하기 위해 1871년까지 거슬러 올라가는 조사 용역을 맡겼다. 조사 내용은 월가의 정상급 금융서비스 기업들이 진행한 7,500건의 종목 추천을 각 개별 종목의 실제 상승률과 비교하는 것이었다. 컴퓨터 없이 하기에는 상당히 힘든 작업이었다. 그러나 코울스는 2년에 걸친 계산 끝에 답을 얻었다.

그 답은 월가의 주요 투자 전문가들이 한 종목 추천은 점쟁이의 예측만큼이나 정확하지 않다는 것이었다. 다시 말해서 월가는 전체적으로 거짓말쟁이였으며, 그들은 그들이 부과하는 온갖 수수료를 받을 자격이 없었다.

물론 1930년대 버전의 월가 수수료 절취 복합체가 보기에 코울스가 내린 결론은 이단에 가까운 것이었다. 그래서 그것을 자기 잇속을 챙기기 위한 편향된 결론이라고 매도하며 재빨리 무시해버렸다. 그러나 증거가 계속 쌓여갔고, 그것을 증명하는 기술도 계속 발전해갔다.

1970년대 초반이 되자, 컴퓨터가 마침내 충분한 성능을 발휘하게 됐다. 그래서 월가의 초기 시절까지 거슬러올라가 모든 뮤추얼펀드의 수익률을 가상의 S&P500과 비교하여 정확하게 측정할 수 있었다.

월가의 늑대 시장을 이겨라

이 작업에 필요한 정보는 쉽게 구할 수 있었다. 버튼우드 협정 때부터 뉴욕증권거래소에서 거래된 모든 주식의 종가, 시가총액, 배당수익률에 대한 정보가, 어딘가에 먼지를 덮어쓴 채 보관돼있었다. 연구자들은 그걸 전부 파내기만 하면 됐다.

또한 앞서 말한 대로 스탠더드앤드푸어스는 1920년대에 구성 종목이 30개뿐인 다우지수보다 더 정확한 벤치마크를 만들려고 시도했다. 덕분에 가상의 S&P500을 만드는 작업이 한결 수월해졌다.

나머지 계산은 이제 쉽게 할 수 있는 상태였다.

연구자들은 모든 데이터를 일련의 IBM 천공 카드에 입력하고, 빅 블루의 메인프레임 컴퓨터에 넣기만 하면 됐다. 그러면 컴퓨터가 알아서 계산해줬다.

그 결과는 놀랍지 않았으나, 월가에게는 재난이었다.

경제학자들이 1900년대 초부터 의심한 세 가지 거대한 진실에 대한 부정할 수 없는 증거가 역사상 처음으로 제시됐다.

❶ **시장의 효율적 속성**은 향후 방향을 예측할 수 없게 만든다.
❷ 가장 높은 수수료를 물리는 뮤추얼펀드가 최악의 장기 수익률을 기록했다.
❸ 1924년에 뮤추얼펀드 산업이 출범한 후로, 수수료를 제외하고 S&P500 수익률을 꾸준히 따라잡은 뮤추얼펀드는 하나도 없다.

이렇게 월가의 추악한 진실이 고스란히 드러났다. 최고의 자산운용역이라 해도 꾸준히 실적을 올리지는 못한다는 진실이.

내가 1987년에 월가에서 일한 첫날에 나의 상사는 이 사실을 훨씬 화끈하게 설명해줬다. 월가의 고급 레스토랑으로서 엘리트들이 모여 식사하며 무용담을 나누는 톱 오브 식스즈Top of Sixes라는 데서 점심을 먹고 있을 때였다. 물론 거기는 중개인과 펀드 매니저들이 코카인을 흡입하고 값비싼 마티니를 들이키던 곳이기도 했다. 이 둘은 그들의 혀에 기름칠을 하는 추가적인 효능까지 안겨줬다.

나의 새로운 상사는 마크 해너Marc Hanna라는 사람이었다. 그는 내게 월가가 어떻게 돌아가는지 알려줬다. 그는 코카인을 흡입하고 가슴을 두들기며 이렇게 말했다. "네가 워런 버핏이든 지미 버핏Jimmy Buffett이든 상관없어. 주가가 오를지, 내릴지, 횡보할지, 공중제비를 돌지, 누구도 몰라. 주식중개인은 더더욱."

당시의 나로서는 충격적인 말이었다. 믿을 수 없었다! 내가 품었던 허상이 깨졌다. 그때까지 월가에 대해 가졌던 믿음이 한순간에 의심의 대상이 됐다. 내가 알던 월가는 세계 최고의 두뇌들이 고객을 위해 금전적 마술을 부리고, 나라의 경제 발전을 촉진하는 곳이었다. 어쩌면 내가 상사의 말뜻을 오해한 걸까?

나는 그에게 말했다. "어떤 주식이 오를지 누군가는 알아야 하잖아요! 애널리스트나 자산운용역은 어때요? 분명 그 사람들은 알 거예요. 그렇죠?"

그는 중얼거렸다. "헛소리 그만해! 그 멍청이들은 우리보다 더 몰라. 전부 사기야. 완전 가짜라고."

그의 말을 해석하자면, 사람들의 돈을 운용하는 전체 산업이 거짓말에 기반한다는 것이다.

하지만 난제가 있다.

우리에게는 실제로 월가가 필요하다.

온갖 속임수에도 불구하고 월가는 미국 경제와 글로벌 은행 시스템이 적절하게 운영되는 데 필수적인 역할을 한다. 가령 기업을 상장시키고, 성장에 필요한 자금을 대고, 시장에 유동성을 공급하고, 기업을 분석해 어느 기업이 성장을 위한 자금을 더 많이 받을 자격이 있는지 파악하는 유용한 역할을 한다. 또한 국제 교역을 성사시키고, 외환시장을 유지하고, 연준 및 재무부와 손발을 맞춰서 채권시장과 경제가 굴러가도록 만든다. 이 모든 일들 그리고 비슷한 다른 많은 일들은 월가가 수행하는 필수적인 기능이다. 월가가 없으면 경제는 멈춰설 것이며, 우리는 대공황의 문턱에 다시 서게 될 것이다.

이 정도면 충분하다.

월가가 계속해서 그런 일들을 하면서 그 모든 수익을 챙기도록 하자.

그들은 그럴 자격이 있다.

하지만 2부가 있다. 2부는 월가가 맡은 유용하지 않은 역할에 대한 것이다. 거기에는 헛소리에 불과한 종목 추천과 거대한 버블을 만들어내는 일이 포함된다. 이 부문에서 그들은 방만한 투기를 벌이고, 단타를 부추기고, 금융 부문의 대량학살무기를 만들어낸다. 그리고 자신의 호주머니를 채우고 대중의 골수를 빨아먹기 위해 세상에 그 무기를 터트린다.

어떤 측면에서 이는 이탈리아 마피아들이 전체 미국 경제를 주름잡던 방식과 섬뜩할 정도로 비슷하다. 그들은 전국에서 유통되는 모든 상품과 서비스의 가격을 조용히 올렸다. 이 작업은 항만과 공항에서 시작해 50개 주 전체의 고속도로와 지방도로를 따라 이뤄졌다. 마피아의 영향력은 사람들이 입으로 먹고 항문으로 배출해 다시금 마피아가 통제하는 하수도 시스템으로 흘러가기까지, 모든 일상으로 확장됐다. 각각의 단계에서 일련의 세금과 수수료와 숨겨진 요금이 가차 없이 징수됐다.

그러는 동안에도 나라는 여전히 번성했고, 사람들은 여전히 생업에 매진했다. 그러나 모든 국민의 삶은 조금 더 힘겨워졌고, 조금 덜 즐거워졌다. 반면 5대 마피아 조직원들의 삶은 훨씬 더 호사스럽고 즐거워졌다.

글쎄, 어떨까?

이는 월가 수수료 절취 복합체가 현재 운영되는 방식과 정확히 똑같다. 유일한 차이점은 그들이 마피아들보다 훨씬 더 효율적이라는 것이다! 실제로 월가 수수료 절취 복합체가 뽑아먹은 돈만 놓고 보면 뉴욕의 악명 높은 5대 마피아 조직은 다른 아이의 점심값을 빼앗는 초등학교 일진 수준에 불과하다.

게다가 월가 수수료 절취 복합체는 마피아와 달리 막을 수 없다. 이미 너무 늦었다. 월가와 정치계의 불경한 관계는 미국의 국가 체제에 너무나 깊이 자리잡고 있다. 월가의 부패는 근절할 수 없다. 그들은 거대한 버블을 만들어내고, 언제나 그 뒤에 따르는 정부 구제를 받는 과정에서 미친 수준의 수수료를 뜯어낸다. 항상 월가는 이득을 보고, 대중은 손해를 본다. 그에 따라 모든 국민의 삶은 조금 더 힘겨워지고 조금 덜 즐거워진다.

다만 명확하게 해두자면, 월가에서 일하는 모든 사람이 뿌리까지 썩었다는 말은 아니다. 그건 전혀 사실이 아니다. 망가진 것은 시스템이다. 시스템은 한 명의 개인보다 거대하다. 실제로 내 친구들 중 다수는 월가에서 일한다. 그들은 착하고 정직한 사람들이다. 나는 그들을 진심으로 신뢰한다. 하지만 그렇다고 해서 그들에게 내 돈을 굴리는 일을 맡기겠다는 건 아니다. 그건 내가 직접 할 수 있다. 이 책을 다 읽으면 여러분도 나처럼 할 수 있다.

사실 세계 최고의 투자 수단이 지닌 힘을 활용하면 두 가지 놀라운 일을 수월하게 해낼 수 있다.

❶ 월가가 당신의 호주머니에서 돈을 훔쳐가지 못하도록 막을 수 있다.

❷ 주짓수 고수처럼 그들의 부패한 방식을 역이용하여 그들의 게임에서 그들을 물리칠 수 있다(그 방법은 잠시 후에 설명할 것이다).

성공에 이르는 열쇠는 월가의 어두운 면을 회피하는 것이다.

그곳에서 나오는 건 그들이 전부 가지라고 해라.

당신은 그들이, 원하는 만큼 실컷 매매하고 조작하면서 스스로 무덤을 파게 놔둘 수 있다.

거기에 놀아나지만 마라.

매튜 브로데릭Matthew Broderick이 출연한 〈위험한 게임War Games〉 이라는 영화를 기억하는가?

또 다른 할리우드 고전인 이 영화는 '지성을 가진 컴퓨터'가 핵탄두를 발사하기로 결정한다는 내용을 담고 있다. 다만 이 경우에는 컴퓨터가 시뮬레이션을 통한 워 게임war game에서 이기려고 하는 것이 그 이유다. 결국 매튜 브로데릭이 연기한 인물은 컴퓨터를 설득하여 발사를 포기하게 만든다. 그 방법은 컴퓨터가 틱택토Tic-Tac-Toe 게임(가로, 세로 각 3칸씩 그어진 판에서 두 명이 번갈아 O, X를 그려서 한 줄로 만드는 게임-옮긴이)을 엄청난 속도로 반복하도록 유도하는 것이었다. 결국 컴퓨터는 모든 것이 덧없음을 깨닫고 공격을 멈춘다.

그리고 시리Siri의 코칭이 절실하게 필요한, 기괴한 기계적 목소리로 이렇게 말한다. "이상한 게임이군요. 유일하게 이기는 수는 플레이하지 않는 겁니다."

글쎄, 어떨까?

이 말은 월가 수수료 절취 복합체의 정식 회원에게 당신의 돈을 투자해달라고 맡기는 경우에도 쉽게 적용된다. 〈위험한 게임〉

월가의 늑대 시장을 이겨라

의 컴퓨터가 마침내 깨달은 대로, 이기는 방법은 오직 하나다.

바로 플레이하지 않는 것이다.

그것과 관련해 고려해야 할 또 다른 사안이 있다.

여러분이 월가의 '자기 잇속 채우기 게임'을 그만둔다 해도 월가가 경제에 더하는 가치를 잃는 것은 아니다. 예를 들어 월가가 상장시킨 한 기업이 크게 성공하여 미국 경제의 필수적인 요소가 됐다고 가정하자. 그 기업의 주식은 결국 어디로 갈 것 같은가?

바로 S&P500이다! 일단 S&P500에 입성하면, 해당 기업은 배당을 지급하고 여러분을 부자로 만들면서 지수의 가격에 기여하는 데 도움을 줄 것이다. 이는 단순한 사실이다. 이것이 앞서 내가 말한 주짓수이자 월가의 더러운 약점이다.

워런 버핏 같은 사람들은 지난 20년 동안 이 사실을 만천하에 외쳤다. 월가 수수료 절취 복합체는 여러분을 계속 호구로 만들기 위해 그의 목소리를 묻으려 애썼다.

다행히 오마하의 현인은 비장의 무기를 감추고 있었다.

그에게는 자기가 말한 대로 돈을 걸 의지가 있었다.

THE WOLF
of
INVESTING

8장

현인 VS 월가,
승자는?

THE WOLF OF INVESTING

세상의 모든 헤지펀드를
이기는 투자법

"앞으로 10년 동안 S&P500 지수 펀드가 어떤 헤지펀드보다 나은 수익률을 올릴 거라는 데 50만 달러를 걸겠습니다. 나하고 내기할 사람 있습니까?"

20만 명이 들어찬 행사장은 침묵에 휩싸였다. 바늘 떨어지는 소리까지 들릴 정도였다.

현인은 "아무도 없어요?"라고 재차 물었다.

침묵이 계속됐다.

뒤이어 컨벤션 센터는 일시에 들썩였다. 청중은 목청껏 소리치고 고함치고 외치고 환호하고 연호하면서 사랑하는 영적 지도자, 유명한 오마하의 현인에게 경배했다. 오랫동안 기억될 순간이었다.

이 발언은 2006년 5월 6일에 열린 버크셔해서웨이 연례 주주총회에서 이뤄졌다. 장소는 당연히 네브라스카주 오마하였다. 이 자리에서 워런 버핏은 월가 수수료 절취 복합체라는 먹이사슬의 최정점에 있는 헤지펀드 매니저들에게 정면으로 도전하며 50만 달러를 걸었다.

간단히 말해서 현인은 신물이 난 것이다.

세계 네 번째 부호가 "과도한 수수료를 받는 당신 같은 멍청이에게 내 돈을 맡기느니, 차라리 눈가리개를 하고 다트를 던져서 S&P500의 방향을 맞추는 원숭이들한테 내 돈을 맡기겠다"고 공개적으로 말할 수 있는 경우는 많지 않을 것이다. 그는 참다 못해 이런 말까지 덧붙였다. "내 말이 맞다는 데 돈을 걸겠습니다. 나하고 내기를 하든지 입을 닥치세요. 그리고 사기밖에 칠 줄 모르면서 무슨 대단한 능력이라도 있는 것처럼 으스대면서 말도 안 되는 수수료를 물리는 일을 그만두세요!"

사실 현인이 이런 말을 전부 다 한 것은 아니다. 그는 너무나 선한 사람이기 때문이다. 게다가 그는 오마하의 늑대가 아니라 오마하의 현인이다. 그래도 그가 이런 생각 또는 비슷한 생각을 했을 거라는 사실은 바뀌지 않는다.

버핏은 높은 수수료, 과도한 성과 보수, 존재를 정당화하기 위한 거의 끊임없는 매매 활동에 따라 늘어난 거래비용 때문에 펀드의 수익률이 상당히 줄어든다는 사실을 누구보다 잘 알았다. 이는 헤지펀드에 투자하는 투자자들을 불리하게 만들었다. 현인은 대신 훨씬 단순한 접근법을 추천했다. 그는 이 접근법이 근본적인 차원에서 헤지펀드 산업을 무너뜨릴 것임을 알았다.

내기의 내용은 단순했지만 거기에 걸린 대가는 엄청났다.

버핏은 앞으로 10년 동안 S&P500 수익률을 추종하는 단순한 저비용 펀드가 온갖 화려하고 특이한 전략을 내세우는 헤지펀드들을 압도할 것이라는 데 베팅했다.

그게 전부다. 직선적이고, 단순하며, 요점만 제시한다.

분명히 해두자면, 버핏은 성격상 베팅을 하는 사람이 아니다. 다시 말해서 그가 100만 달러를 호주머니에 넣고 카지노에 가서 전부 검은색에 거는 모습을 볼 일은 없다. 그는 확률이 자신에게 불리하다는 사실을 알고도 카지노를 이기려고 몇 시간씩 줄곧 베팅하지 않는다. 그래서는 세계 최고 부호로 남을 수 없다.

그렇다고 그가 정말 베팅을 하지 않는 것일까?

그렇지 않다.

두 가지 방식의 차이를 알아야 한다.

❶ 아예 베팅하지 않는 것
❷ 확실할 때만 베팅하는 것

버핏의 경우는 후자다. 그가 그렇게 하는 데는 아주 좋은 이유가 있다.

그의 베팅은 100년에 걸친 계산과 50년에 걸친 개인적인 투자 경험으로 뒷받침된다. 버핏은 모든 것을 보고 들었을 뿐 아니라 경험하기도 했다. 그는 1962년에 버크셔해서웨이를 인수했다. 이후 호황기였던 1960년대부터 스태그플레이션에 시달린 1970년대, 버블이 형성됐다가 붕괴된 1980년대, 역시 닷컴버블이 형성됐다가 붕괴된 1990년대, 부동산 버블이 발생한 2007년까지 약세장과 강세장 그리고 그 사이에 존재하는 모든 시장을 겪었다. 특히 2006년은 이미 버블이 붕괴해 전 세계를 위기로 몰아넣을 거대한 재난이 닥칠 기미가 보인 해였다.

버핏은 모든 헤지펀드 매니저, 뮤추얼펀드 매니저, 주식중개인, 자산관리사 등 금융서비스 산업에 속한 모든 '전문가'의 뇌리에 박힌 깊은 근심을 잘 알고 있었다. 그것은 시장수익률을 꾸준히 앞서는 게 사실상 불가능하다는 것이다. 어떤 사람이든, 어디서 왔든, 어떤 투자 시스템을 쓰든 간에 상관이 없다. 장기간 시장수익률을 앞서는 일은 사실상 불가능하다는 게 수학적으로 거듭 증명됐다. 이른바 전문가 수수료라는 터무니없는 요금을 지불하지 않는다고 해도 말이다. 그것까지 포함하면 시장수익률을 꾸준히 앞서는 게 불가능하다는 말 앞에 '사실상'이라는 단어조차 붙이지 못하게 된다.

그들은 왜 시장수익률을 앞서는 데 그토록 집착하는 걸까?

그 답은 단순하다. '금융 전문가'가 시장수익률을 꾸준히 앞서지 못한다면, 그들에게 돈을 맡길 이유가 무엇이며, 과도한 수수료를 지불할 이유가 무엇인가?

그럴 이유는 없다!

워런 버핏이 다른 수많은 '금융 전문가' 영역을 언급하지 않고 헤지펀드 산업만 정면으로 겨냥한 이유는 다음과 같다. 월가의 위계구조에서 헤지펀드는 투자계의 꽃으로 간주된다. 거기서는 세계 최고 트레이더와 종목 선정자들이 전 세계 부자들의 막대한 자산을 운용하는 대가로 터무니없는 수준의 돈을 받는다.

그곳은 비밀스런 세계, 사적인 세계다. 이 세계의 특징은 특이한 파생상품과 최첨단 트레이딩 전략 그리고 MIT 졸업생들이 설계한 진보한 알고리듬으로 구성돼 있다. 요컨대 그곳은 진정한 월드 클래스 전문가들, 이른바 금융서비스 산업의 최고 인재들을 만날 수 있는 곳이다. 따라서 워런 버핏은 헤지펀드를 지목함으로써 금융서비스 산업 전체를 지목한 셈이다.

사실 네브라스카주 오마하에서 열리는 버크셔해서웨이 연례 주총은 무엇보다 종교 집회에 가깝다. 현인에게 경의를 표하기 위해 전 세계에서 모인 사람들이 그의 예언에 귀를 기울인다. 그는 해를 거듭하는 동안 그들을 실망시킨 적이 한 번도 없다.

현인은 매일 대여섯 캔의 체리 코크를 마신다. 그는 주총회장에서도 체리 코크를 홀짝이면서, 폭넓은 주제에 대한 질문에 답한다. 그러다가 곁길로 빠지는데, 대개 거기서 알짜가 나온다.

실제로 그의 입에서 나온 몇몇 말은 가치를 따질 수 없을 만큼 귀하다. 그는 지혜와 냉소, 유머를 혼합하고 그것을 이야기로 감싼다. 그 핵심에는 월드 클래스 투자 조언이 있다. 또한 거기에는 그가 즐겨 두들겨 패는, 월가 수수료 절취 복합체에 대한 분명한 혐오가 곁들여진다.

그는 지금까지 신문 산업의 몰락을 예측했고(이후 계속 수직 하락하고 있다), 부동산 버블의 붕괴를 예측했다(16개월 후 실제로 일어나 세상을 위기로 몰아넣었다). 그리고 다른 수많은 것을 예측했다. 그리고 지금은 헤지펀드 산업을 주시하고 있다.

그는 특유의 화법으로 그들의 수수료가 과도하며, 그것 때문에 투자자들이 공정한 대우를 받지 못한다고 1분 동안 장광설을 늘어놓았다.

헤지펀드에 대한 그의 지적은 이른바 '2와 20'이라고 불린다. 이는 대다수 헤지펀드들이 받는 일반적인 보상 제도다. '2'는 펀드 매니저가 매해 초에 전체 투자 금액에서 떼어가는 2%의 운용 보수를 말한다. '20'은 펀드 매니저가 투자 수익에서 자신의 몫으로 또 떼어가는 20%의 성과 보수를 말한다.

다시 말해 펀드 매니저는 해마다 두 가지 경로로 돈을 번다.

❶ 펀드가 운용하는 총 자산의 2%를 수익 발생 여부와 무관하게 고정 수수료로 받는다.

❷ 펀드가 올린 총 수익의 20%를 받는다. 반면 연말에 마이너스가 나도 손실은 일체 나누지 않는다. 이 경우 투자자가 손실을 100% 떠안는다. 이후 펀드는 연초에 금액을 재설정한 후 새롭게 운용을 시작한다.[13]

---

13 2와 20이 헤지펀드에게 적용되는 가장 흔한 보상 제도이기는 하지만 모두가 활용하는 것은 아니다.

간단한 예시를 하나 들어보겠다.

2021년에 어떤 헤지펀드가 20억 달러를 운용하여 25%의 투자수익률을 올렸다고 가정하자. 이 경우 펀드 매니저는 20억 달러의 2%(4,000만 달러)를 운용 보수로 가져간다. 거기에 더하여 트레이딩을 통해 올린 수익인 5억 달러의 20%(1억 달러)를 성과 보수로 가져간다. 이 금액을 합치면 1억 4,000만 달러가 된다. 많기는 해도 충분히 받을 자격이 있는 돈처럼 보인다. 게다가 펀드는 여전히 3억 6,000만 달러라는 양호한 수익을 남겼다.

이는 모두에게 윈윈처럼 보인다. 그렇지 않은가?

하지만 흔히 하는 말처럼 실상은 겉보기와 크게 다를 수 있다.

사실 이 시나리오에서 유일한 승자는 탐욕스런 헤지펀드 매니저다. 그는 투자자들이 속임수에 넘어가는 동안 9자릿수에 이르는 수입을 올렸다.

왜 그런지 설명해주겠다.

우선 펀드의 총 투자수익률은 25%다. 거기서 펀드 수수료와 비용을 제하면 순 투자수익률은 18%에 불과하다. 18%면 겉으로는 양호해보일지 모른다. 그러나 같은 해인 2021년에 S&P500은 24.41% 상승했다. 이는 헤지펀드의 수익률보다 6.4%나 더 높다! 게다가 거기에는 배당재투자를 포함시키지도 않았다. 그랬다면 S&P500의 수익률은 28.41%가 됐을 것이다!

이는 '천재' 헤지펀드 매니저를 통해 올린 펀드 수익률보다 10% 이상 더 높다. 내 생각에는 그를 여전히 천재라 불러도 무방할 것 같다. 다만 그는 다른 유형의 천재다. S&P500 수익률보다 10%나 낮은 수익률을 올렸는데도 1억 4,000만 달러를 벌고 신나서 하루를 마감하는 유형의 천재 말이다.

어떤 투자자라도 그냥 **노로드 펀드**no-load fund(판매수수료가 없는 펀드-옮긴이)로 S&P500을 사두기만 하면 훨씬 나은 수익률을 올릴 수 있었다.

명확성을 기하기 위해 조금 더 깊이 파고들어가보자.

펀드는 온갖 수수료와 성과 보수, 추가 비용(임대료, 컴퓨터, 전기 요금, 종이 클립, 모든 트레이더와 애널리스트, 비서, 보조의 임금 그리고 투자자에게 받아낼 수 있는 다른 모든 비용)을 청구한다. 이를 감안할 때 펀드가 얼마나 높은 수익률을 올려야 그해에 S&P500의 수익률을 따라잡을 수 있을지 대충 추측해보라.

그 답은 35.2%다.

그보다 수익률이 낮으면, 1억 4,000만 달러에 달하는 수수료와 비용 때문에 S&P500의 수익률을 밑돌게 된다. 게다가 혹 이전 연도에 손실을 냈다면, 플러스 수익률을 고려하기 전에 먼저 그때 100% 투자자들에게 떠넘긴 손실부터 메워야 한다.

예를 들어 20억 달러를 운용하는 이 펀드가 어느 해에 실적이 안 좋아서 8%의 손실을 냈다고 가정하자. 이 경우에도 펀드 매니저는 여전히 2%의 운용 보수(4,000만 달러)를 받는다. 반면 투자자들은 8%의 손실(1억 6,000만 달러)을 떠안는다. 그러다가 새해 첫 거래일이 되면 펀드는 금액을 재설정한다. 즉, 처음부터 다시 계산이 시작된다.

물론 꾸준히 S&P500의 수익률을 앞서는 헤지펀드 매니저를 찾을 수도 있다. 그것도 모든 보수와 비용 그리고 일방적인 성과 보너스를 제하고도 여전히 앞지를 만큼 매우 큰 폭으로 앞서는 경우, 2와 20 보상 구조가 여전히 타당할 수 있다. 맞는가?

물론 그렇다.

유일한 문제는 어디서 그런 펀드를 찾느냐는 것이다.

그 답은 단순하다. 바로 환상의 나라다.

버핏이 50만 달러짜리 베팅으로 증명하려던 요점이 바로 이것이다. 말하자면 헤지펀드 산업은 '불필요하다'는 한마디로 요약할 수 있다. 명문대 졸업장에 10억 달러의 최고 수준 연봉을 받는 월가 슈퍼스타들은 완전히 불필요하다. 아니, 그보다 더 나쁘다. 그들은 주는 것보다 훨씬 많은 것을 가져가 마이너스를 초래하는 존재들이다. 따라서 마이너스를 초래하는 다른 모든 것들처럼 가능한 피하는 것이 최선이다.

여러분 중에는 이렇게 생각하는 사람도 있을 것이다. '이것 봐요, 조던. 과장이 지나쳐요! 적어도 일부 헤지펀드 매니저는 꾸준히 시장수익률을 앞설 거예요. 투자자들에게 엄청난 수익률을 안긴 헤지펀드 마법사들에 대한 이야기를 많이 들었다고요.'

이런 생각을 했다고 해도 당신을 탓할 수는 없다. 당신이 제시한 요지는 완벽하게 타당해보인다. 하지만 안타깝게도 팩트는 다음과 같다.

❶ 수수료를 정당화할 정도로 특출한 수익률을 꾸준히 달성할 수 있는 소수의 특이한 재능을 가진 헤지펀드 매니저가 있다. 그들은 금융계의 록스타로서 모두에게 잘 알려져 있고, 모두가 돈을 맡기고 싶어한다.

❷ 안타깝게도 그들의 펀드는 아주 오랫동안 신규 투자자를 받지 않았으며, 조만간 다시 받지도 않을 것이다. 사실 그들 중 대다수는 록스타 반열에 오른 후 신규 투자자들만 막은 게 아니다. 그들은 원래 투자자들이 맡긴 돈도 돌려주고 자신 그리고 소수의 초부호 투자자를 위해서만 트레이딩하기 시작했다.

❸ 새롭게 록스타로 부상한 펀드 매니저들은 재빨리 신규 투자자들을 막고, 수익률이 하락하기 전까지는 신규 투자자를 다시 받지 않곤 한다. 그리고 그때가 되면 더 이상 록스타로 간주되지 않는다.

❹ 나머지 펀드 매니저들은 다트를 던지는 원숭이들을 이기지 못하는 데도 여전히 록스타들과 같은 터무니없는 수수료를 받는다.

❺ 그렇다면 눈가리개를 하고 다트를 던지는 원숭이들도 이기지 못하면서 높은 수수료를 받는 펀드 매니저들에게 돈을 맡길 이유가 무엇일까? 원숭이들은 바나나만 주면 되는데도 말이다.

보다시피 헤지펀드 산업의 요체는 다음과 같다. (어차피 돈을 맡길 수 없는) 소수의 엄청난 재능을 가진 펀드 매니저가 눈부신 실적을 올린다. 그들의 실적은 빛나는 아우라를 발산하고, 나머지 펀드 매니저들이 그 후광으로 돈을 번다. 그들은 한 무리의 어설픈 멍청이에 불과한데도 말이다.

펀드 매니저들이 재능과 경험이 부족하다거나, 그들이 순전히 멍청이라는 것은 사실이긴 해도 헤지펀드 산업의 진짜 문제가 아니다. 전혀 그렇지 않다. 그보다는 그들이 받는 엄청난 수수료가 더 문제다. 수수료가 결국은 수익률을 잠식하기 때문이다.

돈을 벌고자 한다면
진짜 전문가를 찾아가라

그래서 2006년 5월, 그 운명의 날에 버핏은 한 걸음 더 나아가기로 결심했다. 그는 헤지펀드 산업에 대한 통상적인 꾸짖음 대신, 펀드 매니저들을 직접 공격하기 시작했다. 그는 이렇게 말했다. "들어봐요. 여러분의 아내가 아이를 낳을 때가 되면 여러분이 직접 분만을 돕기보다 산부인과를 가는 게 나아요. 또 집에 배관이 새면 배관공을 불러야 해요. 대다수 전문가는 일반인이 직접 하는 것보다 더 많은 가치를 제공해요. 하지만 투자 전문가들의 경우, 전체적으로 보면 그렇지 않아요. 연간 총 보수가 1,400억 달러나 되는데도 말이죠."

그렇게 네브라스카주 오마하에 모인 2만 명 앞에 진실이 적나라하게 드러났다. 버핏의 지적은 핵심을 찌른다. 월가가 마이너스를 초래한다는 것을 이해하기 어려워하는 투자자들에게, 그 이유를 말해준다.

우리는 모두 어릴 때부터 전문가에게 도움을 받아 문제를 해결하고, 고통을 제거하라고 배웠다. 몸이 아프면 우리의 부모는 우리를 의사에게 데려갔다. 의사는 특정한 복장을 하고, 특정한 방식으로 행동했다. 우리는 진료실에서 부모들조차 이 전문가의 말을 공손히 듣는 것에 충격받았다. 부모들이 그러는 이유는 의사들이 오랜 학습과 수련 기간을 거쳤기 때문이다. 그들이 그동안 아픈 사람을 고치는 일에 대해 알아야 할 모든 것을 배웠기 때문이다. 그들은 전문가이므로 그들의 조언에 귀기울여야 하기 때문이다.

이는 우리가 겪은 '조건화conditioning'의 시작에 불과했다. 성장하는 동안 전문가들의 퍼레이드는 계속됐다. 성적이 좋지 않으면 과외 선생에게 배우고, 스포츠를 잘하고 싶으면 코치에게 배우는 식이었다. 그러다가 마침내 성인이 되면, 부모로부터 배턴을 이어받았다. 그래서 지금도 우리는 모든 활동에서 최선의 결과를 얻기 위해 전문가의 도움을 구한다.

이는 모두 타당한 일이다. 그렇지 않은가?

그러나 돈을 굴리기 위해 전문가를 찾는 것은 예외다. 다시 말하자면, 중대한 예외다. 투자만큼은 지금까지 우리에게 도움을 준 확고한 규칙이 적용되지 않는다. 그 이유는 뒤에 설명할 것이다. 지금 반드시 기억해야 할 점은 월가 수수료 절취 복합체가 이 사실을 잘 안다는 것이다. 그들은 우리가 문제를 해결하고 가능한 최선의 결과를 얻기 위해 전문가를 찾도록 프로그래밍되고 조건화됐다는 사실을 안다. 그래서 가능할 때마다 우리의 돈을 가져가기 위해 너무나 효율적으로 그 점을 이용한다.

오마하의 현인은 이런 말로 장광설을 마무리한다. "모든 헤지펀드 매니저는 자신이 높은 수수료를 전부 제하고도 시장수익률을 넘어서는 예외에 속할 거라고 믿습니다. 일부 매니저는 분명 그렇습니다. 하지만 장기적으로 보면, 전체적으로 계산이 어긋납니다."

다시 말해서 펀드 매니저가 아무리 재능이 뛰어나다 해도, 결국에는 모든 수수료와 비용, 일방적인 성과 보너스를 제하면 장기적으로 S&P500의 수익률을 따라잡지 못한다.

뒤이어 그는 내기를 걸었다.

당시 버핏은 자신이 건 내기에 대한 소식이 월가로 전해지면, 헤지펀드 매니저들이 마침내 그의 말이 틀렸음을 증명하기 위해 줄을 설 것이라고 생각했다.

어쨌든 당시 버핏은 오래 전에 한물갔다는 소문이 돌고 있었다. 일부 비판자들은 그가 지나간 시대의 산물에 불과하다고 말했다. 과거에는 인내가 미덕이었고, 가치투자가 모든 투자법을 이겼다. 그러나 21세기의 여명기에 월가 최고 두뇌들은 초고속 컴퓨터와 인공지능의 힘을 빌어 버핏을 가볍게 물리칠 수 있을 것이었다. 게다가 그 승리가 젊은 헤지펀드 카우보이들의 경력에 얼마나 도움이 될지 생각해보라. 그들은 완전한 무명에서 부와 명예를 누리는 삶으로 도약할 수 있었다! 그들이 해야 할 일이라고는 헤지펀드 산업이 생긴 이래 지난 30년 동안 투자자들에게 해온 약속을 지키는 것뿐이었다. 수수료와 비용을 제하고도 S&P500을 꾸준히 앞서는 수익률을 올리는 것 말이다.

그러나 내기를 발표한 후 1년이 지났지만 아무 일도 일어나지 않았다.

망할 귀뚜라미 같은 놈들.

16개월이 지나도록 한 명도 버핏의 도전을 받아들이겠다고 나서지 않았다. 버핏의 말에 따르면 "쥐 죽은 듯 고요했다."

돌이켜보면 충분히 그럴 만했다.

어쨌든 헤지펀드 매니저들은 다양한 속성을 지니지만 분명 순진하지는 않다. 또한 100만 달러짜리 공개 내기에서 져서 창피를 당할 생각은 단연코 없었다. 그들 모두 속으로는 진실을 알고 있었다. 이른바 전문가가 시장수익률을 꾸준히 앞서는 것은 사실상 불가능하다는 진실을 말이다. 터무니없는 수수료를 포함하면 그럴 가능성은 더욱 낮아졌다. 월가 최고위층들에게 이는 잘 알려진 진실이었다. 그래서 그들은 우리의 등 뒤에서 배가 터져라 웃어댔다.

분명하게 말하자면, 그들이 웃는 이유는 사람들이 동화 같은 이야기에 속아넘어가서가 아니었다. 그들은 지난 20년 동안 그것이 동화라는 사실이 드러났는데도, 대다수 투자자들이 지금까지 여전히 믿고 있기 때문에 웃었다.

그렇다. 지난 20년 동안 인터넷에는 월가 전문가들이 시장수익률을 넘어서지 못한다는 말이 나돌았다. 이 부정할 수 없는 사실에도 불구하고, 사람들은 여전히 그들에게 돈을 맡겼다. 이런 현실이 약간 우습다는 건 인정해야 한다.

이는 다 큰 어른이 여전히 산타를 위해 쿠키를 내놓고 그를 기다리는 것과 같다.

물론 여러분은 더 이상 안 그럴 것이다.

왜일까? 여러분이 6살이나 7살 정도가 되었을 때 부모가 여러분을 앉혀두고 이렇게 말했을 것이기 때문이다. "미안해. 산타클로스는 진짜가 아냐. 지금까지 우리 집에 온 산타는 술 취한 조니Johnnie 삼촌이었어. 조니가 파티 시티Party City에서 산 산타클로스 옷을 입고 온 거야."

처음에 여러분은 낙심했을 것이다. 아마 이후 몇 년 동안은 전통을 지키는 의미에서 여전히 1층 벽난로 옆에 우유와 쿠키를 내놓았을 것이다. 하지만 그 뒤로는 철이 든다. 동화가 사실이 아님을 받아들인다. 이빨 요정도, 부활절 토끼도, 빌어먹을 산타도 없다. 이 모든 것은 새빨간 거짓말, 거대한 사기였다. 나무 아래에 장난감이 놓여있거나, 베개 밑에 돈이 놓여있거나, 집 주위에 초콜릿 달걀이 숨겨져 있는 건 누군가가 열심히 일해서 번 돈으로 그걸 사서 거기에 뒀기 때문이다.

그게 인생이다. **공짜 점심은 없다.** 누구에게도.

그러나 어떤 설명할 수 없는 이유로 투자에 있어서는 철들기를 거부하는 사람들이 많다. 그들은 그저 열심히 믿기만 하면 월가에 산타클로스가 여전히 존재할지 모른다는 유치한 생각을 고수한다. 월가 수수료 절취 복합체는 잘 안다. 많은 소액 투자자의 뇌리에는 그런 바람이 잠재돼있다는 사실을. 그래서 그걸 이용하여 투자자들에게 큰 피해를 입힌다.

다만 이제 월가 복합체에게 한 가지 문제가 생겼다.

오마하의 현인이 내건 100만 달러짜리 내기는 부패한 카지노를 비추는 거대한 등대와 같았다. 그 불빛은 최상층부를 정확하게 겨누고 있었다.

마침내 한 용자가 조명 안으로 들어와 도전을 받아들였다.

그의 이름은 테드 세이즈Ted Seides였다.

그가 운영하는 헤지펀드의 이름은 프로테제파트너스Protégé Partners였다.

그의 트레이딩 전문성은, 없었다.

맞다. 전혀 없었다.

테드 세이즈의 핵심 역량은 전문 트레이더나 투자자 또는 자산관리사라는 데 있지 않았다. 그렇다고 해서 그를 비전문가라고 말하는 건 공정하지 않았다. 그는 뭔가의 전문가이기는 했다. 실제로 그는 프로테제파트너스를 운영하면서 많은 돈을 끌어들이는 데 성공했다. 이 사실로 보아 그가 월드 클래스 세일즈맨임은 분명했다.

설령 그렇다 해도 여전히 이상한 일이라는 건 인정해야 한다.

그는 부자들의 돈을 굴리는 대가로 1년에 수천만 달러 내지 수억 달러의 보수를 받는다. 그런데도 그는 자금 운용에 필요한 기술을 갖고 있지 않은 것처럼 보인다. 그렇다면 다른 사람에게 운용을 맡겨야 한다는 걸까?

그건 딱 봐도 부정한 돈벌이다!

그 방식은 이렇다.

그의 투자회사인 프로테제파트너스는 '**모태펀드**fund of funds' 역할을 한다. 그들은 투자자들로부터 자본을 끌어들일 때, 자신들의 전문성은 자산운용이 아니라 자산을 대신 운용하여 고수익을 올려줄 헤지펀드를 고르는 데 있다고 말한다. 겉으로 보면 이 말은 타당하지만 역사적으로 그게 불가능하다는 사실이 증명됐다. 사실 헤지펀드를 고르는 최악의 방법은 수많은 헤지펀드의 목록을 보고 지난 몇 년 간 최고 실적을 올린 헤지펀드를 고르는 것이다.

결국 두어 해 동안 좋은 실적을 올릴 수 있었던 모든 헤지펀드는 앞으로 몇 년 간 실적이 나쁠 것이 거의 확실하다. 거기에는 몇 가지 이유가 있다. 그 중 주된 이유는 다음과 같다.

❶ 뮤추얼펀드 매니저는 회사를 자주 옮기는 경향이 있다. 뮤추얼펀드의 지난 실적이 현재 펀드를 운용하는 매니저와 관련성이 있다는 보장은 없다.

❷ 자산군의 가격은 주기적 속성을 지닌다. 이는 해마다 같은 자산군에 투자하는 뮤추얼펀드의 경향과 상충한다.

❸ 효율적 시장 가설은 엄격한 감독관과 같아서, 펀드 매니저가 시장수익률을 꾸준히 앞서는 일을 매우 어렵게 만든다.

❹ 이 점은 단순명료한 사실일 뿐 아니라 과거 실적이 미래의 수익률을 보장하지 않는다는 의무적인 고지사항에 새로운 의미를 부여한다. 그 내용은 사실 이렇게 읽어야 맞다. '지난 몇 년 동안의 탁월한 수익률은 앞으로 몇 년 동안 엄청나게 깨질 것임을 사실상 보장합니다!'

실질적인 측면에서 이것이 가지는 의미는 다음과 같다. 투자자가 테드 세이즈에게 돈을 맡기면, 그는 그 돈을 다시 다른 헤지펀드들에게 나누어준다. 그 다음에는 느긋하게 앉아서 수수료를 걷는다. 다만 실제로 돈을 굴리는 헤지펀드들이 먼저 수수료를 걷은 후에 그렇게 한다.

결국 투자자들은 두 번 수수료를 뜯긴다.

물론 '모태펀드'는 마케팅 브로셔에 영리하게 말을 꾸며놓는다. 그래서 두 번 수수료를 내는 게 아니라고 설득하려 든다. 하지만 어떻게 꾸며내도 사실은 사실이다. 항상 적어도 하나의 입을 더 먹여야 하며, 그걸 피해갈 방법은 없다.[14]

물론 테드 세이즈에게 이 사실에 대해 물으면, 그는 복수의 헤지펀드에 대한 동시 투자가 안겨주는 온갖 놀라운 이점을 설명할 것이다. 먼저 월가 최고 인재들이 모인 두뇌집단의 힘을 활용할

---

[14] 모태펀드의 일반적인 계약조건에 따르면 실제 자금을 운용하는 펀드가 받는 수수료에 더하여 0.5%의 운용 보수와 5%의 성과 보너스를 추가로 내게 된다.

수 있다고 말할 것이다. 또한 실력이 떨어진 펀드 매니저를 자르고 한창 잘나가는 펀드 매니저로 교체할 수 있다고 말할 것이다 (역사는 이런 방식이 최악임을 증명했다).

그러나 이 모든 자랑은 '모태펀드'가 지닌 훨씬 큰 문제를 가린다. 어떤 펀드도 시장수익률을 꾸준히 앞서지 못한다. 그런데 단지 그런 펀드들을 한데 모았다고 해서 갑자기 시장수익률을 상회하기 시작할까? 이를 비유하자면, 맥도날드만 먹어서 심한 비만이 된 환자에게 의사가 버거킹과 번갈아 먹어보라고 말하는 격이다. 이 두 시나리오의 명백한 문제점은 투입물 자체에 있다. 쓰레기를 넣으면, 쓰레기가 나오기 마련이다.

사실 월가는 2008년에도 동일한 비틀린 논리로 부동산 시장을 날려먹었다. 그들은 회수 불가능한 수만 건의 부실 주택담보대출 채권을 모았다. 그러고는 전부 하나의 거대한 수프 속에 던져 넣은 다음, 갑자기 훨씬 안전해졌으며 수익이 보장됐다고 주장했다. 애초에 전체 구조가 말이 되지 않았으며, 결국 1조 달러의 세금을 구제책에 투입해야 하는 금융 재난으로 끝나고 말았다.

테드 세이즈의 전략이 초래할 결말을 한마디로 정리하면, 수수료에 또 다른 수수료를 얹어서 하나의 거대한 수수료 케이크를 만든다는 것이었다. 다만 그는 여기서 한 걸음 더 나아가 2단 케이크를 만들었다. 그는 단지 5개의 헤지펀드를 고르는 게 아니라, 5개의 '모태펀드'를 골랐다. 그래서 오마하의 현인에 맞서는 베팅에 참가할 펀드의 총 수는 100개를 넘어섰다.

이는 실로 흥미로운 전략이었다.

이론적으로 볼 때 100개 펀드가 모두 10년 동안 시장수익률을 단지 상회하는 정도가 아니라 압도하는 수준이라면, 그래서 여러 겹의 수수료를 제하고도 투자수익률이 여전히 크게 앞선다면 이야기가 다를 수 있다. 그렇다면 테드 세이즈가 내기에서 이기고 누가 이 세상의 대장인지를 보여줄 수도 있다.

그는 처음에 내기에서 이길 확률이 어느 정도나 될 것 같냐는 질문을 받고 황당할 정도로 과도한 자신감과 완전히 결여된 자기인식을 드러냈다. 이런 반응은 아무런 가치를 제공하지 않고도 엄청난 액수의 보수를 받는 사람에게서 기대할 수 있을 법한 것이었다. 그는 "적어도 85%는 될 겁니다"라고 지껄였다. 이 발언은 주식시장이 향후 몇 년 동안 어디로 갈 것인지에 대한 수많은 경제적, 수학적 헛소리와 같은 축에 낄 만했다.

그는 시장이 향후 몇 년 동안 하락할 것이라고, 또는 지난 몇 년 동안 그랬던 것처럼 빠르게 오르지는 않을 것이라고 85% 확신하기도 했다. 그의 사고방식에 따르면 이러한 시장 상황은 그가 내기에서 이길 수 있는 상당한 우위를 부여했다. S&P500을 그냥 추종하는 수동적 지수 펀드는 하락장에서 대응 능력이 없다. 반면 그가 고른 100개의 헤지펀드는 적극적으로 운용됐다. 즉, 하락장에서 수익률 좋은 특정 자산군으로 옮겨가서 하락에 대비할 수 있었다.

그의 사고방식에는 하나의 작은 문제가 있었다.

바로 전혀 말이 되지 않는다는 것이었다.

실제로 수수료에 수수료를 겹치는 2단 케이크의 영향력을 과소평가한다고 해도, 그의 논리에는 결함이 있었다. 그 이유는 세 가지다.

❶ 지난 70년 동안 이루어진 모든 연구는 주식시장이 앞으로 어디로 갈지에 대해, 동전 던지기를 예상하는 것보다 정확한 확률로 예측하기는 불가능하다는 결론을 내렸다.

❷ 마찬가지로 탄탄한 학문적 토대를 갖춘 여러 연구는, 장기적으로 볼 때 적극적으로 운용되는 펀드의 수익률은 S&P500을 추종하는 수동적 펀드의 수익률을 상회할 수 없다는 것을 증명했다. 수수료가 가장 높은 펀드들이 대개 수익률이 가장 낮다.

❸ 설령 테드 세이즈가 노스트라다무스 같은 사람이어서 향후 몇 년 동안 시장이 나아갈 방향을 실제로 예측할 수 있다고 해도, 그것은 의미가 없다. 내기는 10년에 걸쳐 진행되기 때문이다.

이게 현실이다.

탐욕 때문이든, 자만심 때문이든 아니면 순전한 망상 때문이든, 테드 세이즈는 이런 현실을 전혀 보지 못했다. 그는 정말 자신이 내기에서 이길 확률이 85%라고 믿는 것처럼 보였다. 심지어 내기에서 이긴 후 받는 100만 달러를 기부할 자선단체까지 골랐다. 그가 내기에서 이기면 100만 달러는 프렌즈포앱솔루트리턴

포키즈Friends for Absolute Return for Kids라는 단체의 계좌로 곧장 입금될 것이었다.

오마하의 현인은 걸스인크오브오마하Girls Inc. of Omaha를 기부처로 선택했다. 이 단체는 여성 청소년들이 잠재력을 온전히 발휘할 수 있도록 돕는 지역 자선단체다. 물론 기부할 가치가 있는 단체다. 그들의 홈페이지에는 '소녀들은 최고로 소중해!'라는 구호가 나온다. 나는 거기에 전적으로 동의하며, 사회 전체가 그런 태도를 더 많이 취해야 한다고 생각한다. 오마하의 현인이 내기에서 이기면 100만 달러는 그들의 계좌로 곧장 입금될 것이었다.

버핏은 자신이 내기에서 이길 확률이 얼마나 된다고 생각했을까? 이 내기의 진행을 맡을 곳으로 선정된 롱베츠닷컴Longbets.com을 보면, 지금도 내기 초기에 버핏이 품었던 생각들을 담은 글이 올라와있다. 그 내용은 이렇다.

―― 2008년 1월 1일부터 2017년 12월 31일까지 10년 동안 S&P 500의 수익률은 수수료와 비용 및 경비를 제한 모태펀드 포트폴리오의 수익률을 상회할 것이다.

수많은 똑똑한 사람이 증권시장에서 평균보다 나은 실적을 올리려고 시도한다. 그들을 적극적 투자자라 부르자.

그들과 상반되는 수동적 투자자는 속성상 평균 정도의 실적을 올린다. 그들의 포지션은 전체적으로 지수 펀드의 포지션과 거의 비슷하다.

따라서 투자 세계의 나머지 구성원인 적극적 투자자들도 평균
정도의 실적을 올려야 한다. 그러나 이들 투자자는 훨씬 많은
비용을 초래한다. 그래서 전반적으로 볼 때 비용을 제한 그들
의 전체적인 실적은 수동적 투자자의 실적보다 뒤떨어진다.

오마하의 현인은 계속 말을 이어나간다.

— 많은 연간 수수료와 성과 보수, 적극적 트레이딩에 따른 비용
을 적극적 투자자의 방정식에 더하면 비용이 급증한다. 모태펀
드의 경우 이 비용 문제가 두드러진다. 그들이 투자한 헤지펀
드의 많은 수수료에 더하여 자신들의 수수료를 중첩시키기 때
문이다.
수많은 똑똑한 사람이 헤지펀드 운영에 참여한다. 그러나 크게
보면 그들의 노력은 똑똑한 자신들이 참여한 효과를 스스로 중
화시킨다. 아무리 지능이 뛰어나다 해도 그들이 투자자에게 부
과하는 비용을 극복할 수 없다. 투자자들은 장기적으로 볼 때,
모태펀드보다 저비용 지수 펀드에 투자하는 편이 평균적으로
더 나을 것이다.

버핏이 초기에 품은 자신감의 정도나 그가 내기에서 이겼을 때
기부처로 고른 자선단체보다 훨씬 중요한 것이 있다. 바로 그가
자신의 선수로 선정한 S&P500 지수 펀드의 이름이다.

버핏은 네 가지 요건이 중요하다고 보았다.

❶ S&P500을 정확하게 추종해야 한다. 이는 명백한 요건처럼 보인다. 그러나 구조가 부실해서 지수를 제대로 추종하지 못하는 펀드들이 있다. 이 경우 지수 수익률과 펀드 수익률 사이에 편차가 발생한다. 이처럼 '부정확한 펀드'는 무조건 피해야 한다. '정확한 펀드'의 목록은 나중에 제시하도록 하겠다.

❷ 어떤 유형의 로드도 없어야 한다. '로드load'는 고객이 해당 펀드에 투자하도록 설득한 중개인에게 판매수수료를 지불한다는 것을 은근슬쩍 알리는 단어다. '선취 수수료'를 받는 경우 고객이 처음 투자할 때 수수료를 떼어가고, '후취 수수료'를 받는 경우 고객이 펀드에서 빠져나갈 때 수수료를 떼어간다. 둘 다 돈이 나오는 구멍은 고객의 호주머니로 똑같으며, 투자 수익률을 크게 갉아먹는다.

❸ 운용 보수가 아주 적어야 한다. 지수 펀드는 적극적으로 운용되지 않는다. 따라서 시장수익률을 앞설 수 있다는 '전문가' 펀드 매니저처럼 많은 운용 보수를 지불할 이유가 없다. 물론 펀드는 어느 정도의 운용 보수를 청구할 권리가 있다. 하지만 그게 0.5%를 넘어서면 과도한 수준이며 운용 보수가 더 적은 다른 펀드를 골라야 한다.

❹ 자동 배당재투자가 가능해야 한다. 지수 펀드에는 뮤추얼펀드와 ETF, 두 가지 유형이 있다. 후자는 상장지수펀드exchange-

월가의 늑대 시장을 이겨라

traded fund의 약자다. 조금 있다가 두 펀드의 장단점을 각각 다룰 것이다. 지금은 ETF의 경우 자동 배당재투자가 불가능한 반면, 뮤추얼펀드는 가능하다는 점만 기억하도록 하자. 이런 측면에서 뮤추얼펀드가 더 나은 선택지다. 다만 특정한 상황에서는 ETF가 당신에게 더 잘 맞을 수도 있다. 이 부분은 나중에 다룰 것이다.

당시 모든 대형 뮤추얼펀드 판매사는 이 네 가지 요건을 모두 충족하는 저비용 지수 펀드를 제공했다. 그들은 오마하의 현인이 내세울 선수가 되기 위해 일제히 달려들었다. 최종적으로 그 영예는 위대한 존 보글이 1976년에 창립한 업계의 선구자, 뱅가드에게 돌아갔다.

구체적으로 버핏이 고른 펀드는 뱅가드의 '500 인덱스 펀드 애드미럴 셰어즈500 Index Fund Admiral Shares'였다.

누구도 그의 선택에 놀라지 않았다.

THE WOLF
of
INVESTING

9장

초저비용 지수 투자를
검증하라

진정한 투자 구루, 존 보글

주로 내가 'J. P. 모건은 현대 인류를 위한 길을 열기 위해 지구에 떨어진 소행성과 같았다'라거나 '2만 명이 노래하고 춤추는 가운데 워런 버핏은 우쿨렐레를 연주했다'라는 식으로 말할 때는 요점을 전달하고 재미를 주기 위해 약간의 시적 허용이 가미돼 있다.

그러나 '존 보글이 일반 투자자들에게 준 도움은 월가의 다른 모든 사람들이 준 도움을 합친 것보다 많다'라는 말은 전혀 그렇지 않다.

이는 정말로 진지하게 한 말이다.

실제로 보글이 2019년에 사망했을 때 워런 버핏은 이런 유명한 발언을 했다. "미국의 투자자들에게 가장 큰 도움을 준 사람을 기리기 위해 동상을 세운다면 그 대상은 당연히 존 보글이어야 한다." 보글은 그때까지 투자자들이 총 1,400억 달러에 이르는 과잉 수수료를 아낄 수 있도록 해줬다. 이후로도 그의 수동적 투자 철학은 투자자들에게 탁월한 연 수익률을 안겨줬다.

1974년 보글은 궁극적으로는 전체 뮤추얼펀드 산업을 쓰러트릴 만한 '단순한 전제'에 기반하여 뱅가드를 창립했다. 그 전제는 'S&P500의 수익률을 넘어서려하지 않고 수동적으로 S&P500을 추종하는 저비용 지수 펀드의 수익률이, 적극적으로 운용되는 펀드의 수익률을 꾸준히 넘어선다'는 것이다. 그 이유는 다음과 같았다.

❶ 운용 보수가 크게 줄어든다.

❷ 펀드 매니저에게 성과 보수를 지급하지 않아도 된다.

❸ 단기 트레이딩을 하지 않기 때문에 **절세 효율**tax efficiency 이 훨씬 높아진다.

❹ 적극적 운용을 하는 펀드 매니저가 자신의 존재를 정당화하기 위해 타이밍 매매를 하다가 실수하는 문제가 없다.

보글의 논리는 난데없이 형성된 게 아니었다. 세계 최고의 경제학자 중 한 명으로서 10년에 걸친 뮤추얼펀드 산업 연구를 막 완료한 폴 새뮤얼슨Paul Samuelson 과 나눈 통화가 그 계기였다. 나중에 새뮤얼슨에게 노벨 경제학상을 안긴 이 연구는 보글이 오랫동안 의심했지만 확실하게 증명하지 못한 사실을 드러냈다. 그것은 뮤추얼펀드 투자가 '호구짓'이라는 사실이었다.

그런데 이제 새뮤얼슨 덕분에 의심이 해소됐다.

요컨대 새뮤얼슨의 연구는 반박할 수 없는 증거를 제시했다. 그 내용은 뮤추얼펀드의 연 운용 보수와 부담스러운 거래비용 그리고 펀드 매니저에게 줘야 하는 운용 보너스를 감안하면 그냥 S&P500을 추동하는 수동적 지수 펀드를 사서 들고 있는 편이 훨씬 낫다는 것이었다.

유일한 문제는 아직 그런 펀드가 존재하지 않는다는 것이었다. 'S&P500 지수를 매수하려면' 시장에서 500개 종목을 하나씩 사야 했다. 또한 그때마다 별도로 수수료를 지불해야 했다. 이것 때문에라도 해당 전략을 실행하기는 어려웠다. 게다가 전체 종목을 매수하려면 얼마나 많은 돈이 들지 모른다는 문제도 있었다. 500개에 이르는 각 종목을 1주씩만 사려고 해도 초기 투자금으로 수만 달러가 필요했다. 이는 일반 투자자가 감당할 수 있는 수준을 훌쩍 넘어섰다. 또한 그렇게 해도 S&P500의 수익률을 복제할 수는 없었다. S&P500은 고가 종목은 과다 반영되는 반면, 저가 종목은 과소 반영되기 때문이다.

지수 수익률을 정확하게 복제하려면 훨씬 많은 돈이 필요했다. 또한 포트폴리오를 관리할 메인프레임 컴퓨터도 필요했다. 다시 말해 상당한 재정적, 기술적 자원이 없으면 불가능한 일이었다.

그럼에도 새뮤얼슨은 여전히 해결책을 만드는 일에 열성적이었다. 그는 보글과 대화한 직후 뮤추얼펀드 업계의 문제를 공개적으로 지적하기 시작했다. 그 핵심은 뮤추얼펀드들이 적극적 운용을 하는 펀드 매니저들에게 의존하며, 50년 동안 부진한 실적을 올렸다는 것이었다.

새뮤얼슨은 10년에 걸친 연구 결과를 다섯 가지 요점으로 정리했다.

❶ 상당한 관련 증거들을 분석해보면 세계 최고의 펀드 매니저라 해도 시장수익률보다 우월한 실적을 올릴 수 없다는 결론을 내리게 된다.

❷ '특별한 재능'이 있어서 시장수익률을 거듭 넘어서는 소수의 펀드 매니저들이 있을지도 모른다. 그러나 그런 사람이 실제로 존재한다면 아주 잘 숨어있어서 찾을 수가 없다.

❸ 적극적 펀드 매니저들이 상대적으로 부진한 실적을 올리는 이유는 모든 매매 활동이 부담스러운 거래비용을 낳기 때문이다. 이 거래비용은 연 투자수익률을 갉아먹고 절세 효율을 떨어뜨린다.

❹ 그렇지 않을 거라고 믿고 싶지만, 증거를 보면 포트폴리오를 운용하는 대다수 의사결정자들은 사업을 접어야 한다는 가설로 기울어지게 된다.

이 네 가지 요점은 전체 뮤추얼펀드 산업에 대한 신랄한 질책이나 마찬가지였다. 그러나 보글에게 가장 큰 영감을 준 것은 마지막 다섯 번째 요점이었다.

❺ 최소한 일부 대규모 재단은 S&P500 지수를 추종하는 자체 포트폴리오를 구축해야 한다. 오로지 투자 담당자가 자신의 실력을 측정할 잣대로서 단순한 모델을 만든다는 목적으로라도 말이다.

보글에게는 더 이상 다른 말이 필요 없었다.

곧 그는 정식으로 뱅가드를 창립했다.

펀드 운용 방식을 완벽하게 다듬고 새로운 투자 구조로 증권거래위원회의 승인을 받기까지 꼬박 2년이 걸렸다. 그래도 어쨌든 모든 준비가 마침내 끝났다. 새뮤얼슨은 '**초저비용 S&P500 지수 펀드**'라는 획기적 상품에 대한 투자설명서를 읽었다. 선취 및 후취 판매 수수료가 없었고, 자산을 운용하는 매니저에게 지불하는 성과 보너스도 없었다. 그는 널리 읽힌 사설에서 이렇게 썼다. "내가 감히 예상하던 시기보다 빨리 나의 명시적 기도가 응답받았다."

실로 그랬다.

그러나 보글에게는 안된 일이지만 월가의 반응은 훨씬 미지근했다.

사실 그들은 보글이라는 인간을 린치하고 싶어했다! 그의 새로운 지수 펀드는 운용 수수료가 엄청나게 낮은 데다가 판매 수수료가 일체 없었다. 이는 전체 뮤추얼펀드 산업의 존재를 위협했다. 사실상 보글은 그들의 눈앞에서 S&P500을 '무기화'한 것이었다. 이제 S&P500은 단순히 추종할 수 있는 지수에서, 쉽게 매매 가능한 투자상품으로 변신했다.

이 새로운 유형의 펀드가 인기를 끈다면, 뮤추얼펀드 산업에 어마어마한 여파가 미칠 것이었다. 즉, 사업을 유지하기 위해 수수료를 대폭 낮춰야 했다. 게다가 적극적 운용 방식으로는 S&P500의 수익률을 꾸준히 앞설 수 없다는 보글의 메시지 자체가 고객의 대규모 이탈로 이어질 것이었다.

그러니 그들이 걱정할 만도 했다.

보글은 새로운 지수 펀드를 출범하자마자 전국을 도는 캠페인에 나섰다. 그는 전국 방방곡곡에서 세 가지 핵심 투자 기준을 설파했다.

❶ 초저 운용 보수
❷ 무 선취 및 후취 판매 수수료
❸ 무 성과 보너스

보글은 복음주의자의 열정으로 자신의 말을 들어줄 모든 증권사, 자산운용사, 재무설계사, 보험사를 찾아갔다.

그러나 안타깝게도 그런 곳은 드물었다.

월가 수수료 절취 복합체는 이미 행동에 돌입했다.

그들은 미국의 대형 담배회사들이 완벽하게 다듬은 전술을 활용했다. 그 전술의 목적은 흡연이 건강에 해로우며, 이른 사망에 이르게 한다는 명백한 사실을 감히 발설한 사람들의 신뢰도를 떨어뜨리는 것이었다. 월가 수수료 절취 복합체 역시 악랄한 보글과 마찬가지로 악랄한 그의 지수 펀드를 겨냥한 대규모 비방전을 전개했다.

전국의 신문과 잡지, 광고판과 텔레비전에 광고가 실렸다. 그중 일부 광고는 실로 충격적이었다. 특히 뮤추얼펀드를 판매하는 사람들을 대상으로 한 광고는 더욱 그랬다.

가령 월가에서 가장 평판 높은 펀드 회사 중 하나인 드레퓌스 Dreyfus는 〈월스트리트저널〉에 연속으로 전면 광고를 실었다. 거기에는 다음과 같은 카피가 대문짝만하게 나와있었다.

'판매 수수료를 안 낸다고요? 절대 안 됩니다!'

충격적일 정도로 뻔뻔한 광고였다.

그 저의는 이런 것이었다. "우리처럼 비싼 판매 수수료를 주지 않는 뱅가드에게 꺼지라고 말하세요!"

이건 시작에 불과했다.

그들은 중간 판매업자들을 겨냥한 광고에 1달러를 썼다면, 투자자들을 겨냥한 광고에는 1,000달러를 썼다. 저비용 지수 펀드의 명백한 혜택이 대중에게 알려져서 회사를 망하게 할 풀뿌리 운동이 일어날 가능성을 제거해야 하기 때문이었다.

광고의 목적은 지극히 단순했다. 그것은 적극적으로 운용되는 뮤추얼펀드가 단순히 S&P500을 추종하는 수동적 지수 펀드보다 훨씬 나은 투자상품이라는 미신을 유지시키는 것이었다. 그들은 수동적 지수 펀드가 S&P500의 수익률을 넘으려는 시도조차 하지 않는다는 점을 강조했다.

언뜻 그들의 핵심 주장은 타당한 것처럼 보였다.

결국 최상의 시나리오가 평균적인 수익률을 내는 것인 펀드에 투자하고 싶은 사람이 있을까? 누가 평균을 원할까? 그렇지 않은가? 그게 삶을 살아가는 올바른 방식일까? 월가 수수료 절취 복합체는 바로 그런 이유로 자신들이 세계 최고의 펀드 매니저들만 채용한다고 설명했다. 보글과 달리 자신들은 평균에 만족하기를 거부하기 때문이다!

결국 평균은 형편없는 것이다!

나는 평균이 실제로 형편없는 것이라는 부분에는 공감한다. 그래도 그들의 주장은 완전히 말도 안 된다. 모든 경험적 증거, 특히 실제로 해결책을 제시한 새뮤얼슨의 연구 결과는 정확하게 반대 사실을 가리킨다.

알프레드 코울스의 연구는 개별 종목 추천과 역사적 수익률을 비교한 것이었다. 반면 새뮤얼슨의 연구는 1920년대 뮤추얼펀드 산업이 생긴 이래 모든 뮤추얼펀드의 수익률과, 보글이 투자 수단으로 탈바꿈시킨 S&P500의 수익률을 비교한 것이었다. 다시 말해 코울스의 연구는 단지 문제를 부각시켰을 뿐이지만, 새뮤얼슨의 연구는 보글의 발명품으로 이어져 일관적인 해결책을 제시했다.

그러나 월가 수수료 절취 복합체는 여전히 강력한 적수였다.

그들은 쉼 없는 광고 캠페인을 통해 전력 방어에 나섰다. 가령 그들과 마찬가지로 비열한 광고계의 파트너들과 맺은 관계를 활용하여, 보글의 발명품이 전혀 쓸모없는 온갖 이유를 제시했다. 그 이유들은 모두 허위였지만 그들에게 그 사실은 그저 부수적인 문제일 뿐이었다. 그런 걸 따지기에는 걸린 대가가 너무 컸다.

처음에는 비방전이 멋지게 통했다.

아래에 나오는 차트는 월가 수수료 절취 복합체가 초기 10년 동안 뱅가드를 얼마나 효과적으로 억눌렀는지 보여준다.

그들은 실로 일을 잘해냈다. 그러나 사실 별다른 노력을 하지 않아도 어차피 주식중개인들은 존 보글과 뱅가드를 싫어할 수밖에 없었다. 보글은 그들에게 판매 수수료를 한 푼도 주지 않았기 때문이다. 그래서 뱅가드의 가치제안Value Proposition은 투자자 관점에서 보면 엄청나게 매력적이었다. 하지만 50년 묵은 시스템의

뱅가드 인덱스 트러스트 500(VFINX) 주가

월가의 늑대 시장을 이겨라

일원인 중간 판매업자들에게는 그다지 매력적이지 않았다. 그들은 연간 수십억 달러의 과잉 수수료를 고객으로부터 조용히 짜내면서도 평균 이하의 수익률을 안겼다.[15]

게다가 보글 자신이 해결해야 할 과제도 있었다.

완곡하게 말하자면 그는 뱅가드의 가치제안을 금융계 세일즈맨들에게, 그들의 탐욕스런 관점에서 설명하는 데 그다지 뛰어나지 않았다. 다시 말해서 다른 기업들은 8.5%의 판매 수수료를 주지만 뱅가드는 한 푼도 지불하지 않으려했다. 그렇다면 그들이 뱅가드를 추천해서 얻을 게 무엇인가?

아무것도 없다. 중개인들도 먹고살아야 하지 않는가?

사실 그렇지 않다. 적어도 보글의 말에 따르면 그렇다. 그는 중개인에게 이 점을 설명할 때 〈대부 2〉의 마이클 콜레오네Michael Corleone 흉내를 즐겨 냈다.

〈대부 2〉를 보면 네바다주 상원의원인 기어리Geary가 마이클에게, 카지노 허가를 받으려면 뇌물을 바치라고 요구하는 장면이 나온다. 마이클은 길고 차가운 침묵 끝에 이렇게 대꾸한다. "의원님에게 드릴 건 아무것도 없습니다. 카지노 허가 수수료도 내지 않을 겁니다. 그건 의원님 돈으로 내주셨으면 합니다."

보글은 "판매 수수료를 주지 않으면 어떻게 돈을 버냐"는 중개

---

[15] 이 구조는 인터넷 발달도 완전히 단절될 것이었다. 그러나 인터넷이 개발되고 충분한 대역폭이 확보되기까지는 여전히 25년이나 남아있었다. 당시에 온라인을 통해 고객이 자신의 주문을 직접 처리한다는 것은 완전히 공상의 영역이었다.

인의 반발에 이런 식으로 대응했다.

물론 보글에게 이 문제에 대한 답은 명확했다. 그는 이렇게 생각했다.

'당신에게는 중개인으로서 고객에게 진 신의성실 의무가, 수익률이 나빠도 수수료를 많이 주는 뮤추얼펀드를 추천해서 잇속을 챙기려는 이기적인 욕구보다 우선해. 그런데 뭐가 문제야?'

이는 월가 사람들에게는 매우 불쾌한 메시지였다. 그런데 그들에게 더 큰 충격을 안기는 다른 요소까지 있었다. 그것은 바로 뱅가드의 지분 구조였다.

이것은 월가 사람들이 지금도 이해하지 못하는 부분인데, 보글은 놀랄 만큼 사심 없는 지분 구조를 만들었다. 뱅가드의 지수 펀드에 투자하는 사람들이 뱅가드의 소유자가 됐다. 다시 말해서 보글 자신은 뱅가드의 지분 대다수를 보유하지 않았다. 최대 주주는 투자자들이었다.

뱅가드는 지금도 펀드 투자자들이 소유자가 되는 지분 구조가 그대로 유지되고 있다. 보글은 이런 지분 구조 때문에 개인적으로 500억 달러가 넘는 손해를 봤다. 그런데도 그는 평생 그것을 후회한다는 말을 한 번도 한 적이 없다.

실제로 한 기자는 임종을 앞둔 그에게 뱅가드의 지분 구조를 그렇게 만든 걸 후회하냐고 물었다. 그가 소유권을 가졌다면 훨씬 많은 돈을 벌 수 있었기 때문이다.

보글은 그 질문에 흉내 낼 수 없는 그만의 어법으로 즉시 대답했다. "내 재산은 지금 8,000만 달러가 넘어요. 인생을 10번 살아도 다 못 쓸 만큼 많죠. 그러니 그따위 문제를 내가 왜 신경 써야 하죠?"

존 보글의 사명은 일반 투자자들을 위해 공정한 투자 환경을 조성하는 것이었다. 그는 죽는 날까지 그 사명에 헌신했다.

100만 달러를 건 초유의 내기

강세장이 이어진 1980년대 내내 보글은 뱅가드를 살리려고 고전해야만 했다.

그러다가 검은 월요일이 닥쳤다.

투자자들이 심도 있는 검토를 하지 못하도록, 뮤추얼펀드 산업이 심어온 망상이 갑자기, 한꺼번에, 하루 만에 완전히 깨졌다. 과도한 수수료의 영향을 가려주던 엄청난 강세장이 끝나자, 투자자들은 자신들의 선택지를 되돌아봐야 한다는 사실을 깨달았다.

그리고 그걸 하자, 나머지 선택지들보다 훨씬 합리적인 하나의 선택지가 보이기 시작했다. 바로 뱅가드의 초저비용 S&P500 지수 펀드였다.

증거는 항상 그 자리에 있었다. 그러나 그것을 알아차리지 못했을 뿐이다.

대폭락 후 일반 투자자와 기관 투자자를 막론하고 모든 투자자의 머릿속에 전구가 켜진 것 같았다. 비밀은 드러났다. 1990년대

뱅가드 인덱스 트러스트 500(VFINX) 주가

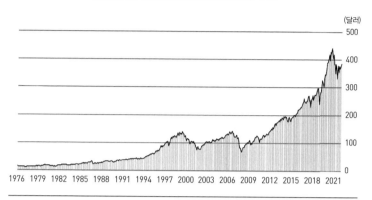

(달러)

동안 S&P500이 급등하면서 뱅가드의 접근법이 지닌 효율성이
더욱 부각됐다. 상황이 이렇게 되자, 적극적 운용 펀드에서 뱅가
드의 지수 펀드로 빠져나가는 신속하면서도 질서정연한 이탈은,
곧이어 말 그대로 출구로 몰려가는 대탈출로 변했다.

실제로 앞선 차트(308페이지)에서 뱅가드가 부진한 성장을 보인
1976년부터 1987년까지의 시기를 보자. 위 차트는 2023년 현재
까지 기간을 연장한 것이다.

버핏이 2008년에 100만 달러짜리 베팅을 발표할 무렵부터, 뮤
추얼펀드 산업에서는 뱅가드의 부상과 함께 그로 인한 지각변동
이 일어났다. 주된 변화는 네 가지였다.

❶ 수수료가 50% 넘게 인하됐다. 지금도 계속 인하되고 있는데,
   현재는 1970년대 중반 뮤추얼펀드 전성기에 받던 어이없는

수준에 비해 80% 이상 인하됐다. 그렇다고 해서 지금은 적극적 운용 펀드에 투자해도 된다는 말은 아니다. 수수료가 크게 낮아졌다고 해도, 장기 수익률 면에서 수동적 운용 지수 펀드와 비교하면 여전히 형편없다. .

❷ '이길 수 없다면 합류하라'라는 말대로, 대형 증권사와 뮤추얼 펀드 판매사들은 보글이 이끄는 대열에 합류하여, 자체적으로 S&P500 지수 펀드의 저비용 버전을 제공할 수밖에 없었다.

❸ 현대적 인터넷이 탄생하면서 뱅가드의 엄청난 가치제안에 대한 소문이 들풀처럼 사람들 사이에 퍼졌다. 뱅가드는 길을 막던 문지기가 사라지자 블랙록Blackrock에 이은 세계 2위 자산운용사로 빠르게 성장했다. 현재 운용 자산은 8조 달러를 넘는다.

❹ 결코 순순히 물러나는 법이 없는 월가는 새롭고 보다 공격적인 유형의 펀드를 고안할 것이었다. 업계 최고의 자산운용역들은 금융 생태계의 가장 은밀한 곳에서 부유한 고객들을 위해 일할 것이었다. 이곳에서는 S&P500의 수익률을 꾸준히 앞서는 능력이 어찌된 영문인지 여전히 마법적으로 존재한다. 모든 증거가 상반되는 사실을 가리키는데도 말이다.

당연히 이 엘리트 펀드 매니저들은 그토록 대단한 일을 어떻게 해낼 것이냐는 질문을 받으면, 자세한 이야기를 하지 않으려 한다. 그저 복잡한 일련의 전략을 활용한다고 말할 뿐이다.

그들은 모든 시장에서 리스크를 회피하는hedge 능력을 부각시키기 위해 하나같이 '헤징hedging'이라는 개념을 내세운다.

월가는 이 새로운 범주에 '헤지펀드'라는 적절한 명칭을 붙인 다음, 그걸 중심으로 빠르게 전체 산업을 구축했다. 그들은 영웅과 악당 그리고 금융계의 록스타처럼 대중의 상상력을 자극하는 과장된 인물들을 만들어냈다. 뮤추얼펀드 산업은 존 보글과 그의 새로운 발명품 때문에 큰 타격을 입고 무너졌다. 헤지펀드 산업은 그 재에서 탄생한 불사조와 같았다.

대개는 점잖은 폴 새뮤얼슨도 뮤추얼펀드 산업의 상처에 약간의 소금을 뿌리지 않을 수 없었다. 그는 2005년에 뮤추얼펀드 매니저와 세일즈맨들로 구성된 청중들에게 이렇게 말했다. "저는 보글의 발명품을 바퀴와 알파벳, 구텐베르크 인쇄기, 와인, 치즈와 동급에 놓습니다."

청중의 반응은 어땠을까?

대개는 조용했다. 다만 여전히 충격받은 일부 청중의 뱃속 깊은 곳에서 불편한 신음소리가 새어나왔다. 그들은 후한 수수료가 존 보글 때문에 눈앞에서 사라지는 모습을 지켜봐야 했다. 결국 뱅가드의 가치제안은 부정하기에는 너무나 강력했다. 그들이 두려워하던 대로 그 가치제안이 대중에게 알려지자 투자자들의 대탈출이 빠르게 뒤따랐다.

오직 헤지펀드 산업만이 상처를 입지 않았다. 그러나 그마저도 곧 바뀔 것이었다. 그들은 오마하의 현인을 화나게 만들었다. 그는 너무나 분노한 나머지 헤지펀드 산업을 상대로 100만 달러짜리 내기를 걸었다.

그 대가는 엄청나게 컸다. 월가 거물들은 전체 뮤추얼펀드 산업의 다리를 잘라낸 뱅가드의 인민 침략군들로부터 대피한 상태였다. 그들에게 헤지펀드는 마지막 보루와도 같았다. 하지만 그런 헤지펀드도 오마하의 현인으로부터 도망칠 수는 없었다. 그는 겸손한 성격에도 불구하고 거물 중의 거물이었기 때문이다.

오마하의 현인은 매우 공개적인 방식으로 도전장을 던졌다. 이에 테드 세이즈가 좋아라 하며 미끼를 덥썩 물었다. 내기의 결과는 10년 후에 드러날 것이었다.

내기가 시작된 날은 2008년 1월 1일이었다.

승자는 '자랑권' 말고도 얻을 것이 훨씬 많았다.

성공적인 투자를 위한
3대 황금 법칙

투자의 본질은 복리 효과에 있다

이제 여러분은 분명 누가 내기에서 이겼는지 알 것이다.

물론 오마하의 현인이 확실하게 이겼다.

실제로 그는 자신감이 과도하게 넘치던 테드 세이즈를 너무나 심하게 혼내줬다. 그 결과 단지 내기에서 이긴 데서 그치지 않고 예기치 못한 두 가지 일이 생겼다. 그 두 가지 일은 헤지펀드 산업의 터무니없는 수수료와 대체로 형편없는 수익률에 대한 버핏의 지적이 옳았음을 추가로 증명했다.

첫째, 테드 세이즈가 백기를 들고 패배를 인정하기까지 꼬박 10년이 걸리지 않았다. 7년차 말에 이미 격차가 아주 많이 벌어져버렸기 때문이다. 그래서 내기에서 이기는 것이 수학적으로 불가능한 지경에 이르렀다. 결국 그는 3년 더 수치를 당하느니 2017년 말에 품위 있게 물러나려고 시도했다. 그러나 안타깝게도 그럴 수 없었다. 승자가 우승 상금을 받으려면 10년을 다 채워야 했다.

둘째, 10년차 말이 되자 격차가 너무나 크게 나버렸다. 이 내기는 원래 양쪽 모두 수수료 없이 순전히 수익률만 기준으로 삼았다. 그럼에도 테드 세이즈의 헤지펀드는 무려 30% 차이로 S&P500에게 박살났다.

이 결과의 의미는 어마어마했다.

돌이켜보면 버핏이 내기를 건 원래 목적은 헤지펀드 매니저들이 터무니없는 수수료를 부과하기에, 그들이 시장수익률을 꾸준히 앞설 수 없다는 사실을 부각시키려는 것이었다. 이는 헤지펀드 매니저들이 수수료를 떼어가지 않아도 시장수익률을 앞서지 못했다는 내기의 결과와 큰 차이가 있었다.

그 차이를 알겠는가? 실로 엄청난 차이다.

어쨌든 결과는 분명했다.

그러면 진행 과정을 보다 자세히 살펴보자. 1년차 때는 믿기 어렵겠지만 실제로 테드 세이즈와 100개의 헤지펀드가 앞섰다. 이는 놀라운 결과일 수 있다. 그러나 역사적 관점에서 보면 테드 세이즈가 초기에 이긴 것은 완벽하게 타당하다. 내가 말하려는 바는 내기가 시작된 때가 2008년 1월 1일이라는 것이다. 당시는 리먼브라더스가 파산하면서 글로벌 금융위기가 촉발된 지 겨우 3개월 후였다.

미국 주택시장이 붕괴되면서 전 세계 주식시장이 폭락했다. 어떤 나라도 살아남지 못했다. 거기에는 그 모든 난장판을 만들었고, 뒤이어 문제를 해외로 수출한 미국도 포함됐다.

이 사실은 3장에서 언급한 '월가의 초대형 흡혈 오징어와 나머지 은행가들은 지난 40년 동안 아이슬란드를 파산시켰고, 노르웨이를 거덜냈고, 그리스를 박살냈고, 폴란드를 약탈했다'라는 문장의 실체다. 물론 월가가 총을 겨눈 채 이 모든 짓을 한 건 아니었다. 대신 그들은 이들 나라가 수십억 달러어치의 부실한 주택대출채권을 사도록 설득했다. 문제는 이 채권이 과도한 레버리지 때문에 지연 폭발 장치가 달린 금융계의 대량학살무기로 변해있었다는 것이었다. 이 장치들은 2007년 3분기에 동시에 작동했다.

그 결과는 어땠을까?

2008년은 주식시장에게는 끔찍한 한 해였다. 덕분에 테드 세이즈의 헤지펀드는 빛날 기회를 얻었다. S&P500이 38.5%나 하락하는 동안 헤지펀드들은 이름 그대로 장기인 '헤징'을 통해 손실을 크게 줄였다.

그해에 헤지펀드들은 평균 24%의 손실률을 기록했다. 그에 따라 세이즈는 오마하의 현인을 14.5% 앞질렀다.

그러다가 2년차가 됐다.

앞서 다우지수가 대공황에서 회복하는 데 실제로 26년이 걸린 건 아니라고 설명한 바 있다. 마찬가지로 S&P500도 느리지만 꾸준하고 예측 가능한 반등을 시작했다. 이는 여러분이 결코 잊지 말아야 할 중요한 교훈을 부각시킨다.

대부분의 경우 약세장은 그렇게 오래 지속되지 않는다.

이것은 아마추어 투자자와 전문 투자자를 막론하고 모든 투자자들이 가장 크게 오해하는 사실 중 하나다. 그들은 약세장이 길고도 느리게 이어지면서 회복하는 데 고통스러울 만큼 오랜 시간이 걸린다고 생각한다.

사실은 정반대다.

물론 대개 하락은 급격하고 심하고 지극히 고통스럽다. 그러나 한 세대에 걸쳐 느리고 꾸준하게 오르는 상승기와 비교하면 하락기는 아주 오래 지속되지 않는다. 실제로 1792년에 버튼우드 협정이 체결된 이후 주식시장의 느리고 꾸준한 상승은 시계처럼 예측 가능했다. 다음 페이지의 차트를 보면 내 말뜻을 알 수 있다.

상승세가 더 장기간 지속된다는 사실은 매우 명확하다.

주식시장이 느리고 꾸준하게 상승하는 사이사이에 일련의 심하고 급격한 하락이 짧게 지속된다.

이 점을 고려하면 이후로 오마하의 현인과 그의 평범한 지수 펀드가 해마다 이겼다는 사실이 그리 놀랍지 않다.[16] 실제로 10년 동안 뱅가드의 500 인덱스 펀드 애드미럴 셰어즈는 모든 수수료와 비용을 제한 후 125.9%의 전체 수익률을 기록했다. 반면 테드 세이즈가 선택한 헤지펀드의 전체 순수익률은 36%에 불과했다.

수익률 차이는 89.9%였다.

사실 헤지펀드가 창출한 모든 수익의 무려 60%는 헤지펀드 매

---

16   유일한 예외는 양쪽이 약 12.5%의 수익률로 호각을 이룬 5년차였다.

약세장			강세장		
시작 시기	종료 시기	개월 수	시작 시기	종료 시기	개월 수
1900. 1	1901 . 1	12	1901. 1	1902. 9	20
1902. 10	1904. 9	23	1904. 9	1907. 6	33
1907. 6	1908. 7	12	1908. 7	1910. 1	18
1910. 2	1912. 2	24	1912. 2	1913. 2	12
1913. 2	1915. 1	22	1915. 1	1918. 9	43
1918. 9	1919. 4	6	1919. 4	1920. 2	9
1920. 2	1921. 8	17	1921. 8	1923. 5	21
1923. 6	1924. 8	14	1924. 8	1926. 10	26
1926. 11	1927. 12	13	1927. 12	1929. 9	21
1929. 9	1933. 4	43	1933. 4	1937. 5	49
1937. 6	1938. 7	13	1938. 7	1945. 2	79
1945. 3	1945. 11	8	1945. 11	1948. 11	36
1948. 12	1949. 11	11	1949. 11	1953. 8	45
1953. 8	1954. 6	9	1954. 6	1957. 9	39
1957. 9	1958. 5	7	1958. 5	1960. 5	23
1960. 5	1961. 3	9	1961. 3	1970. 1	105
1970. 1	1970. 12	10	1970. 12	1973. 12	36
1973. 12	1975. 4	15	1975. 4	1980. 1	57
1980. 2	1980. 8	6	1980. 8	1981. 8	12
1981. 8	1982. 12	15	1982. 12	1990. 7	91
1990. 8	1991. 4	8	1991. 4	2001. 4	119
2001. 4	2001. 12	8	2001. 12	2008. 1	72
2008. 1	2009. 7	17	2008. 7	2020. 3	127
2020. 3	2020. 5	1	2020. 5	2022. 12	30
평균 약세장 지속 기간(개월)=13			평균 강세장 지속 기간(개월)=47		

월가의 늑대 시장을 이겨라

니저들이나 테드 세이즈의 호주머니로 들어갔다. 다시 말해서 테드 세이즈와 펀드 매니저들은 너무나 형편없는 실적을 올리는 대가로 수백만 달러의 보수를 받았다. 설령 그들이 수수료를 한 푼도 받지 않았다 해도 여전히 29.9%의 격차로 내기에서 진다.

게다가 헤지펀드는 해가 바뀔 때마다 운용 수수료를 떼어간다. 그래서 장기 복리 효과가 크게 줄어들어 펀드 수익률이 더욱 악화된다. 가령 10년에 걸쳐 뱅가드는 연 평균 7.1%의 복리 수익률을 올렸지만, 헤지펀드의 복리 수익률은 2.2%에 불과했다.

실질적으로 이는 버핏의 뱅가드 계좌가 해마다 평균 7.1% 불어났다는 뜻이다. 즉, 이듬해에 투자할 돈이 7.1% 늘어난 것이다. 이는 다음해에 더 많은 투자 수익과 분기 배당을 얻을 수 있는 잠재력을 키워줬다.

그래서 2018년 마침내 내기가 끝났을 때 세이즈가 선택한 펀드들에 투자된 100만 달러는 22만 달러밖에 늘어나지 않았다. 반면 뱅가드에 투자된 100만 달러는 85만 4,000달러나 수익을 올리고 있었다.

이 엄청난 격차는 세 가지 중요한 요인이 작용한 결과였다. 이 요인들의 힘이 합쳐져서 탁월한 결과가 만들어졌다.

❶ S&P500의 견조한 평균 투자수익률
❷ 뱅가드의 극도로 낮은 수수료
❸ **장기 복리 효과**의 힘

이 세 가지 강력한 힘을 활용하면 소액도 오랜 시간에 걸쳐 큰돈으로 바뀔 수 있다. 여기서 핵심은 '시간'이다.

시간은 복리 효과가 마법처럼 작용하게 만드는 중요한 요소다. 하지만 거기에 마법적인 부분은 없다. 그저 기본적인 수학일 뿐이다.

복리 효과의 힘을 증명하는 오래되고 고전적인 사고실험이 있다. 1페니를 매일 두 배로 불리면 30일 후에는 백만장자가 된다는 것이다. 사실 나는 이 말을 처음 들었을 때 믿을 수 없어서 펜과 종이를 꺼내 실제로 계산해봤다.

10일차까지 계산하고 나니 이런 생각이 들었다. '절대 불가능한 일이야. 이제 겨우 10달러가 됐어. 3분의 1이나 지났는데 말이야. 어떻게 100만 달러를 만들어?'

그리고 20일차까지 계산한 후에는 불가능하다는 확신이 더욱 강해졌다. 나는 이렇게 생각했다. '이건 전혀 말이 안 돼! 10일밖에 남지 않았는데 겨우 5,000달러 정도야. 절대 100만 달러는 만들 수 없어!'

그런데 믿을 수 없는 일이 일어났다. 20일차를 지나 30일차로 나아가는 동안 수치가 급격하게 커지기 시작했다. 지금도 나는 내가 본 것을 결코 잊지 못한다.

어안이 벙벙할 지경이었다.

혹시 함정이 있나 싶어 분명 10번 정도는 다시 계산했을 것이다. 하지만 함정은 없었다. 그저 푼돈도 100만 달러로 바꾸는 복

Day 1:	$0.01	Day 11:	$10.24	Day 21:	$10,485.76
Day 2:	$0.02	Day 12:	$20.48	Day 22:	$20,971.52
Day 3:	$0.04	Day 13:	$40.96	Day 23:	$41,943.04
Day 4:	$0.08	Day 14:	$81.92	Day 24:	$83,886.08
Day 5:	$0.16	Day 15:	$163.84	Day 25:	$167,772.16
Day 6:	$0.32	Day 16:	$327.68	Day 26:	$335,544.32
Day 7:	$0.64	Day 17:	$655.36	Day 27:	$671,088.64
Day 8:	$1.28	Day 18:	$1,310.72	Day 28:	$1,342,177.28
Day 9:	$2.56	Day 19:	$2,621.44	Day 29:	$2,684,354.56
Day 10:	$5.12	Day 20:	$5,242.88	Day 30:	$5,368,709.12

리 효과를 처음 경험한 것일 뿐이었다.

위대한 아인슈타인도 복리가 매우 서서히 늘어나다가 갑자기 폭증하는 기이한 양상에 강한 흥미를 느꼈다. 그래서 복리 효과를 세계 8대 불가사의라 불렀다. 그는 이런 유명한 말도 남겼다. "복리를 이해하는 사람은 영원히 그것을 벌어들일 것이고, 이해하지 못하는 사람은 영원히 그것을 지불할 것이다."

그의 말은 두 가지 측면에서 100% 옳다.

❶ 복리 효과는 놀라울 정도로 강력하다.
❷ 복리 효과는 유리한 방향과 불리한 방향, 양방향으로 작용할 수 있다.

가령 여러분은 카드사가 월말에 대금 전액을 지불하지 않아도 되도록 기꺼이 허용하는 이유를 아는가? 사실 그들은 여러분이 대금을 완납하지 않기를 기도한다.

왜 그럴까?

미납분에 대한 이자가 매일 복리로 불어나기 때문이다. 다시 말해 지불일이 넘어가면 매일 전날의 이자가 추가된 미납분에 이자가 매겨진다. 그래서 이자액이 조금 늘어나고, 다음날에도 조금 더 늘어난다. 그렇게 서서히, 음흉한 절차가 시작된다. 그러다 보면 곧 여러분은 미납 대금이 대체 어떻게 이렇게 많은지 의아해하면서 머리를 긁게 된다. 1년 넘게 양말 한 켤레 새로 산 게 없는데도 말이다!

이것이 공포의 눈덩이 효과다. 눈덩이는 산길을 천천히 굴러가면서 한 번 회전할 때마다 조금씩 눈을 더 모은다. 그렇게 크기가 커지면 표면적이 넓어져서 다음 회전할 때는 더 많은 눈을 모을 수 있다. 처음에는 커지는 속도가 빠르지 않다. 눈덩이가 작기 때문에 제법 많이 굴러야 차이를 인지할 수 있다. 그러다가 눈덩이는 갑자기 너무 커져서 앞에 놓인 모든 것을 깔아뭉갠다. 거기에는 여러분도 포함된다.

복리 효과가 반대로 작용하면 그런 일이 생긴다. 여러분은 알기도 전에 빈털터리가 된다. 어떻게 빚이 걷잡을 수 없이 불어나도록 놔뒀는지 당혹스러워하고, 어리둥절해한다. 그러나 사실 그런 지경이 되기까지 많은 게 필요한 것은 아니다. 장기 복리 효과가 여러분을 상대로 사악한 마법을 발휘하는 수학적 확실성만 있으면 된다.

월가의 늑대 시장을 이겨라

물론 아인슈타인도 지적한 대로, 복리는 유리한 방향으로도 그만큼 쉽게 작용한다. 이를 실현시키는 세 가지 주요 요소가 있다. 이 요소들은 장기 복리의 힘을 십분 활용하여 소액의 초기 투자금을 큰돈으로 바꿔준다.

❶ **포트폴리오 연 투자수익률:** 포트폴리오 연 투자수익률과 복리율 사이에는 직접적인 관계가 있다. 구체적으로 말해서, 투자수익률이 높아지는 만큼 복리율이 높아지고, 투자수익률이 낮아지는 만큼 복리율이 낮아진다. 테드 세이즈의 경우, 2.2%의 평균 투자수익률은 너무나 미미해서 복리 효과를 거의 상쇄했다. 반대로 버핏이 올린 7.2%의 연 투자수익률은 장기 복리 효과를 누리기에 충분하고도 남았다.

❷ **투자기간:** 복리 효과를 얻는 기간이 길수록 그 힘이 더 세진다. 충분한 기간이 지나면 이른바 **후기 경계**Late-Stage Threshold에 도달하게 된다. 이 지점에서 수익이 급상승한다. S&P500 지수 펀드의 경우 25년 정도에서 후기 경계가 시작된다. 이때부터 수익이 극적으로 불어난다. 가령 1만 달러를 30년 동안 투자하면 36만 5,000달러가 되며, 40년 동안 투자하면 120만 달러가 된다.[17]

---

17 배당금을 재투자하고, S&P500이 지난 100년 동안의 역사적 평균 투자수익률인 10.33%를 유지한다는 전제 하에 계산한 것이다.

❸ **추가 투자:** 이미 복리 효과를 얻고 있는 투자 포트폴리오에 꾸준히 돈을 넣는 것은 타오르는 불길에 기름을 붓는 것과 같다. 기존 포지션에 꾸준히 소액을 더하는 것을 월가 용어로 '**적립식 투자**'라 한다. 이 방식을, 연 평균 10.33%씩 꾸준히 수익을 복리로 쌓아가는 S&P500 지수 펀드 같은 자산에 적용하면 그 파급력은 어마어마하다. 위의 사례를 다시 들어보자. 초기 1만 달러 투자금에 매달 100달러를 추가하면, 30년 후에는 그 금액이 36만 5,000달러가 아닌 72만 3,000달러가 된다. 또한 40년 후에는 120만 달러가 아닌 240만 달러가 된다. 거기에는 이른바 황금의 3대 요소가 지니는 진정한 힘이 작용한다.

❹ **황금의 3대 요소:**

- 10.3%에 이르는 S&P500의 역사적 연 평균 수익률
- 장기 복리 효과의 힘
- 꾸준한 추가 투자

복리 효과를 충분히 누리려면 상당히 오랜 기간이 필요하다는 사실을 항상 명심하라. 대다수 이익은 후기 경계에서 나온다. 투자금이 소액에 불과할 때는 실제로 그런 일이 일어날 거라고 상상하기 어려울 수 있다. 그래서 이 검증된 전략을 따르지 않고 빠르게 돈을 벌기 위해 최신 주식투자 팁에 기대거나, 레버리지를 쓰다가 전부 잃어버리기 십상이다.

사람들이 평생 재정적으로 고생하고, 도움이 되지 않는 투자상

품에 계속 이끌리는 주된 이유 중 하나가 그것이다. 그 결과 그들은 제대로 투자했다면 가능했을 방식으로 가족을 부양하지 못한다. 그리고 결국에는 편하고 품위 있는 은퇴 생활을 누리지도 못한다.

꼭 그렇게 되라는 법은 없다. 적어도 더 이상은 아니다.

재정적 미래에 대한 주도권을 되찾고, 당신과 당신의 가족을 위해 더 나은 삶을 확보하라. 그 시작은 존 보글이 탄생시킨 노로드, 저비용 S&P500 지수 펀드다. 이 펀드는 소액 투자자도 '황금의 3대 요소가 지닌 막을 수 없는 힘'을 활용할 수 있도록 해준다. 게다가 미국에서 가장 크고 굉장하고 수익성 좋은 500대 기업의 집단적 힘도 가세한다.

실제로 S&P500 지수 펀드를 사는 순간 네 가지 믿을 수 없는 일이 바로 일어난다.

❶ 현재 S&P500 지수를 구성하는 500개 상장사의 일부 지분을 소유하게 된다.

❷ 포트폴리오가 현재 미국 경제를 추동하는 모든 주요 사업부문에 걸쳐 잘 분산된다.

❸ 포트폴리오가 지역적으로도 분산된다. S&P500 지수는 전 세계에서 사업을 운영하며, 매출의 30%를 해외에서 얻는 다국적 기업이 지배하기 때문이다.

❹ 3만 2,000명의 스탠더드앤드푸어스 직원들이 현재 지수에 포

함된 모든 기업이 합당한 자격을 유지하도록 당신을 대신하여 일하게 만든다.

이 엄청나게 수지맞는 투자에 드는 비용은 얼마일까?

그건 당신이 어떤 지수 펀드를 고르느냐에 따라 다르다. 내가 적극 추천하는 뱅가드의 500 인덱스 펀드 애드미럴 셰어즈의 경우, 연 수수료가 총 투자액의 0.04%다.

금액 기준으로는 1만 달러를 투자하면 4달러를 연 수수료로 낸다는 뜻이다. 맞다. 4달러다.

너무 좋은 조건이라 믿기지 않는가?

정말 믿기 어렵다. 하지만 그래도 사실이다.

오히려 다른 장점까지 있다.

'지수를 보유하면' 단지 컴퓨터 화면에 여러 숫자와 글자가 지나가고 끝나는 게 아니다. 당신은 미국에서 가장 뛰어난 수익성을 자랑하는 500대 기업의 이익 중 일부를 가질 자격을 얻는다. 그 금액이 아무리 작더라도 말이다. 이 기업들의 가치를 모두 합하면 수조 달러에 달한다. 거기에는 수십억 달러 가치의 설비, 재고, 특허, 저작권, 상표권, 독자적 절차 그리고 원자재와 완제품을 비용 효율적인 방식으로 전 세계로 보내는 기성 공급사슬이 포함된다.

또한 이 기업들이 수십 년에 걸친 헤드헌팅과 채용의 결과로 힘들게 끌어모은 방대한 인적 자원의 힘도 누리게 된다. 가령 현재 S&P500 지수를 구성하는 500개 기업은 150개국에 걸쳐 3,200만 명이 넘는 직원을 두고 있다. 그들 중 다수는 고학력자로서 특별한 훈련을 거쳤다. 이런 인력을 대체하려면 수백만 달러의 비용과 수년에 걸친 시간이 필요하다. 그들이 개인과 팀 차원에서 집단적으로 쌓은 경험의 따질 수 없는 가치를 고려하면 대체가 가능할지도 미지수다.

이 글로벌 군단은 매일 당신을 위해 열심히 일한다. 그들 각자는 수익을 늘리고 주주 가치를 높이도록 설계돼, 원활하게 돌아가는 기계의 일부가 된다. 수익과 주주 가치는 궁극적으로 기업의 주가와 배당금 규모에 반영된다.

이건 시작에 불과하다.

지금까지 살펴본 모든 노력과 창의성 외에, S&P500 지수는 다른 주요 속성도 지니고 있다. 이 속성은 S&P500을 지난 100년 동안 대단히 신뢰성 있는 투자상품으로 만들었다. 그것은 바로 시간의 흐름에 따라 구성 종목이 계속 바뀐다는 것이다.

그 방식은 다음과 같다.

S&P 지수 위원회S&P Index Committee는 분기에 한 번씩 만나서 두 가지 중요한 요건을 점검한다.

❶ 현재 지수를 구성하는 500개 기업이 여전히 해당 경제 부문에서 최선의 선택지인가?

❷ 전체 10개의 경제 부문은 현재 미국 경제에서 차지하는 비중

에 따라 적절하게 가중치를 부여받는가?

가령 1957년에 처음 출범했을 때, S&P500 지수는 제조업 부문에 엄청나게 치중돼있었다. 500개 기업 중 425개가 제조업 부문에 속해있었다. 의료 부문이나 금융 부문, 정보기술 부문에 속한 기업은 17개에 불과했다.

물론 현재 지수의 비중은 거의 정반대다. 정보기술, 금융서비스, 의료가 3대 부문을 차지한다. 한때 지배적이었던 제조업 부문 기업들은 이제 아래쪽으로 내려가있다. 중간은 소비재 기업들이 모두 차지하고 있다. 소비재는 필수 소비재와 임의 소비재로 다시 분류된다. 그 다음에는 에너지, 부동산, 유틸리티, 원자재 기업들이 아래쪽에 있다.

실제로 어떤 기업이 재무적으로 몰락하거나 해당 경제 부문에 대한 대표성이 떨어지면, 지수 위원회는 같은 부문에 속한 보다 대표성 있는 기업으로 대체한다.

만약 미국 최대의 구세대 제조업체가 지금도 지수의 일부로 남아있다면 타당치 않을 것이다. 또한 미국이 지난 40년 동안 제조업 기반을 중국과 다른 나라로 수출한 후에도, 지수가 제조업 부문에 많이 치중돼있는 경우도 형평성이 맞지 않을 것이다.

근본적으로 S&P500을 사는 것은 미국 경제의 전반적인 성공에 베팅한다는 뜻이다. 이는 경제사에서 가장 신뢰성 있는 베팅 중 하나로 검증됐다.

실제로 미국 경제는 온갖 결함과 실패에도 불구하고 엄청난 회복탄력성을 증명했다. 그래서 나머지 세계를 위한 등대 역할을 하게 됐다. S&P500 지수가 처음 도입된 1923년까지 거슬러 올라가는 장기 수익률 차트를 출력해라. 그걸 벽에 붙인 다음 두어 발짝 물러서서 보라. 그러면 그 장기 추세가 확연히 드러난다. 그것은 상승 추세다.

내가 여러분의 수고를 덜어주겠다. 아래가 앞서 말한 차트다. 참고로 과거에는 지수가 일주일에 한 번만 발표됐다.

워런 버핏은 버크셔해서웨이의 2017년 연례 주주 서한에서 모든 것을 완벽하게 정리했다. 그는 테드 세이즈의 항복에 대해 이렇게 썼다.

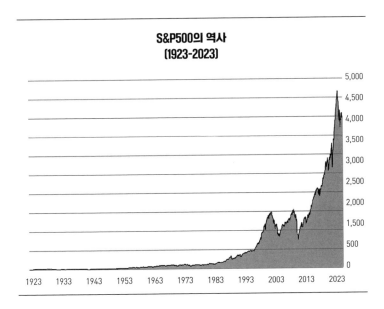

**S&P500의 역사
(1923-2023)**

— 지난 수년에 걸쳐 저는 투자를 어떻게 하면 좋은지 조언해달라는 요청을 자주 받았습니다. 그리고 거기에 답하는 과정에서 인간 행동에 대해 많은 것을 배웠습니다. 제가 꾸준히 추천하는 것은 저비용 S&P500 지수 펀드입니다. 재산이 많지 않은 저의 친구들은 장하게도 대개 저의 제안을 따랐습니다.

그러나 아주 부자인 사람이나 기관 또는 연기금은 같은 조언을 했을 때 누구도 따르지 않았습니다. 그들은 의견에 감사드린다고 정중하게 말하고는, 높은 수수료를 받는 매니저들의 달콤한 말을 들으러 갔습니다. 많은 기관의 경우 컨설턴트라는 다른 유형의 대단한 보조자를 찾아갔습니다.

결국 버핏의 조언은 네 가지 단순한 질문으로 정리할 수 있다. 이 질문들은 모든 투자자가 '전문가'에게 돈을 굴려달라고 맡기기 전에 자신에게 던져야 하는 것이다.

❶ 내가 직접 투자하면 합리적으로 기대할 수 있는 연 투자수익률이 얼마인가?

❷ '전문가'에게 맡기면 연 투자수익률이 얼마나 늘어날 것으로 기대되는가?

❸ 이른바 전문가는 자문 서비스의 대가로 내게 얼마를 청구할 것인가?

❹ 늘어날 것으로 '간주되는' 투자수익률에서 전문가 수수료를

제하면, 그들에게 투자를 맡기는 게 타당한가?

그 답을 하나씩 살펴보자.

❶ 내가 직접 투자하면 합리적으로 기대할 수 있는 연 투자수익률이 얼마인가?

이제 당신은 세계 최고 투자 수단을 안다. S&P500이 지난 100년과 비슷한 수익률을 계속 올릴 것이라는 기대는 합리적이다. 즉, 약 10.33%의 평균 투자수익률을 기대할 수 있다.

❷ '전문가'에게 맡기면 연 투자수익률이 얼마나 늘어날 것으로 기대되는가?

정신이 번쩍 드는 통계가 있다. 어떤 연도든, 적극적 운용 펀드의 25%만 벤치마크 수익률을 앞섰다. 또한 기간을 10년으로 잡으면 거의 모든 펀드가 벤치마크 수익률을 앞서지 못했다. 설령 그런 기적 같은 성과를 내는 펀드가 있다 해도 일반 투자자는 접근할 수 없다.

❸ 이른바 전문가는 자문 서비스의 대가로 얼마를 청구할 것인가?
위의 답을 감안하면 그 대가는 너무 많다.

❹ 늘어날 것으로 '간주되는' 투자수익률에서 전문가 수수료를 제하면, 그들에게 투자를 맡기는 게 타당한가?
절대 아니다!

알겠는가?

아마 이제는 알 것이다.

지금쯤이면 사실을 분명하게 알아야 한다.

하지만 이 책을 읽기 전에는 아마 그렇게 분명하지 않았을 것이다.

어쨌든 월가 수수료 절취 복합체는 투자자들을 세뇌하는 일을 아주 잘해냈다. 적극적 운용이 최선의 투자 방식이라고 생각하게 만들었다. 즉, 당신이 계속 판에 남아서 호구짓을 하며 고분고분하게 천천히 털리도록 유도했다.

하지만 이제 여러분은 세계 최고의 투자 수단을 안다. 그런데도 자기 잇속을 챙기려는 월가 수수료 절취 복합체의 거짓말을 들을 필요가 있을까? 다시 말해서, 제정신인 투자자라면 '전문가'에게 투자를 맡겨서 그 대가를 지불할 이유가 있을까? 그냥 S&P500을 추종하는 노로드 지수 펀드에 돈을 넣어두기만 하면 훨씬 나은 수익률을 올릴 수 있는데?

누구도 그러지 않을 것이다. 당신도 그러지 말아야 한다!

다시 말하지만 이 책을 읽기 전에는 '전문가'에게 투자를 맡길 타당한 이유가 있었을지도 모른다. 당신은 세계 최고의 투자 수단을 몰랐고, 그 전문가들은 아마도 매우 미미하지만 수익률을 올렸을 것이기 때문이다.

활발하게 투자할수록 낮아지는 수익률

지난 30년 동안 적극적 투자자들의 연 평균 수익률은 4.0%에 불과했다. 반면 S&P500은 11.86%였다. 게다가 아래 차트를 보면 '적극적' 투자자들은 그들이 최고의 수익률을 올린 해에도, 저비용 S&P500 지수 펀드에 투자하는 데서 얻는 '수동적' 수익률의

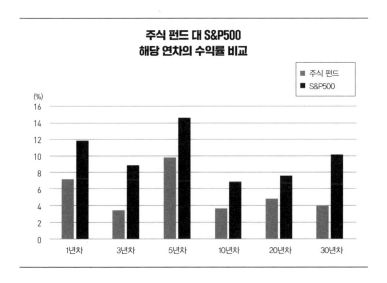

근처에도 가지 못했다.

이 7.86%의 추가 수익률에 장기 복리 효과의 힘을 더하면 인생을 바꾸는 차이를 만들 수 있다. 후기 경계를 기다릴 인내심만 있다면 말이다. 그때부터 포트폴리오의 가치는 실로 급증하기 시작한다.

구체적으로는 연 평균 투자수익률이 11.86%인 경우, 후기 경계에 도달하여 기하급수적 증가가 일어나기까지 22년이 약간 더 걸린다. 그렇다고 그 과정에서 7.86%의 추가 수익률이 안겨주는 금전적 혜택을 받지 못한다는 말은 아니다. 내가 말하고자 하는 바는 비교적 소액의 돈을 큰돈으로 불리려면 상당한 시간이 필요하다는 것이다. 인내심을 갖고 가만히 앉아서 아무것도 하지 않으면 복리 효과의 힘이 금전적 마법을 부릴 것이며, 당신을 부자로 만들어줄 것이라는 사실을 확신해야 한다.

다만 여기에는 한 가지 작은 문제가 있다.

인간은 본질적으로 수동적 동물이 아니다. 우리는 원하는 것을 얻고 결과를 개선하기 위해 주변 환경과 상호작용하도록 유전적으로 프로그래밍된 적극적 동물이다. 적극적으로 행동하려는 이 본능은 우리 DNA에 새겨져 있으며, 지난 6만 년 동안 큰 도움을 줬다.

실제로 위대한 장군인 한니발Hannibal은 기원전 218년에 "길을 찾든지, 길을 만들어라!"라고 말했다. 당시 그는 로마를 기습 공격하기 위해 코끼리를 타고 알프스 산맥을 넘고 있었다. 참모들은 불가능한 일이라고 생각했다. 그러나 그의 생각은 달랐다. 그는 인간이 뜻을 갖기만 한다면, 대규모 행동에 나설 의지가 있는 한 거의 모든 문제를 해결할 수 있음을 알았다.

목표를 달성하기 위해 행동을 취하는 일의 중요성을 부각시킨 한니발의 말은 현재 동기부여 연설 분야에서 필수적으로 인용된다. 나는 그의 전제에 전적으로 동의한다. 그래서 강연을 할 때 청중들에게 가르친다.

그러나 이 확실한 규칙이 적용되지 않는 단 하나의 거대한 예외가 있다. 바로 투자다.

투자에서 대규모 행동에 나서는 것은 완전한 재난을 부른다.

물론 적극적 투자가 결코 수익으로 이어지지 않는다는 말은 아니다. 가끔 홈런을 치는 투자자들이 나온다. 그들은 금전적 보상과 함께 엄청난 도파민 세례를 받는다. 그러나 안타깝게도 그들은 이후 20년 동안 도파민 세례를 쫓아다닐 것이다. 그 과정에서 모든 수익을 뱉어내고, 손실까지 입을 것이다.

결론은 이것이다. 투자에 있어서는 과도한 활동을 정당화할 수 없다. 어느 정도의 활동은 분명 필요하다. 가령 계좌를 개설하고, 올바른 지수 펀드를 선택하고, 적절한 납세 계획을 세워야 한다. 이밖에 주기적으로 취해야 할 행동이 몇 가지 더 있는데, 이에 대해서는 곧 알려줄 것이다. 이런 기본적인 행동 이상의 더 많은 행동을 할수록 결과는 더 나빠질 것이다.

폴 새뮤얼슨은 노벨상 논문인 〈효율적 시장 가설〉을 통해 이

점을 증명했다. 그에 따르면 뉴욕증권거래소나 나스닥 또는 전세계의 다른 주요 거래소처럼 잘 개발된 거래소에서 거래되는 주식의 경우, 근본적으로 모든 관련 정보가 이미 제공돼 주가에 반영돼있다. 그래서 개별적인 종목 선정으로 시장수익률을 앞서는 일은 세계에서 가장 성공한 투자자라도 매우 어렵다. 대부분의 경우 지속적인 매매와 자산 이동으로 인해 손해를 더 많이 입는다. 장기적으로는 수동적 저비용 지수 펀드가 훨씬 나은 투자상품이다.

과도한 활동은 투자수익률 감소로 이어진다는 게 의심의 여지없이 증명됐다. 그러면 다음과 같은 의문이 생긴다.

그런데 왜 월가는 과도한 활동을 권장하는 걸까?

그 답은 명백하다. 그래야 그들이 돈을 훨씬 많이 벌 수 있기 때문이다.

헤지펀드 스스로가 과도한 활동을 벌이는 것은 동기가 명확하고 이해 가능하다. 그래야 자신들의 존재를 정당화할 수 있기 때문이다. 만약 헤지펀드 매니저가 펀드 기금으로 S&P500 지수 펀드를 사고 배당을 재투자하기만 한다면, 투자자에게 2%의 운용보수와 20%의 성과 보너스를 받을 근거를 도대체 어떻게 설명할 것인가?

불가능하다. 누군가 그랬다가는 온갖 욕을 먹고 결국 해고당할 것이다.

월가의 늑대 시장을 이겨라

주식중개인의 경우는 약간 다른 동기를 가진다. 매매 건이 많아질수록 수수료 수입이 늘어난다는 점에서 그들의 동기는 직접적이다. 이 때문에 주식중개인들은 고의적으로 매매 건을 늘려 돈을 벌기도 하는데, 이를 **과당매매**churning 라 부른다. 이런 일이 일어나는 이유는 주식중개인의 이해관계와 고객의 이해관계가 잘 정렬되지 않았기 때문이다. 결국에는 대개 누가 이익을 볼지 맞춰보라.

주식중개인이다.

분명하게 해두자면, 모든 펀드 매니저와 주식중개인이 자기 잇속을 챙기려고 매매한다는 말은 아니다. 많은 경우 그들은 모든 매매가 고객의 이익을 위한 것이며, 궁극적으로는 평균 이상의 수익률을 올릴 것이라고 진심으로 믿는다. 그러나 결국 그것은 헛된 꿈에 불과하다. 그들은 어떻게 해도 효율적 시장 가설이 말하는 수학적 현실을 벗어날 수 없기 때문이다. 효율적 시장 가설에 따르면 펀드 매니저가 시장수익률을 꾸준히 앞서는 것은 매우 드문 일이다.

사실 수동적 투자를 추구하는 추세는 이미 시작됐다.

지난 20년 동안 터무니없이 높은 수수료에 부진한 수익률을 올리던 적극적 투자 전략을 버리고, 터무니없이 낮은 수수료에 장기적으로 견조한 수익률을 올리는 수동적 지수 펀드로 옮겨가는 극적인 이동이 이뤄졌다.

다음 차트는 그 변화를 분명하게 보여준다.

미국 국내 주식 펀드에서 수동적 펀드가 차지하는 비율

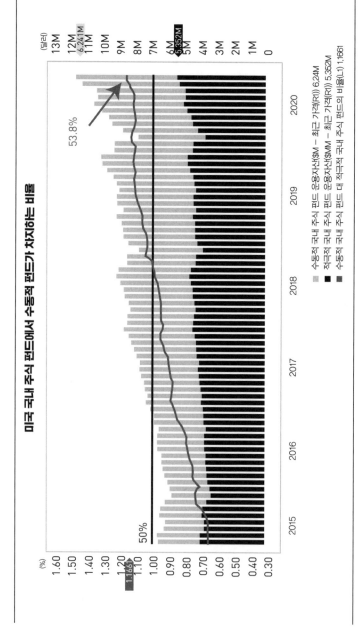

수동적 국내 주식 펀드 운용자산($M – 최근 가격(R)) 6.24M

적극적 국내 주식 펀드 운용자산($MM – 최근 가격(R)) 5.352M

수동적 국내 주식 펀드 대 적극적 국내 주식 펀드의 비율(L) 1.1661

출처: 블룸버그 인텔리전스(Bloomberg Intelligence)

월가의 늑대 시장을 이겨라

손해 볼 일 없는 지수에 투자하라!

현재 S&P500을 구성하는 기업의 총 유통주식 중 지수 펀드가 보유한 것은 약 25%다. 이는 2000년의 3%에서 크게 증가한 수치다. 또한 지금은 선택할 수 있는 지수 펀드가 10여 개나 된다. 존보글의 쉼 없는 복음 전파 덕분에 사실상 모든 주요 펀드 판매사는 자체 브랜드의 저비용 지수 펀드를 제공한다. 이 펀드들은 S&P500뿐 아니라 다른 유명 지수도 추종한다. 가령 뱅가드와 블랙록, 피델리티Fidelity, 찰스슈왑Charles Schwab 같은 대형 펀드 판매사는 대형주부터 소형주, 국채, 신흥시장, 모든 유형의 원자재, 핵심 경제 부문 및 그 사이의 모든 것을 추종하는 수천 종의 지수 펀드를 제공한다.

일반적으로 지수 펀드들은 두 가지 펀드 중 하나의 구조를 지닌다.

❶ 뮤추얼펀드

❷ 상장지수펀드, 줄여서 ETF

두 펀드는 자금을 모집해 투자하는 증권이라는 점에서 상당히 비슷하다. 이 펀드들을 활용하면 한 번의 간단한 거래로 특정 자산군 내에서 즉각적인 분산화가 가능하다.

다만 뮤추얼펀드의 경우 발행사를 통해서만 매매할 수 있다. 반면 ETF는 중앙화된 주식거래소에서 거래되며, 주식과 같은 방식으로 간단하게 사고팔 수 있다.

가령 뱅가드(뮤추얼펀드와 ETF 모두 제공)에서 뮤추얼펀드를 매수하려한다면 최종적으로 뱅가드 중개 서비스를 통해야 한다. 당신의 중개인이 뱅가드에서 일하지 않는다고 해도 말이다. 이 경우, 당신의 중개인은 뱅가드로 가서 당신을 대신하여 매수해야 한다(그리고 그 과정에서 수수료를 청구할 가능성이 높다). 반대로 뱅가드에서 ETF를 매수하려한다면, 당신의 중개인은 뱅가드에서 일하든 아니든, 주식거래소로 가서 매수하면 된다.

또한 ETF는 공개시장에서 거래되기 때문에 가격이 종일 오르내리며, 시장이 열려있는 한 사고팔 수 있다. 반면 뮤추얼펀드는 장이 마감된 후에만 사고팔 수 있다. 이때 해당 투자사는 2장에서 언급한 순자산가치를 계산한다.

몇 가지 예외가 있기는 하지만 두 가지 구조 모두 유용하다. 다만 ETF는 주식처럼 아주 간단하게 사고팔 수 있어서 투자자들

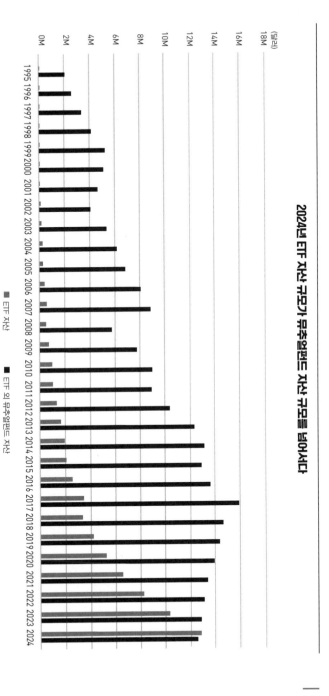

2024년 ETF 자산 규모가 뮤추얼펀드 자산 규모를 넘어서다

(달러)

18M
16M
14M
12M
10M
8M
6M
4M
2M
0M

1995 1996 1997 1998 1999 2000 2001 2002 2003 2004 2005 2006 2007 2008 2009 2010 2011 2012 2013 2014 2015 2016 2017 2018 2019 2020 2021 2022 2023 2024

■ ETF 자산   ■ ETF 외 뮤추얼펀드 자산

출처: ETF.com, ICI, 팩트세트(Factset)

사이에 인기가 아주 많다. 실제로 ETF는 1993년에 처음 선보인 이래 천문학적 수준에 못지않은 성장률을 기록했다.

최종적으로 어느 것을 매수하든 간에 지수 펀드를 선택할 때 고려해야 할 네 가지 주요 항목은 다음과 같다.

❶ **비용률:** 모든 S&P500 지수 펀드는 비슷한 수익률을 올린다. 따라서 펀드 순수익률을 좌우하는 핵심 요소는 비용이다. 원칙적으로 지수 펀드의 비용은 거의 무시할 수 있을 만한 수준으로 극히 낮아야 한다. 지수 펀드는 시장수익률을 앞서려는 펀드 매니저에게 고액의 보수를 지급할 필요가 없기 때문이다. 일반 경비만 충당할 정도의 수수료를 받으면 된다.

❷ **최소 투자액 요건:** 이는 초기 투자 및 후속 투자 면에서 모두 중요하다. 황금의 3대 요소가 지닌 힘을 활용하려면 장기간 계속해서 돈을 적립해야 한다는 것을 명심하라. 따라서 최소 투자액 요건이 당신의 가용 예산 안인지 확인해야 한다.

❸ **기타 금융상품:** 당신의 투자 포트폴리오 중 대부분은 S&P500 지수 펀드가 차지해야 한다. 다만 100%로 채워서는 안 된다. 당신이 처한 상황에 따라 수익률을 극대화하고 리스크를 추가로 줄이기 위해 다른 두세 가지 주요 포지션을 보유해야 한다.[18] 이

---

18 드문 경우 S&P500 지수 펀드가 투자자의 포트폴리오에 잘 맞지 않을 수 있다. 가장 흔한 이유는 투자기간이 아주 짧다는(1년 미만) 것이다. 이 문제는 11장에서 보다 자세히 다룰 것이다.

월가의 늑대 시장을 이겨라

런 측면에서 포트폴리오를 완성하는 데 도움이 되도록 폭넓은 투자상품을 제공하는 펀드사를 고르면 큰 이득이 된다.

❹ **실적:** 이는 펀드의 수익률이 아니라 펀드가 지속된 기간과 관련이 있다. 오래 판매된 펀드일수록 신뢰도가 높다. 다만 확고하게 자리 잡은 펀드사가 제공하는 비교적 새로운 펀드도 여전히 매우 안전한 선택지가 될 수 있다. 수익률은 S&P500을 추종하는 다른 모든 지수 펀드와 동일해야 한다.

뮤추얼펀드 형태와 ETF 형태, 둘 중 어느 것이 당신에게 더 잘 맞을까?

그 답은 투자 목적에 따라 다르다.

황금의 3대 요소가 지닌 힘을 온전히 활용하는 측면에서는 뮤추얼펀드가 ETF보다 약간 유리하다. 거기에는 다음과 같은 두 가지 이유가 있다.

❶ 뮤추얼펀드는 단주 매수를 허용한다. 그래서 앞서 설명한, 매달 100달러씩 계좌에 넣는 적립식 투자를 하기가 쉽다. 반면 ETF는 최소 매수 단위가 1주다(현재 평균 가격 394달러). 그래서 소액을 꾸준히 넣고자 하는 투자자에게 상당한 난관이 생긴다.

❷ 뮤추얼펀드는 해당 박스만 체크하면 배당을 자동으로 재투자하도록 해준다. 반면 ETF의 경우, 배당을 재투자하려면 공개시장에서 추가로 매수해야 한다. 일부 ETF는 이 작업을 자동

으로 대신해준다. 그러나 단주 매매가 안 되기 때문에 1주를 매수할 자금이 없는(또는 매수 후 어중간한 잔액이 남는) 동일한 문제에 부딪힐 가능성이 여전히 존재한다.

이런 조건에서 뮤추얼펀드에 투자하기로 결정했다고 가정하자. 그러면 이제 구체적인 상품을 골라야 하는데, 잘못될 일이 없는 세 가지 탁월한 선택지가 있다.

뱅가드 500 인덱스 펀드 애드미럴 셰어즈

뱅가드는 업계에서 가장 오래되고 규모가 큰 저비용 지수 펀드 판매사다. 그래서 나는 뱅가드가 여전히 최고의 선택지라고 생각한다. 게다가 그들은 S&P500에 더하여 800여 종의 다양한 금융 상품을 제공한다. 그 중 대부분은 시장에서 가장 비용률이 낮은 축에 속한다. 이처럼 뱅가드는 완전히 분산화된 투자 포트폴리오를 구축하는 데 필요한 모든 것을 제공한다.

종목 코드	VFIAX
비용률	0.04%
배당률	1.49%
운용 자산	6,860억 달러
최소 초기 투자액	3,000달러
최소 추가 투자액	50달러
개시일	2000. 2
웹사이트	www.vanguard.com

피델리티 500 인덱스 펀드

이 초저비용 펀드는 최소 투자액 요건이 없는 데다가 뱅가드의 지수 펀드보다 비용률이 더 낮아서 모든 요건을 충족한다. 또한 피델리티는 뱅가드처럼 포트폴리오를 분산화하기 위한 폭넓은 저비용 금융상품을 제공한다.

종목 코드	FXAIX
비용률	0.015%
배당률	1.26%
운용 자산	3,993억 6,000만 달러
최소 초기 투자액	$0
개시일	1988. 2
웹사이트	www.fidelity.com

슈왑 S&P500 인덱스 펀드

슈왑은 피델리티와 비슷하게 비용률이 낮고 최소 투자액 요건이 없다는 점에서 탁월한 선택지다.

종목 코드	SWPPX
비용률	0.02%
배당률	1.58%
운용 자산	583억 8,000만 달러
최소 초기 투자액	$0
개시일	1997. 5
웹사이트	www.schwab.com

보다 적극적인 투자를 계획하는 사람은 아마도 ETF를 선택할 것이다. 거기에는 다음과 같은 이유가 있다.

❶ ETF는 종일 거래되며, 일반 주식처럼 쉽게 사고팔 수 있다. 반면 뮤추얼펀드는 장이 끝난 후 하루에 한 번만 거래된다. 또한 펀드를 처음 발행한 투자사를 통하지 않으면 수수료를 지불할 가능성이 높다.

❷ ETF는 납세 측면에서 단기 투자자에게 더 효율적인 경향이 있다. 그래서 장단기적으로 세후 수익률이 훨씬 높아질 수 있다.

ETF에 투자하기로 결정했다면 다음과 같은, 잘못될 일 없는 세 가지 선택지를 적극 추천한다.

SPDR S&P500 ETF

전문 트레이더들이 '스파이더Spider'라 부르는 스테이트스트리트 캐피털State Street Capital의 SPDR ETF는 시장에서 가장 오래되고 규모가 크다. 또한 더 이상 가장 저렴한 선택지는 아니지만 일 거래량이 많아서 장기적으로 매매 비용을 줄일 수 있다. 따라서 적극적인 투자를 계획하고 있다면 SPDR이 여전히 가장 비용이 낮은 선택지가 될 수 있다.

종목 코드	SPY
비용률	0.095%
배당률	1.6%
운용 자산	3,670억 달러
최소 투자 요건	1주(현재 394달러)
개시일	1993. 1
웹사이트	www.ssga.com

뱅가드 S&P500 ETF

이 ETF는 지금까지 거래된 기간이 10년에 불과하다. 그러나 뱅가드에서 출시됐다는 단순한 사실만으로도 탁월한 선택지가 된다. 거래량은 유동성 걱정을 할 필요가 없을 만큼 많다. 또한 비용률은 업계에서 가장 낮은 축에 속한다. 따라서 반드시 첫 번째 선택지로 고려해야 한다.

종목 코드	VOO
비용률	0.03%
배당률	1.6%
운용 자산	2,650억 달러
최소 투자 요건	1주(현재 394달러)
개시일	2010. 9
웹사이트	www.vanguard.com

아이셰어즈 코어 S&P500 ETF

아이셰어즈iShares는 지난 20년 동안 업계 리더였을 뿐 아니라 세계 최대 자산운용사인 블랙록이 보유하고 있다. 낮은 비용률과 많은 일 거래량은 이 ETF를 또 다른 탁월한 선택지로 만들어준다.

종목 코드	IVV
비용률	0.03%
배당률	1.6%
운용 자산	3,010억 달러
최소 투자 요건	1주(현재 394달러)
개시일	2000. 5
웹사이트	www.ishares.com

ETF를 선택하든, 전통적인 뮤추얼펀드를 선택하든 결국 그 차이는 비교적 미미하다. 이 두 상품의 한 가지 공통점이 다른 모든 것을 압도한다. 그것은 투자하기만 하면 미국에서 가장 크고, 굉장하고, 수익성 좋은 500대 기업의 지분을 즉시 소유할 수 있다는 것이다. 또한 S&P의 지수 위원회가 매의 눈으로 각 기업을 감시한다. 그들은 사세가 기울거나 해당 경제 부문에 대한 대표성이 떨어지는 기업을 교체할 준비가 돼있다. 이는 투자 세계에서 대적할 수 없는 강력한 원투 펀치를 이룬다.

다만 이 전략이 강력하고 효과적이라고 검증되기는 했지만 한 가지 중요한 단서조항이 있다. 바로 거기에 투자금을 100% 할당하지 말아야 한다는 것이다. 실로 월드 클래스 포트폴리오, 그러니까 중단기적으로 리스크를 최소화하는 한편 장기적으로 수익을 극대화하는 포트폴리오를 구축하려면 약간 더 분산화가 필요하다.

다음 장에서 그 방법을 알려주겠다. 그러기 위해 자산 배분의 예술과 과학을 깊이 파고들 것이다. 또한 페르난도와 고디타의 이야기도 다시 이어갈 것이다.

그러니 계속 읽어주기 바란다. 페르난도와 고디타는 내가 가장 좋아하는 동서와 처제다. 나는 두 사람에게 그들의 필요에 완벽하게 맞는 월드 클래스 포트폴리오를 만드는, 놀랍도록 단순한 과정을 알려줄 것이다. 그 과정을 '말 없는 관찰자'로서 지켜봐주기 바란다.

11장

페르난도와
고디타의 재등장

최적의 포트폴리오를 만들어라

나는 생각했다. '이럴 수가!'

나의 동서 페르난도는 여전히 미다스의 손을 가졌다….

다만 더 이상 똥손이 아니다!

새 아파트는 더 넓어졌고, 다이닝룸은 더 웅장해졌고, 주소지는 더 부촌이었고, 경관은 너무나 끝내줬다. 이 모든 것은 하나도 빠짐없이 동서의 금전적 회복 능력을 말해주는 증거였다. 그는 단타 투자로 매매 타이밍을 맞추려는 위험한 일에 발을 들였다가 된통 당하는 불운을 겪었다. 나는 생각했다. '차라리 그 편이 나아. 물론 고디타한테도 잘된 일이야!'

오후 8시가 약간 지난 시간이었다. 나는 두 사람이 산 새 아파트의 다이닝룸에서 자산 배분 절차를 설명해주고 있었다. 페르난도의 망가진 투자 포트폴리오를 이해하려고 노력하던 운명의 저녁으로부터 1년이 약간 지난 때였다. 그동안 그는 금속가공 사업으로, 고디타는 부동산 영업으로 돈을 벌었다. 덕분에 51층짜리 아파트의 31층 전체를 차지하는 이 멋진 새 아파트를 살 충분한 돈을 모을 수 있었다. 부에노스아이레스 부촌에 자리 잡은 이 아파트는 무광 알루미늄으로 마감한 타워형 건물로서, 리오 데 라 플라타Rio de la Plate가 내려다보이는 숨이 멎을 듯한 경관을 자랑했다. 나와 크리스티나는 30여 분 전에 이곳에 도착했다. 실로 아름다운 곳이었다.

나는 두 사람에게 방금 세계 최고 투자 수단이 무엇인지 설명했다. 또한 존 보글이라는 사람이 그걸로 뮤추얼펀드 산업의 기반을 무너트린 이야기를 들려줬다. 그 방법은 알다시피 S&P500을 투자상품으로 바꾼 다음 일반 투자자들이 터무니없이 낮은 비용으로 매매할 수 있도록 만드는 것이었다. 기본적으로 그것과 비교할 수 있는 다른 투자상품이 없었다.

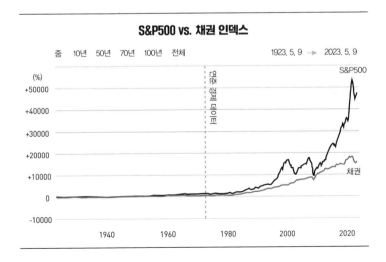

이 점을 강조하기 위해 나는 지난 100년 동안에 걸쳐 미국 채권시장과 S&P500의 수익률을 비교하는 차트를 보여주었다.[19]

이 차트의 요점은 명확하다.

장기적으로 보면, 미국의 500대 기업에 투자하는 것이 고등급 채권에 투자하는 것보다 훨씬 수지맞는 일이다. 두 상품의 연 평균 수익률 차이는 7.5%를 약간 넘는다. 나는 사랑스런 통역자를 통해 페르난도와 고디타에게 이렇게 말했다. "참고로 말하자면, 7.5%는 장기 복리 효과를 감안하면 엄청난 차이를 만들어. 가령 두 사람의 경우에, 나이와 소득 수준을 감안할 때 은퇴할 때가 되면 수천만 달러는 쉽게 마련할 수 있어."

그러자 크리스티나가 갑자기 통역을 멈추고 "정말이야?"라고 물었다.

"물론 정말이지! 약간의 인내심만 가지면 돼. 사실 많은 돈을 벌려면 많은 인내심이 필요해. 하지만 두 사람은 10만 달러로 시작해서 매달 1만 달러를 추가로 투자할 여력이 있어. 그러면 30년 후에는 1,300만 달러가 넘을 거고, 40년 후에는 4,000만 달러가 넘을 거야." 나는 크리스티나가 내 말을 충분히 이해할 수 있도록 잠시 말을 멈추었다. "물론 이 수치는 S&P500이 계속 장기

---

19 이 차트에 반영된 채권 수익률은 정부와 지자체 그리고 재무적 기반이 탄탄하고 비교적 디폴트 리스크가 낮은 기업이 발행한 '투자등급 채권'에 초점을 맞춘다. 이보다 낮은 등급의 채권은 '정크본드(junk bond)'라 불리며, 재무적 기반이 비교적 약하고, 디폴트 리스크가 훨씬 높은 기업이 발행한다. 정크본드는 더 높은 리스크를 보상하기 위해 투자등급 채권보다 훨씬 높은 이자를 지급받는다.

평균 수익률을 기록하는 걸 전제해. 그래도 지난 100년 동안 그렇게 했으니까 상당히 안전한 베팅이라고 생각해."

크리스티나는 놀란 표정으로 말했다. "와, 알았어. 우리도 그렇게 했으면 좋겠네." 뒤이어 그녀는 어깨를 으쓱한 후 내가 방금 한 말을 통역하기 시작했다.

그녀가 통역을 제대로 한 모양이었다. 15초 후 페르난도가 고디타를 바라보며 스페인어로 이렇게 말했기 때문이다. "이제 됐어! 다른 쓰레기들은 다 필요 없어. 앞으로는 S&P500에 전부 투자할 거야." 그는 고디타를 향해 자신감 넘치는 미소를 지었다. 고디타는 '정말 그러나 보자'라고 말하는 듯 눈동자를 굴리며 어깨를 으쓱했다.

아이러니하게도 페르난도가 고디타에게 한 약속을 지킬 의지가 있는지와 무관하게, S&P500 지수 펀드에 투자금을 100% 넣겠다는 그의 성급한 결정에는 중대한 문제가 있었다. 그것은 그런 투자가 이른바 **'현대 포트폴리오 이론'**과 정면으로 배치된다는 것이었다. 이 이론은 1952년 이후로 포트폴리오 관리를 위한 핵심 토대가 됐다.

노벨 경제학상 수상자인 하워드 마코위츠Howard Markowitz가 수립한 현대 포트폴리오 이론은 거의 처음 만들어진 순간부터 투자계를 휩쓸었다.

이 이론은 두 가지 핵심 개념에 기반한다.

❶ 어떤 수익률 수준에서든, 리스크를 제외한 모든 조건이 동일할 때 투자자들은 최소한의 리스크에 노출시키는 포트폴리오를 선호한다.

❷ 포트폴리오에 포함된 특정 자산의 리스크를 개별적으로 파악하는 것은 의미가 없다. 포트폴리오 내에서 모든 자산의 리스크는 서로 강력한 영향을 주고받기 때문이다.

이 두 가지 요점을 하나씩 살펴보자.

❶ 어떤 수익률 수준에서든, 리스크를 제외한 모든 조건이 동일할 때 투자자들은 최소한의 리스크에 노출시키는 포트폴리오를 선호한다.

이런 시나리오를 잠시 상상해보라. 당신은 연 10%의 수익률을 올릴 것으로 기대되는 두 가지 방식을 제안받는다. 하나는 변동성이 심하고 리스크가 높다. 다른 하나는 변동성이 적고 안정적이다. 둘 중 무엇을 선택하겠는가?

명백한 답은 언제나 안전하고 안정적인 방식을 선택한다는 것이다. 그 이유는 더욱 명백하다. 제정신을 가진 사람이라면 수익률이 더 높은 것도 아닌데, 뭣하러 더 큰 리스크와 변동성에 자신을 노출시킬까? 그 답은 '아니다'이다. 투자자는 선택권이 있다면 어떤 수익률 수준에서도 항상 리스크가 가장 낮은 투자를 선택할 것이다. 이는 단순한 논리다.

월가의 늑대 시장을 이겨라

❷ 포트폴리오에 포함된 특정 자산의 리스크를 개별적으로 파악하는 것은 의미가 없다. 포트폴리오 내에서 모든 자산의 리스크는 서로 강력한 영향을 주고받기 때문이다.

여기서는 '두 포트폴리오 이야기'라 불리는 시나리오를 살펴볼 것이다. 첫 번째 포트폴리오는, 리스크가 동일하며 항상 같은 방향으로 움직이는 두 자산이 반반씩 비중을 차지한다. 두 번째 포트폴리오 역시 리스크가 동일한 두 자산이 반반씩 비중을 차지한다. 다만 이 두 자산은 동시에 다른 방향으로 움직이는 경향이 있다.

간단한 질문을 하겠다. 이 두 포트폴리오 중에서 무엇이 리스크가 더 낮을까? 답은 명백하다. 의심의 여지없이 두 번째 포트폴리오다. 그 이유는 더욱 명백하다. 두 번째 포트폴리오를 구성하는 두 자산은 동시에 다른 방향으로 움직이는 경향이 있다. 따라서 가격이 하락하는 자산에서 발생한 손실을 가격이 상승하는 자산에서 발생한 수익이 적어도 부분적으로 상쇄한다. 이는 단순한 개념이다.

개인별 상황을 고려한 분산 투자

3장의 내용을 상기해보자. 이처럼 다른 방향으로 움직이는 자산 군은 월가 용어로 '**비상관적**uncorrelated'이라 말한다. 가장 흔한 사례는 주식과 채권이다. 가령 주식시장 전체가 상승할 때, 채권시장 전체는 하락하는 경향이 있다. 여기서 '경향이 있다'라는 부분이 중요하다. 다시 말해서 두 자산군이 완벽하게 비상관적인 것은 아니다.[20]

때로는 동시에 같은 방향으로 움직이기도 한다. 2022년에 연준이 10년 넘게 제로 수준으로 유지하던 금리를 공격적으로 올린 후에 그랬던 것처럼 말이다. 주식과 채권은 대개 비상관적 자산군이다. 그러나 당시에는 심하게 늘어난 고무줄이 강하게 튕기는 것처럼 동시에 같은 방향으로, 즉 하방으로 움직이기 시작했

---

20 애널리스트들은 +1에서 −1에 걸친 연동형 척도로 다양한 수준의 종목간 상관성을 나타낸다. +1은 항상 동시에 같은 방향으로 움직이는 경우에 해당하고, −1은 항상 동시에 반대방향으로 움직이는 경우에 해당한다.

다. 그에 따라 수많은 투자자가 심한 가슴앓이를 해야 했다.

그러나 분명히 해두자면, 이런 일시적 현상은 매우 예외적인 경우였다.

지난 100년 동안의 시장을 5년 단위로 살펴보자. 주식시장과 채권시장이 동시에 하락한 적이 한 번도 없을 것이다. 따라서 일반적으로 투자 포트폴리오의 리스크를 관리하는 일에 있어서, 주식과 채권은 아주 좋은 조합이다.

그런 측면에서, 실제로 업계에서 자산 배분에 주로 사용되는 두 주요 자산군이 주식과 채권이라는 사실은 전혀 놀랍지 않다. 현금 그리고 CD Certificate Deposite(양도성 예금 증서)와 MMF Money Market fund(단기 금융 펀드) 같은 현금성 자산은, 격차가 많이 벌어지는 3위에 올라있다.[21] 이밖에 포트폴리오를 더욱 풍성하게 만드는 데 활용할 수 있는 다른 대안 자산군도 있다. 몇 가지 예를 들자면 부동산, 원자재, 암호화폐, 사모펀드, 미술품 등이 있다. 그러나 일반적으로 '양대 자산'은 주식과 채권으로서, 대개 잘 관리된 포트폴리오의 약 90%를 차지한다.

각 자산군별 비중은 개별 투자자가 선호하는 '위험보상비율risk versus reward'에 좌우된다. 가령 포트폴리오의 리스크를 낮추고 싶다면(그에 따른 수익률 하락을 감수하겠다면) 원하는 위험보상비율에

---

21 여기서 말하는 '현금'은 여러분의 호주머니에 들어있는 실물 화폐가 아니라 은행 계좌에 들어있는 현금 또는 현금성 자산을 말한다.

이를 때까지 주식 비중을 낮출 것이다. 반대로 포트폴리오의 기대 수익률을 높이고 싶다면(그에 따른 리스크 상승을 감수하겠다면) 원하는 위험보상비율에 이를 때까지 주식 비중을 높일 것이다.

이 역시, 간단한 개념이다.

사실 현대 포트폴리오 이론은 이처럼 단순성과 유연성을 겸비했기 때문에 투자자에게 큰 매력을 지닌다. 투자자는 단지 포트폴리오에서 주식과 채권 비중을 조절하기만 하면 원하는 위험보상비율을 달성할 수 있다.

나는 이 점을 염두에 두고 페르난도에게 말했다. "자네의 열정은 인정해. 하지만 S&P500의 수익률이 오랫동안 견조했다고 해도 투자금을 100% 거기에 넣는 건 좋지 않아. 약간 더 분산화가 필요해. 다들 '달걀을 한 바구니에 담으면 안 된다'는 말은 들어봤지?"

크리스티나는 통역을 멈추고 이렇게 말했다. "물론이지. 스페인 속담이야. 《돈키호테》에서 나온 거지. No pongas todos tus huevos en una canasta. 이게 원래 말이야."

그러자 고디타가 끼어들었다. "No pongas todos tus huevos en una canasta? Que pasa con eso(달걀을 모두 한 바구니에 담으면 안 된다고요? 그게 무슨 말이에요?)."

나는 대답했다. "좋아! 다들 아는 말인 모양이네! 개인적으로 나는 이보다 더 옳은 말은 없다고 생각해. 투자뿐만이 아냐. 삶의 모든 측면에서도 그래. 가령 비토리오를 봐. 그건 그렇고 비토리오는 어딨어?"

크리스티나가 말했다. "바로 뒤에 있어요. 아이패드를 갖고 노는 중이에요."

뒤로 몸을 돌려보니 실제로 비토리오가 바닥에 앉아 스페인 만화를 보고 있었다. 나는 잠시 비토리오를 바라보았다. 비토리오는 한 음절도 놓치지 않고 모든 단어를 입모양으로 따라했다. 2살짜리 아이라는 걸 감안하면 인상적인 능력이었다.

나는 다시 테이블로 몸을 돌리며 말했다. "나중에 비토리오가 대학에 갈 때 한 학교에만 지원하지 않을 거 아냐. 적어도 한 학교에는 들어갈 수 있게 여러 곳에 지원할 거잖아. 이건 단순한 논리야. 친구를 사귀는 것도 마찬가지야. 평생 단 한 명의 친구만 둘 수는 없어. 왜 그럴까? 그 친구와의 관계에 문제가 생기면 같이 놀 상대가 없어지니까." 나는 크리스티나가 통역할 시간을 벌어주기 위해 잠시 말을 멈췄다.

약 10초 후 페르난도와 고디타는 동의한다는 듯 고개를 끄덕였다. 크리스티나도 그랬다. 나는 '좋아'라고 생각했다. 그리고 말을 이어나갔다. "어쨌든 이 말을 계속 반복할 수도 있어. 너무나 중요한 요점이니까 말이야. 가령 몰몬교도들을 봐. 그 사람들 중 일부는 아내를 서너 명씩 둬. 그래도 다들 아주 행복해하는 것 같아. 수억 마리의 정자가 하나의 외로운 난자를 향해 가도록 하는 데 따른 온갖 진화적 측면의 혜택은 말할 것도 없어…." 내가 몰몬교식 일부다처제의 생물학적 미덕에 대한 생각을 늘어놓는 사이, 아내의 표정이 혼란에서 경악을 넘어 노골적인 적개심으로 변해가는 게 보였다. 게다가 내가 말리기도 전에 그녀는 통역을 더 열심히 하기 시작했다.

몇 초 후, 페르난도가 웃음을 터트렸다.

그러나 그것도 잠시뿐이었다. 고디타가 죽일 듯한 눈길로 노려보자 그는 재빨리 웃음을 멈췄다.

뒤이어 그는 나를 보며 어깨를 으쓱했다.

나는 분위기를 풀기 위해 크리스티나에게 중재자의 말투로 말했다. "지금 내 말의 요지를 완전히 놓치고 있어. 내가 말하려는 건 이거야. S&P500이 500대 기업의 주가를 대표한다는 측면에서 분산화가 아주 잘된 건 맞아. 하지만 그래도 여전히 주식으로만 구성돼있어. 주식은 전반적으로 한 바구니에서 같이 오르내리는 경향이 있어서…, 달걀을 모두 그 한 바구니에 담으면 안 된다는 거야!" 나는 생각했다. '완벽해! 한 문장에서 바구니를 두 번 썼어. 이제 만회가 됐어.' "그게 내가 말하려는 요지야! 두 사람은 내 말을 잘못 받아들인 거야."

크리스티나는 바로 쏘아붙였다. "우리가 잘못 받아들인 게 아냐. 불쾌한 건 그 뒤에 당신이 한 말이야." 그녀는 내가 대꾸하기도 전에 고디타에게 몸을 돌려서 방금 자신이 한 말을 통역하기 시작했다.

고디타는 그녀의 말에 동의했다. "Exacto! Es offensivo(맞아!

불쾌해!).” 뒤이어 그녀는 경멸스러운 표정으로 이렇게 덧붙였다. “No pongas todos los huevos en la misam canasta! Oh, por favor!(달걀을 모두 한 바구니에 담지 말라고요? 제발 그만 좀 해요!)”

크리스티나도 동의한다는 듯 “맞아! 말도 안 돼”라고 말했다.

“알았어. 고디타한테 내가 사과한다고 말해줘. 이제 몰몬교도 이야기는 잊어버리고 자산 배분으로 돌아가자.”

크리스티나는 고디타에게 몇 마디 말을 했다. 그러자 고디타는 천 자는 될 것 같은 기나긴 말로 대꾸했다. 아마 실제로는 스무 자 정도였겠지만, 나는 그 중 하나도 알아들을 수 없었다. 이제 두 자매는 아주 오래 이어질 듯한 열띤 논쟁에 휘말린 것처럼 보였다. 마침내 크리스티나가 나를 바라보며 “좋아. 고디타가 용서한대”라고 말했다.

나는 고디타를 건너다보았다. 이제야 그녀는 만족스러운 표정을 짓고 있었다. 우리는 눈을 맞추었고, 그녀는 한 번 고개를 끄덕였다.

나는 웃으며 말했다. “좋아. 지나간 일은 잊어버리고 다음 이야기로 넘어가자….” 뒤이어 나는 몇 분 동안 현대 포트폴리오 이론의 개념과 더불어 단기적으로 리스크를 줄이는 동시에 장기적으로 잠재 수익률을 높이기 위해 비상관적인 두 자산군을 섞는 방식에 대해 설명했다.

“그래서, 투자금을 전부 S&P500 지수 펀드에 넣는 건 추천하지 않아. 두 사람의 나이와 소득 수준을 감안하면, 전체 포트폴리오의 80% 정도를 그걸로 가져가야 해. 나머지 20%는 **고등급 채권 펀드**에 넣어야 해." 나는 잠시 말을 멈추고 방금 한 말에 대해 생각했다.

그리고 이렇게 덧붙였다. "이건 갑작스런 문제가 생겼을 때를 대비해서 현금화시킬 수 있는 생활비를 따로 확보해두는 걸 전제한 거야. 6개월에서 12개월 치 생활비는 갖고 있어야 해. 그럴 돈이 없다면 투자금에서 빼고, 나머지를 80대 20으로 나눠야 해."

크리스티나는 "현금을 갖고 있으란 말이야?"라고 물었다.

나는 대답했다. "아니. 그게 아냐. 아르헨티나 페소는 더욱 안돼. 요즘 여기 물가상승률이 100% 수준이잖아. 페르난도에게 얼마나 되는지 아냐고 물어봐."

크리스티나는 페르난도를 바라보며 "cuál es la tasa de inflación en este momento?(현재 물가상승률은 얼마인가요?)"라고 물었다.

페르난도는 어깨를 으쓱했다. "Sobre 150 percente, mas or menos(150% 정도예요)."

나는 "세상에! 완전 미친 수준이잖아! Comó viven asi?(그런데 어떻게 살아?) Que hacen, cambian los precios del menú cada diá?(메뉴 가격을 매일 바꾸는 식으로 하는 거야?)"

고디타는 이렇게 재잘거렸다. "Tres veces cada dia(하루 세 번 바꿔요). Bienvenidos a Argentina!(아르헨티나에 온 걸 환영해요!) Es el unico pais en todo el mundo donde no se puede obtener una hipoteca para una casa, pero el banco financiaría una televisor para cinco años(주택담보대출은 받을 수 없지만, TV는 5년 대출로 살 수 있는 세계에서 유일한 나라죠). Todo está al revés(모든 게 후진적이에요)."

흥미롭다는 생각이 들었다. 아르헨티나 현지에 살면서 현대 포트폴리오 이론을 따르기에는 분명 난관이 있었다. 기본적인 나의 경험칙은 6개월에서 12개월 치의 생활비를 현금 및 현금성 자산으로 확보해두는 것이다. 이는 일자리를 잃거나 다른 예상치 못한 문제가 생겼을 때를 대비한 보호수단이다. 그런 일이 생기면 당분간은 호주머니를 털어서 먹고사는 수밖에 없다. 부양가족이 없는 사람은 6개월 치 생활비로도 충분할 것이다. 하지만 가족이 있다면 12개월 치에 가깝게 비상금을 늘려야 한다. 그보다 많으면 지나치게 안전을 기하는 것일 수 있다. 상황이 정말 힘들어지면 포트폴리오에 있는 다른 자산을 처분하는 것도 고려할 수 있기 때문이다.

물론 미국에서는 비상금을 확보해두기가 쉽다. 다양한 저축 수단이 있고, 물가상승률도 비교적 낮다. 반면 아르헨티나의 경우, 돈을 은행에 넣어두거나 매트리스 밑에 숨겨두면 해마다 인플레이션 때문에 그 가치를 3분의 2나 잃어버린다. 말할 필요도 없이, 이는 타당한 선택지가 아니다.

나는 이를 염두에 두고 이렇게 말했다. "여건이 아주 안 좋아! 모든 걸 감안하면 뱅가드라는 증권사를 통해 투자하는 게 최선일

거 같아. 온라인으로 쉽게 계좌를 열 수 있어. 거기서 원스톱으로 모든 투자가 가능해. 포트폴리오의 현금 부분까지 포함해서 말이야. MMF 상품에 돈을 넣으면 되거든." 나는 크리스티나가 따라 잡을 수 있도록 잠시 말을 멈췄다. "고디타에게 뱅가드라는 이름을 적어두라고 해. 거기에 계좌를 열어야 해. 사야 할 지수 펀드의 이름은 뱅가드 500 인덱스 펀드 애드미럴 셰어즈야. 종목 코드는 VFIAX야. 그게 두 사람한테 가장 잘 맞아. 알았지?"

크리스티나는 고개를 끄덕인 후 통역을 시작했다.

몇 초 후, 고디타는 번개 같은 속도로 아이폰에 내가 말한 내용을 입력했다. 그녀는 입력이 끝나자마자 "이야기 계속해요, 형부" 라고 말했다.

"알았어." 나는 크리스티나를 보며 말했다. "다음에 사야 할 펀드는 뱅가드 토털 본드 마켓 인덱스 펀드Vanguard Total Bond Market Index Fund야. 이것도 일반 펀드 말고 애드미럴 셰어즈로 사야 해."

크리스티나는 "왜 그걸로 사야 하는데?"라고 물었다.

"수수료가 약간 더 낮거든. 그래서 해마다 뱅가드가 아니라 두 사람의 호주머니로 조금 더 많은 돈이 들어가. 사실 공정하게 말하자면 뱅가드의 상품은 모두 수수료가 말도 안 되게 낮아."

크리스티나는 재차 물었다. "애드미럴 셰어즈가 더 나은 상품이라면 왜 모두가 그냥 그걸 사지 않아?"

나는 대답했다. "아주 좋은 질문이야. 그 답은 최소 투자액 요건이 있기 때문이라는 거야. 3,000달러밖에 안 되지만 그래도 어떤 사람들한테는 그게 문제가 돼."

그녀는 대답했다. "알았어. 이제 두 사람한테 설명할게."

크리스티나가 통역하는 동안 나는 무심코 작년에 있었던 일을 다시 떠올렸다. 특히 고디타가 페르난도를 차가운 눈길로 쏘아보던 순간이 떠올랐다. 지금 와서 보면 매우 안타까운 기억이었다. 당시 그녀가 그런 반응을 보인 이유는 페르난도가 9만 7,000달러를 잃고도 태연한 태도를 보였기 때문이다. 그렇다고 페르난도의 세상이 끝난 건 아니었다. 두 사람은 아직 비교적 젊었고, 상당한 경제력도 갖추고 있었다.

오늘 이 자리에 앉아서 보니, 적어도 어느 정도는 페르난도의 생각이 옳았던 것으로 증명됐다. 이 멋진 새 아파트가 그 분명한 증거였다. 그러나 다른 한편으로는 가구들이 별로 없다는 점도 눈에 띄었다. 이는 고디타의 생각도 맞았다는 분명한 증거였다. 9만 7,000달러의 투자 손실은 웃어넘길 게 아니었다.

실제로 우리가 막 도착했을 때, 그녀는 아주 웃기는 말로 가구들이 없는 이유를 설명했다. "지금 날 거꾸로 들어서 흔들어도 동전 한 푼 떨어지지 않을 거예요!" 물론 약간 과장된 말이었다. 어쨌든 두 사람이 오늘 밤 나를 여기 초대한 이유는 투자 포트폴리오를 다시 구축하고 싶기 때문이다. 정말로 상황이 안 좋다면 그럴 수 있겠는가? 나는 크게 나쁘지는 않을 거라고 생각했다.

"7.5%의 차이가 있어. 페르난도는 그게 당신이 말한 황금의 3

대 요소를 저해할 거라고 생각해. 그 말이 맞아?"

문득 나는 크리스티나가 내게 묻고 있다는 걸 깨달았다. 하지만 황금의 3대 요소 말고는 뭘 묻고 있는지 알 수 없었다. 그래서 "뭐가 맞냐고?"라고 물었다.

크리스티나가 재차 물었다. "페르난도가 걱정하는 거 말이야! 페르난도는 황금의 3대 요소를 좋아해. 그런데 채권은 수익률을 너무 많이 떨어트리는 거 아닌지 걱정하고 있어." 그녀는 자신이 한 말을 곱씹는 듯 잠시 말을 멈췄다. 그리고 이렇게 덧붙였다. "내 생각에는 그런 말인 것 같아. 그 말이 타당해?"

나는 대답했다. "그래. 전적으로 타당해."

사실 페르난도의 걱정은 전적으로 타당할 뿐 아니라 현대 포트폴리오 이론에 대한 주된 오해를 부각시켰다. 그것은 하락에 대비하여 채권에 특정 비중을 할애하면, 그만큼 포트폴리오의 장기 수익률이 줄어든다는 것이다. S&P500의 역사적 수익률은 10.33%다. 이는 채권시장의 역사적 수익률인 4%보다 훨씬 높다. 이 점을 감안할 때, 투자금의 20%를 채권에 할애하는 것은 보호 효과를 얻을 수 있기는 해도 포트폴리오의 연 수익률을 받아들일 수 없는 수준으로 떨어트리지 않을까?

언뜻 보면 그렇게 생각할 수 있다. 하지만 실제로 그런 것은 아니다.

비상관적 자산군으로 위험을 회피하면, 단기적 보호 효과 측면에서 얻는 비대칭적 편익은 상당하다. 다시 말해 채권에 어느 정

주식/채권 비중에 따른 최대 연 손실률 및 평균 수익률(1926-2012)

할당 방식	최대 연 손실률	평균 수익률
100% 주식	-43.1%	10.0%
80% 주식 / 20% 채권	-34.9%	9.4%
60% 주식 / 40% 채권	-26.6%	8.7%
40% 주식 / 60% 채권	-18.4%	7.8%
20% 주식 / 80% 채권	-10.1%	6.7%
100% 채권	-8.1%	5.5%

도의 비중을 두든 간에, 그로 인해 포트폴리오의 장기 수익률에 미치는 부정적인 영향보다 단기적 보호 효과의 긍정적인 영향이 크다.

위 표를 보면 채권에 할애한 비중에 따라 최악의 해에 어느 정도의 보호 효과를 얻는지, 그리고 장기적으로 포트폴리오에 어느 정도의 손실을 초래하는지 알 수 있다.

보다시피 채권에 20%를 할애하면 포트폴리오의 연 평균 수익률은 겨우 0.6% 줄어든다. 반면에 최대 연 손실률은 8% 넘게 줄어든다. 또한 채권에 40%를 할애하면 포트폴리오의 연 평균 수익률은 겨우 1.3% 줄어든다. 반면에 최대 연 손실률은 16.5% 줄어든다. 끝으로 채권에 60%를 할애하면 포트폴리오의 연 평균 수익률은 겨우 2.2% 줄어든다. 반면에 최대 연 손실률은 25% 가까이 줄어든다.

세 경우 모두에서 연 평균 수익률 손실은, 하락에 대비한 단기적 보호 효과에 비하면 확실히 미미하다.

다만 분명히 해둘 부분은, 무턱대고 포트폴리오에 채권을 추가해야 한다는 말은 아니라는 점이다. 그보다는 더도 덜도 아닌 적절한 비중을 할애해야 한다.

이는 100만 달러짜리 질문으로 이어진다.

개인별로 올바른 자산 배분 비율을 찾는 기준은 무엇일까?

위대한 존 보글의 경험칙에 따르면 연령을 지침으로 삼는 것이다. 다시 말해서 나이가 30살이라면 포트폴리오의 30%를 채권에 할애해야 한다. 마찬가지로 나이가 40살이라면 40%, 60살이라면 60%를 할애하는 식이다.

물론 이는 출발점에 불과하다.

당신을 포함한 모든 투자자는 자산 배분 계획을 세울 때 다음 네 가지 질문을 자신에게 던져야 한다.

❶ 금전적 목표는 무엇인가?
❷ 투자기간은 얼마나 되는가?
❸ 위험감수도는 어느 정도인가?
❹ 현재 재정 상태는 어떠한가?

그러면 하나씩 살펴보자.

1. 금전적 목표는 무엇인가?

당신이 둘 이상의 금전적 목표를 가질 것이 거의 확실하다는 점을 명심하는 것이 중요하다. 자산 배분 계획은 그 목표들을 정확하게 반영해야 한다. 가령, 주된 목표는 은퇴 자금을 모으는 것이지만 신차 계약금이나 자녀 학자금을 마련하고 싶을 수도 있다. 또는 새로운 사업을 시작하거나, 새 스포츠카를 사서 즐기거나, 세계 여행을 하는 데 관심이 있을 수도 있다.

금전적 목표에는 가장 사심 없고 고귀한 것부터 가장 이기적이고 향락적인 것까지 말 그대로 수없이 많은 것들이 있다. 결국 이질문에 대한 정답이나 오답은 없다. 어차피 그것은 당신 돈이다. 당신은 그걸로 무엇이든 하고 싶은 일을 할 모든 권리가 있다. 다만 주요한 구분점은 있다. 어떤 목표는 단기적일 수 있다. 자산 배분 계획을 세울 때 그 점을 고려해야 한다. 채권은 투자기간이 짧을 때 훨씬 잘 맞기 때문이다. 이는 다음 질문으로 이어진다.

2. 투자기간은 얼마나 되는가?

이 질문에 정확하게 답하려면 첫 번째 질문에 대한 답으로 돌아가 각 목표를 달성하는 시기를 추정해야 한다. 가령 은퇴 자금을 모으는 것이 주된 목표라면, 당신은 앞으로 몇 년 후에 은퇴할 것인가?

은퇴 자금 외에 두 번째, 세 번째 목표는 무엇인가? 새 집을 살것인가? 자녀의 학자금을 모을 것인가? 새로운 사업을 시작할 것인가?

이런 목표를 달성해야 할 기간이 3~5년 미만이라면, 반드시 투자기간을 고려하여 주식 대비 채권의 비중을 늘려야 한다.

아래에 나오는 차트를 잠시 살펴보라. 이 차트는 지난 100년 동안 S&P500에 투자했을 때, 투자기간을 몇 년으로 유지하는지에 따라 수익으로 마감했을지 손실로 마감했을지에 대한 확률을 보여준다.

여기서 주목해야 할 몇 가지 사항이 있다.

첫째, 1920년부터 2020년까지 모든 20년 단위 기간에 걸쳐 S&P500은 한 번도 마이너스 수익률을 기록하지 않았다. 대공황이 발생한 최악의 해들을 포함하더라도 말이다.

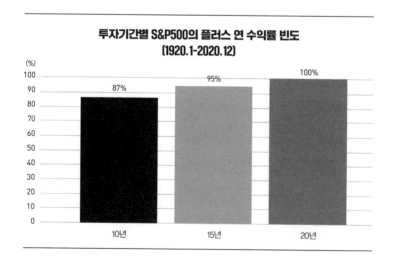

투자기간별 S&P500의 플러스 연 수익률 빈도
(1920.1-2020.12)

월가의 늑대 시장을 이겨라

모든 15년 단위 기간에 대해서도 거의 같은 말을 할 수 있다.

하지만 모든 10년 단위 기간은 어떨까?

대부분의 경우 그 답은 여전히 같다. 다만 단 한 번, 대공황 기간에는 -1%의 손실이 났다. 분명 이런 결과를 바랄 투자자는 없을 것이다. 그렇다 해도 창밖으로 뛰어내리게 만들 만큼 나쁜 결과는 전혀 아니다. 게다가 이 한 번의 기간은 예외적인 경우였다. 다른 모든 경우에 S&P500은 플러스 수익률을 기록했으며, 연 평균 수익률은 11%에 육박했다.

하지만 1년 단위는 어떨까? S&P500은 항상 오르기만 했을까?

아니다. 전혀 그렇지 않다.

최악의 해인 1931년에 미국이 대공황의 나락으로 떨어지는 가운데 S&P500은 48%의 가치를 잃었다. 게다가 1929년에 20%, 1930년에 추가로 25%를 이미 잃은 상태였다. 즉, 3년 동안 총 90%의 손실을 기록한 것이다.

분명히 해두자면, 그때가 이런 식으로 다년간 손실이 난 역사상 유일한 시기는 아니다. 2000년 3월에 닷컴버블이 터진 후에도 같은 일이 일어났다. 당시 3년 동안 기술주 중심의 나스닥은 90%, S&P500은 50%의 가치를 잃었다.

당신이 닷컴버블 붕괴로 접어드는 몇 주 동안 모든 돈을 주식에 넣었다고 상상해보라. 게다가 2년 후에는 하버드에 들어갈 딸의 대학 등록금을 내야 한다. 딸에게 무엇이라고 말할 것인가? "괜찮아. 지역대학도 하버드만큼 좋아!"라고?

이보다 더 나쁜 경우도 있었다. 실제로 내 친구들 중에는 1년 내내 세금을 내지 않고 그 돈을 주식시장에 넣은 친구가 여럿 있었다. 그들에게 어떤 일이 생겼을까? 맞다. 그 해에 주식시장이 안 좋아지는 바람에 그들은 세금을 내지 못했다. 일부는 무서운 표정을 한 국세청 요원들이 집으로 찾아오는 일까지 겪었다.

투자기간이 짧으면 양질의 주식도 그다지 적절하지 않은 이유가 거기에 있다. 그렇다고 해서 주식을 아예 보유하지 말라는 것은 아니다. 다만 채권이나 현금에 충분한 비중을 두어서 균형을 맞춰야 한다.

3. 위험감수도는 어느 정도인가?

어떤 측면에서 이는 자산 배분과 관련하여 당신이 고려할 가장 중요한 질문이다. 왜 그럴까? 이 질문에 부정확하게 답했다가는, 다음에 시장이 하락할 때 바닥에서 투매하고 싶은 욕구를 견뎌야 하는 불행한 입장에 처할 것이기 때문이다. 그런 상황에서 '수면 테스트'가 이루어진다(맞다. 실제로 그런 게 있다!).

수면 테스트는 무엇일까?

간단히 말해, 현재 포트폴리오의 자산 배분 상태에서 시장이 구렁텅이로 빠져도 밤에 잠을 잘 수 있겠는가? 이 질문에 대한 답이 '아니오'라면, 현재 자산 배분 상태가 합당하지 않은 것이니 바꿔야 한다.

어떻게 바꿔야 할까?

모든 세부 내용을 모르는 채로 조언하자면, 주식 대비 채권 비중을 늘리는 것이 좋은 출발점이다. 채권의 역사적 수익률이 더 낮다고 해도 말이다. 그렇게 하지 않으면 어차피 최악의 충동에 굴복하게 된다. 다음 약세장 때 바닥에서 주식을 파는 것이다.

내 말이 과장된 것처럼 들린다면 잠시 당신이 이런 곤경에 처했다고 상상해보라. 당신은 2000년 3월 1일에 투자금을 100% 나스닥 종합지수에 넣었다. 당시는 닷컴버블이 꺼지기 2주 전이었다.

당신은 왜 그랬을까? 우선, 그런 일이 생길 것을 알 길이 없었다. 특히 **짐 크레이머**Jim Cramer 같은 등신이 끝이 보이지 않는 강세장이니 올인하라고 부추길 때는 더욱 그렇다.

그리고 이제 당신은 망했다! 된통 당했다! 꼼짝없이 털렸다!

한 달 안에 시장은 급락했다. 하락세는 멈추지 않는다. 곧 CNBC의 논평가들은 말을 바꾼다. 그들은 파티가 끝났으며, 험악한 약세장이 시작됐다고 말한다. 더욱 분통 터지는 일은 상등신인 짐 크레이머가 지난달에 올인하라고 말한 적이 없는 척하는 것이다. 이제 그의 말은 바뀌었다. 그는 상황이 아주 위험해 보이니 당신 같은 투자자는 발을 빼고 한동안 관망하는 게 훨씬 낫다고 말한다.

하지만 당신은 그럴 수 없다. 이 쓰레기의 조언대로 이미 올인해버렸기 때문이다! 이제 어떻게 해야 할까?

아마도 당신은 처음에는 강하게 버틸 것이다. 그러나 안타깝게도 상황은 더욱 악화된다. 주식시장은 계속 급락한다. 결국 1년차 말에 22%나 되는 손실이 난다.

당신은 전혀 정신을 차리지 못한다. 금전적으로는 무너졌고, 감정적으로도 망가졌다. 머리를 쥐어뜯지만 끝이 보이지 않는다.

그래도 시장이 영원히 급락할 수는 없는 것 아닐까?

그건 '영원히'에 대한 정의에 따라 다르다.

위에 나온 차트를 기억하는가?

대다수 사람들에게 주식시장에서 '영원히'의 기간은 순자산 대비 손실률과 반비례한다. 구체적으로 말해서 손실률이 높을수록 '영원히'의 기간은 더 짧아진다. 그 결과 험악한 약세장에서 6개월 이상은 대다수 사람에게 영원처럼 보일 수 있다. 그래서 결국 그들은 갖고 있는 주식을 판다.

내가 무슨 말을 하려는지 알겠는가?

위험감수도가 아주 높은 투자자는 드물다. 그런 투자자는 모든 돈을 주식시장에 넣고도 겁먹지 않고 그런 유형의 하락을 견딜 수 있다. 실제로 내 친구들 중 몇몇은 닷컴버블 폭락을 앞둔 몇 달 동안 고공행진하던 나스닥에 모든 돈을 투자했다. 그들로부터 최소 10여 통의 전화를 받았던 기억이 난다. 나는 그들이 하나씩 바닥에서 두 손을 드는 것을 지켜보았다. 아무리 강하게 버텨도 한계가 있는 법이다. 결국에는 이런 생각이 들기 시작한다. '망할! 차라리 지금 매를 맞는 게 낫겠어. 아직 몇 푼이나마 남은 돈이 있잖아. 그거라도 건지는 편이 주가가 더 떨어지는 걸 지켜보는 것보다 나아. 주식은 나하고 안 맞아!' 그렇게 해서 그들은 바닥에서 투매하고 거의 모든 것을 잃었다.

반면 적절한 리스크를 수반하여 포트폴리오를 구축한 친구들은 달랐다. 그들은 그렇지 않은 친구들만큼 심한 타격을 입지 않았다. 그들이 보유한 채권이 타격을 완화해줬기 때문이다. 물론 장부상으로는 여전히 손실이 났다(닷컴버블 붕괴 이후 모든 포트폴리오가 그랬다). 그러나 그들이 입은 손실은 훨씬 덜 심각했다. 그래서 감정적으로 받아들이기가 한결 수월했다. 덕분에 그들은 폭풍우를 견뎌내면서 시장이 돌아서기를 기다릴 수 있었다. 그리고 시장은 돌아섰다! 시간은 약간 걸렸지만(나스닥은 5년, S&P500은 3년), 언제나 그렇듯 시장은 장기적으로 상승 추세를 형성했다.

4. 현재 재정 상태는 어떠한가?

이 질문은 여러 측면에서 자산 배분 계획에 영향을 미친다. 가령 연 수입이 상당하다면(가령 100만 달러 이상), 주식 비중이 높은 포트폴리오가 수반하는 지속적인 등락을 감당하기 한결 쉬워진다. 현재 (장부상) 발생한 손실을 빠르게 벌어들일 능력이 있기 때문이다. 그러면 다음 주요 하락장에서 투매하지 않고 장기적으로 경로를 유지하기가 훨씬 쉬워진다.

어떤 측면에서는 페르난도가 무모한 투기를 하고도 밤에 잠을 잘 수 있었던 이유도 거기에 있다. 그는 투자 포트폴리오가 박살난다 해도 사업으로 번 돈이 최악의 금전적 타격으로부터 자신을 보호해줄 것임을 알았다. 물론 돈을 잃는 동안 속이 상하기는 했다. 그래도 밤에 침대에 누워서 식은땀을 흘리며 '이제 어떡하지? 가족을 먹여살릴 수 없을 거야. 우리 모두 길거리에 나앉을 거야. 비토리오의 아이패드도 차압당할 거야!'라고 생각할 일은 없었다. 대신 그는 손실을 담대하게 받아들이고 이렇게 자신에게 말할 수 있었다. '진짜 엿 같군! 올해는 더 열심히 일해서 주식으로 잃은 돈을 전부 만회해야 해. 무엇보다 리오 데 라 플라타의 아름다운 경관이 보이는 멋진 새 아파트를 살 거라면 더욱 열심히 일해야 해.'

내 말의 요지를 알겠는가?

그와 달리 겨우 생계를 이어가며 금전적 파국의 위기에서 살아가는 사람은 다음 약세장에서 투매할 가능성이 훨씬 높다. 지금 겪고 있는 (장부상) 손실이 그들에게 훨씬 큰 여파를 미치기 때문이다.

또 다른 경우로서, 특정한 수준까지 막대한 부를 쌓은 투자자들이 있다. 그들의 주된 목표는 대개 수익률을 극대화하는 데서 자본을 보존하는 쪽으로 바뀐다. 다시 말해서 그들은 얼마나 많은 수익을 올릴 수 있는지보다 얼마나 많은 손실을 입을 수 있는지를 더 신경 쓴다. 충분히 그럴 만하다.

결국 대단히 부유한 투자자는 고등급 채권 펀드에 모든 돈을 넣어두고 세상 아무 걱정 없이 이자로 살아갈 수 있다. 대다수 부유한 투자자들이 그렇게 한다는 말은 아니다. 사실 그들은 그러지 않는다. 대부분은 균형 잡힌 포트폴리오를 선택한다. 다만 자본을 보존하기 위해 주식보다 채권에 약간 더 비중을 둔다.

이런 스펙트럼의 반대편에는 훨씬 일반적인 범주가 존재한다. 여기에는 취직한 지 몇 년 되지 않았으며, 밝은 미래를 앞둔 비교적 젊은 투자자들이 속한다. 그들은 자신이 다니는 직장의 유형과 거기서 제공하는 퇴직 급여 제도의 유형을 고려해 투자 비중을 결정할 수 있다. 가령, 직원의 은퇴 생활에 도움을 주기 위해 적극적인 기업연금 갹출 제도를 운영하는 대기업에 다닌다면, 포트폴리오의 투자 자산을 약간 더 공격적으로 배분할 수 있다.

반대로 자영업자이거나 창업자인 사람은 은퇴 계획을 약간 더 보수적으로 세워야 한다. 자신의 지혜와 의지 말고는 아무것도 의지할 게 없기 때문이다.

결론은 이것이다. 이제 현대 포트폴리오 이론의 모든 개념을 이해했으니, 네 가지 질문에 당신이 답하기만 하면 된다. 그러면 완벽한 포트폴리오를 아주 간단하게 구축할 수 있다는 걸 알게 될 것이다.

왜 그럴까?

당신의 포트폴리오에서 최소한 90%의 비중은 두 개의 핵심 종목으로 구성될 것이기 때문이다.

❶ 저비용 S&P500 지수 펀드(이건 이미 지겹도록 설명했다)

❷ 저비용 투자등급 채권 펀드(이건 곧 설명하도록 하겠다)

월가의 게임에서 월가를 이기는 일은 이토록 간단하다. 괜히 복잡하게 만들지만 않으면 된다.

다시 '따분한 채권' 이야기로 돌아가서 몇 가지 빠진 부분을 채우도록 하자.

　다행스럽게도 채권이 어떻게 운용되는지와 주식보다 안전한 이유에 대해서는 이미 설명했다. 그러니 여기서는 곧장 본론으로 들어가서, 채권이라는 이 교묘한 투자상품의 진정한 속성을 있는 그대로 알려주겠다. 개별 주식 종목을 선정하고 매매 타이밍을 맞추려는 시도가 어리석다면, 채권으로 그걸 하려는 것은 더욱 어리석다. 실제로 이는 재난을 부르는 길이다. 거기에는 세 가지 주된 이유가 있다.

❶ 채권은 엄청나게 복잡하다. 모든 세부사항을 완전히 이해하려면 몇 년에 걸친 공부가 필요하다. 그러고도 놓치기 쉬운 시한폭탄과 부비트랩이 즐비해서 결국에는 크게 당한다. 누가 그 모든 시한폭탄과 부비트랩을 설치할까? 당연히 월가 수수료 절취 복합체다. 그들은 왜 그렇게 할까? 바로 당신을 털어먹기 위해서다! 그러니 당하지 마라.

❷ 전문 채권 트레이더들은 극악무도하기로 악명 높다. 그들은

한 푼이라도 더 벌려고 기꺼이 당신의 눈알을 빼내고는 고급 아파트에 있는 집으로 가 단잠을 잘 것이다. 그들에게 맞서려는 아마추어 투자자는 결국 눈물을 흘릴 것이 거의 확실하다. 그들은 당신을 울려서 행복해할 것이다.

❸ 초저비용에, 선취 수수료나 후취 수수료가 없고, 쉽게 매수할 수 있는 양질의 채권 펀드는 아주 많다. 그런데 굳이 당신이 또는 다른 누구라도, 개별 채권을 선정하려고 애쓸 필요가 있을까? 세계 최고 펀드사들이 전문적으로 구성된 채권 포트폴리오를 거의 공짜 수준의 수수료만 받고 갖다 바치는데도 말이다(여기에 대해서도 존 보글에게 감사해야 한다!). 그 답은 그러지 말아야 한다는 것이다. 그러니 하지 마라!

예를 들어 '뱅가드 토털 본드 마켓 인덱스 펀드 애드미럴 셰어즈Vanguard Total Bond Market Index Fund Admiral Shares, VBTLX'는 투자기간이 5년 이상인 모든 투자 포트폴리오에 완벽한 해결책이다. 비용률이 0.05%에 불과한 이 펀드는 평균 만기가 5년인 약 6,000종의 투자등급 채권으로 구성돼있다.

투자기간이 5년 미만이라면 '뱅가드 숏텀 본드 인덱스 펀드 애드미럴 셰어즈Vanguard Short-term Bond Index Fund Admiral Shares, VBIRX'가 훨씬 잘 맞다. 다만 보유 채권의 평균 만기가 짧아서 연 평균 수익률이 약 33% 더 낮다(VBTLX는 2.95%인데 반해 VBIRX는 2.19%). 뱅가드의 말고 다른 회사의 상품을 원한다면 'SPDR 포트폴리오 애그리게이트 본드 ETF(SPAB)'와 '슈왑 US 애그리게이트 본드 펀드 ETF(SHCZ)' 모두 투자기간이 5년 이상인 경우 탁월한 선택지다. 투자기간이 5년 미만인 경우 'SPDR 숏텀 코프 본드 ETF(SPSB)'와 '아이셰어즈 코어 1-5 이어즈 US 본드 ETF(ISTB)' 가 훨씬 잘 맞다.

분명히 해두자면, 언급한 것 외에 다른 타당한 선택지도 있지만 전체 목록을 지루하게 늘어놓고 싶지는 않다. 위 상품들은 투자등급이 가장 높은 것들이다. 그 목록을 보고 싶다면 모닝스타 닷컴Morningstar.com에 들어가라. 머리가 빙빙 돌만큼 많은 선택지가 나와있을 것이다.

다만 어떤 지수 펀드에 투자하든 성공 요건은 아주 낮은 비용률과 무 판매수수료라는 것을 항상 명심하라. 이 두 가지 요건을 충족하는, 등급이 높은 채권 펀드를 선택한다면 잘못될 일은 거의 없을 것이다.

어째서 내가 좀더 '특수한' 채권들, 가령 고수익 채권(이른바 정크본드)이나 비과세 지방채, 비달러표기 채권, 물가연동채 등을 건드리지 않는지 궁금할 것이다. 그 이유는 다음과 같다.

❶ 정크본드는 위험하기 때문이다. 포트폴리오에 채권을 넣는 목적은 위험을 회피하는 것이다. 그런데 왜 정크본드를 넣으려 하는가? 사실 정크본드는 같은 채권이지만 양질의 채권보다

월가의 늑대 시장을 이겨라

는 주식과 더 가깝다. 그래서 우리의 매수 목적과 잘 맞지 않는다. 내가 정크본드는 전문 채권 트레이더들에게 맡겨두고 시간을 낭비하지 말라고 조언하는 이유가 거기에 있다.

❷ 지방채는 일부 경우에는 분명 타당한 선택지다. 모든 채권 중에서 가장 절세 효율이 뛰어나기 때문이다(연방 정부, 주 정부, 시 정부 세금이 면제된다). 그러나 다른 모든 투자상품이 그렇듯 공짜 점심은 없다. 모든 지자체가 선의로 아주 높은 이자를 제공하는 것은 아니다. 그들이 그렇게 하는 이유는 그래야만 하기 때문이다. 즉, 곧 파산할 지경이거나 거의 그런 지경에 가까워졌다는 것을 뜻한다. 나의 조언은 이런 채권에 시간을 낭비하지 말라는 것이다.

❸ 비달러표기 채권은 외국 통화로 원금과 이자를 상환한다. 즉, 채권의 신용도에 더하여 신경 쓸 게 하나 더 생긴다는 뜻이다. 그것은 바로 통화 가치 하락이다. 다시 말해서 외국 통화로 원금과 이자를 상환받는데, 해당 통화의 가치가 달러에 대비하여 하락하면 어떻게 될까? 즉, 나중에 채권을 현금화할 때 통화 가치 하락분이, 추가로 받는 이자보다 클 수 있다는 것이다. 그래서 이러한 채권 역시 피할 것을 조언한다.

❹ 물가연동채Treasury Inflation-Protected Security, TIPS는 사실 아주 좋은 투자상품으로서 일부 투자 포트폴리오에 들어갈 자격이 충분하다. 그러나 아마도 당신의 포트폴리오는 거기에 해당되지 않을 것이다. 그래도 이렇게 말하고 끝내면 납득하기 어려울

것이다. 만약 당신이 한 단계 높은 부의 수준으로 접근하고 있다면, 채권 자산에 일부 물가연동채를 포함하는 것이 좋다. 그 때까지는 신경 쓰지 마라. 물가연동채는 물가상승률이 얼마나 높거나 낮은지에 따라 이자와 (최종적으로는) 원금이 조정된다. 장기적으로 보면 물가상승률과 연동되지 않는 채권보다 수익률이 약간 더 높다. 그러나 그 차이는 아주 미미하다. 그래서 포트폴리오 규모가 엄청나게 크지 않은 이상 결과적으로는 금액 측면에서 그다지 차이가 없다.

요약하자면, 당신이 선택할 수 있는 다양한 유형의 채권이 있지만 그 중 대다수는 고려할 가치가 없다. 누구에게도 추가적인 혜택을 제공하지 않기 때문이다. 다만 운 좋은 월가 수수료 절취 복합체는 예외다. 그들은 처음부터 지저분한 손을 뻗친다. 그래서 불쌍하고 순진한 사람들이 채권을 사도록 설득한 대가로 막대한 인수 수수료를 받아간다.

다시 말해서 '키스KISS'라는 줄임말을 따르는 것이 최선이다. 이는 'Keep it simple, stupid'의 줄임말로, 말 그대로 멍청하게 보일 정도로 단순하게 가라는 뜻이다. 또는 '잘 들어, 멍청한 바보야! 쓸데없이 일을 복잡하게 만들지 말고 단순하게 가!'라는 뜻이기도 하다.

어느 쪽이든 채권 펀드를 고르는 일에 있어서는 최대한 단순하게 가는 것을 목표로 삼아야 한다. 실로 단순하다.

포트폴리오 조정은 최대한 하지 마라

이런 점들을 고려할 때 당신에게 잘 맞는 자산 배분 계획은 무엇일까?

그 답은 상황에 따라 다르다는 것이다(일부러 비법을 숨기려는 게 아니다).

가령 모든 재무상담사들과 이야기해보라. 당신을 망하게 하려고 들지 않는 이상, 그들은 주식에 비중을 조금 더 많이 둬서 60 대 40으로 자산을 배분하는 것이 가장 흔하다고 말할 것이다.

하지만 이는 출발점에 불과하다.

그 다음에는 나이만큼 채권의 비중을 두는 존 보글의 공식이나, 무엇보다 앞선 네 가지 질문에 대한 답을 고려해야 한다. 이 세 가지 요소를 아우르고 충분한 상식을 곁들이면 당신의 목표, 위험감수도, 투자기간, 현재 재무 상황에 맞는 자산 배분 계획을 세우는 일이 크게 어렵지 않을 것이다.

가령 내가 페르난도와 고디타에게 추천한 80대 20의 경우, 어떻게 그 비율에 이르렀을까?

거기에는 과학과 예술 그리고 예측이 부분적으로 뒤섞여있다.

처음에 60대 40 분할로 시작했다가, 두 사람의 비교적 젊은 나이와 높은 수입을 고려하여 70대 30으로 주식 비중을 늘린 것은 과학적인 부분이다. 그 다음 평균 이상인 페르난도의 위험감수도와 과도한 채권 비중을 견디지 못할 그의 성격을 고려하여 주식 비중을 10% 더 늘린 것은 예술적인 부분이다. 끝으로 페르난도에게 5%를 더 떼서, 즉 주식과 채권 비중을 5%씩 줄여서 투기성 투자를 하라고 조언한 것은 예측 부분이다.

그렇게 조언한 근거는 단순하다.

페르난도는 투기성 투자를 즐긴다! 그는 지금까지 계속 실패했지만 그래도 거기서 재미를 얻는다.

그게 잘못된 건 아니지 않은가? 인생은 모름지기 재밌어야 한다. 안 그런가?

게다가 페르난도에게 적절한 투자 포트폴리오를 갖추는 일과 여전히 투기성 투자를 하는 일은 공존할 수 없다고 말하면 안 될 것 같았다. 그는 당장은 "알겠다"고 다짐하겠지만 나중에는 짜증이 나서 결국 투기성 투자를 시작할 것이다. 그렇게 되면 더 많은 돈을 거기에 할애할 것이다. 그리고 차라리 처음부터 전체 자산 배분 계획에 투기성 투자가 포함돼있을 때보다, 더 답 없는 투자 전략을 활용할 것이다.

결론은 이것이다.

당신이든 다른 투자자든 포트폴리오의 95%를 적절하게 배분했다면, 나머지 5%로 약간 건강한 투기성 투자를 한다고 해도 잘못된 일은 전혀 아니다. 페르난도의 경우 나는 '베이스 트레이딩base trading'이라는 단타 전략을 알려줌으로써 약간 더 유리한 상황을 만들어줄 수 있었다. 그 내용은 조금 있다가 소개하도록 하겠다.

우선은 아래 표부터 봐주기 바란다.

평균적인 투자자	주식	채권
청년기	80%	20%
중년기	60%	40%
은퇴기	40%	60%
은퇴 이후	20%	80%

보수적인 투자자	주식	채권
청년기	70%	30%
중년기	50%	50%
은퇴기	30%	70%
은퇴 이후	10%	90%

적극적인 투자자	주식	채권
청년기	90%	10%
중년기	70%	30%
은퇴기	50%	50%
은퇴 이후	30%	70%

이 차트는 다양한 위험감수도를 지닌 세 연령 집단에 대한 자산 배분 계획을 제시한다. 이보다 더 세분하는 것은 기본적으로 부질없는 짓이다. 각 시나리오를 개별적으로 다루기에는 거기에 수반되는 변수와 뉘앙스가 너무 많다.

그런 의미에서 이 사례들은 출발점에 불과하다. 여러분은 자신의 연령 그리고 앞선 네 가지 질문에 대한 답에 따라 자산 배분 계획을 추가로 조정할 수 있다.

한번 자산 배분 계획을 세운 후 절대 바꾸지 말아야 하는 것은 아니다. 때때로 재검토하여 여전히 자신에게 타당한지 확인해야 한다. 만약 그렇지 않다면 적절하게 수정해야 한다.

이렇게 주기적으로 투자 포트폴리오의 자산 비중을 조정하는 것을 월가 용어로 '자산균형재조정rebalancing'이라 부른다. 또한 월가는 대부분의 일에서 그렇듯이 일부러 내용을 엄청 복잡하게 만든다. 가령 수많은 방법론에 화려한 라벨을 붙이고, 수많은 변종을 고안하는 식이다. 일반인은 그런 것에 완전히 압도당해서 '전문가들'에게 맡기기로 결정한다. 전문가들은 결국 월가 수수료 절취 복합체의 정식 회원이 돼, 투자자를 등친다.

결론을 말하자면, 어떤 전문가도 필요 없다.

자산균형재조정의 황금률은 적게 할수록 좋다는 것이다.

그게 전부다.

물론 월가는 그렇지 않다고 설득하려들 것이다. '역동적 자산 배분'이니, '전술적 자산 배분'이니 하는 화려한 용어를 늘어놓으면서 말이다.

나는 이렇게 조언하도록 하겠다. 아예 하지 않는 것은 안 되지만, 자산 배분 계획을 재검토하는 일은 최대한 드물게 하는 것이 좋다. 그래야 수동적으로 운용돼야 할 포트폴리오를 적극적으로 운용하는 함정을 피할 수 있다. 이해하겠는가? 그러니 안심하고 느긋한 마음을 가져라. 다음 정기 재조정 시기까지 기다려도 된다. 앞선 네 가지 질문에 대한 답을 바꿀 만큼 큰일이 생긴 게 아니라면 말이다. 그런 일이 없다면 해마다 적어도 한 번은 재조정을 하되, 세 번 이상 해서는 안 된다. 그것은 과도하며, 의도치 않게 수동적 운용이 아니라 적극적 운용을 하게 될 위험이 있다.

재조정 시 살펴야 할 두 가지 주된 요점이 있다.

❶ 현재의 목표와 투자기간, 위험감수도, 재정 상황에 비춰볼 때 기존 자산 배분 계획이 여전히 타당한가? 이 모든 질문에 대한 답이 '그렇다'라면, 아무것도 바꿀 필요가 없다. 그대로 놔두면 된다. 반면 하나의 질문이라도 '아니오'라는 답이 나온다면, 다시 타당해질 때까지 주식과 채권 비중을 조정해야 한다.

❷ 하나의 자산군에서 발생한 수익(또는 손실)으로 인해 현재 비중이 더 이상 원래의 자산 배분 계획을 반영하지 못하는가? 가령, S&P500이 끝내주는 한 해를 보낸 후 30% 올랐다고 가정하자. 그러면 어떻게 될까? 포트폴리오를 구성하는 주식과 채권 비중이 크게 바뀐다. 원래 자산 배분 계획에 비춰보면, 주식

비중이 과다해지고 채권 비중이 과소해진다. 이 경우 어떻게 해야 할까? 일반적으로 말하자면, 확신이 없으면 아무것도 하지 마라. 왜 그럴까? 매번 뭔가를 사고팔 때마다 수수료와 세금이 발생할 수 있기 때문이다. 그래서 나라면 '더 이상 나의 목표와 투자기간, 위험감수도, 재정 상황에 맞지 않을 만큼 현재 배분 비율이 정말로 크게 어긋났다'는 생각이 들지 않는 이상, 신중을 기하여 아무것도 하지 않을 것이다. 우리의 목표는 최대한 수동적으로 포트폴리오를 운용하는 것이며, 시간이 일하게 만드는 것임을 명심하라.

연구 결과에 따르면 포트폴리오별 장기 수익률 차이의 90%는 자산 배분에 좌우된다. 그러나 주식 또는 채권 비중을 5% 정도 바꾸는 것은 거의 차이를 만들지 않는다는 점도 언급할 가치가 있다. 실제로 '두 번 재고, 한 번 잘라라'라는 목공계의 오랜 격언이 이 경우에 완벽하게 들어맞는다.

다시 말해서 처음부터 올바른 자산 배분 계획을 개발하는 데 충분한 시간을 들여라. 서두르지 마라. 네 가지 질문에 정직하고 솔직하게 답하라. 그래야 처음에 올바른 비중을 정할 수 있다.

비중을 정하고 포트폴리오의 대부분을 구성할 두 개의 핵심 지수 펀드를 고른 다음에는, 그냥 가만히 있어라. 한 자산군의 비중이 몇 포인트 어긋났다고 해서 안달하지 마라. 그냥 아무것도 하지 말고 기다려라. 모든 게 결국에는 괜찮아질 것이다. 개별 종목

월가의 늑대 시장을 이겨라

을 선정하고 매매 타이밍을 잡는 죽음의 악순환으로 다시 빠져들
지만 마라.

죽음 이야기가 나오니, 앞서 언급한 '건강한 투기'라는 거친 세계
에 대한 이야기가 하고 싶어진다. 하지만 당장 그 얘기로 넘어가
기 전에 다른 불쾌한 삶의 필수 요소, 바로 세금을 잠깐 짚고 넘
어가자.

세금 문제에 대한 나의 조언은 단순하다. 법을 어기지 않고 세
금을 최대한 적게 내기 위해 할 수 있는 모든 일을 해야 한다. 어
떻게 그걸 하는지는 설명하기 복잡하다. 다만 전략 자체가 복잡
한 건 아니다.

사실 전혀 그렇지 않다. 아주 단순하다.

복잡한 건 이 책이 수많은 나라에서 출간될 것이며, 각 나라의
세법이 다르다는 점에 있다. 또한, 국민들이 적어도 한동안은 그
리고 바람직하게는 영원히 세금을 내지 않아도 되도록 해주는 퇴
직 연금 제도도 각 나라마다 다르다.

오해하지 마라. 이 사안은 매우 중대하다.

결론부터 말하자면 당신이 어떤 유형의 계좌에 포지션을 보
유했는지에 따라, 세후 수익률이 커다란 영향을 받는다. 이는 장
기 복리 효과를 떨어뜨릴 수도 있는 더욱 커다란 영향으로 이어
진다. 가령 미국에는 IRA와 기업연금이 있고, 호주에는 슈퍼펀드
superfund 계좌가 있다. 또한 독일에는 라이스터Reister 연금이라 부

르는 것이 있고, 영국에도 잘 모르겠지만 뭔가가 있다. 내가 말하고자 하는 바는 특정한 나라에서는 타당한 납세 전략이 다른 나라에서는 전혀 타당하지 않을 가능성이 높다는 것이다.

그래서 나는 모든 독자가 미국에 살며, 여기서 세금을 내야 한다고 가정하는 '추한 미국인'이 되지 않을 것이다. 몇 페이지를 할애해서 투자 계좌와 관련된 미국 세법에 대해 이야기하는 일을 피할 것이다. 그러면 다른 나라에 사는 독자들이 소외당하기 때문이다. 대신 바라건대 모두에게 쓸모 있을 만한 포괄적인 조언을 제공하고자 한다.

❶ 뮤추얼펀드나 ETF를 '과세 계좌'에 넣을지 '과세 유예 계좌'에 넣을지 결정할 때 고려해야 할 가장 중요한 요소는 각 펀드의 상대적 절세 효율이다. 당신이 투자한 펀드들을 자세히 살펴보면, 다른 펀드들보다 해당 특정 펀드가 있을 수도 있다. 만약 있다면, 절세 효율이 떨어지는 펀드를 과세 유예 계좌에 넣어서 더 높은 세금을 상쇄해야 한다. 과세 유예 계좌에 넣을 수 있는 금액에는 대개 한도가 있으므로, 모든 펀드를 거기에 넣을 순 없다. 과세 유예 계좌 한도액을 채웠다면 절세 효율이 가장 뛰어난 펀드는 일반 계좌에 넣어라.

❷ 다음 챕터에서는 여러분을 부패한 카지노로 다시 꼬드겨서 등치려는 다양한 집단을 살필 것이다. 그들 중 하나가 자산관리사다. 인정하기 싫지만 자산운용사들은 의외로 특정 영역에서

는 쓸모가 있다. 납세 계획이 그 중 하나다. 그러니 당신이 자국의 최신 세법을 잘 알아서 최대한 세금을 아낄 수 있다고 확신하지 않는 한, 공인 자산관리사와 상담할 것을 권한다. 다만 내가 다음 챕터에서 제시할 안전수칙을 따라야 한다. 그래야 월가 수수료 절취 복합체의 잠재적 구성원인 그들을 제대로 상대할 수 있다.

단기적인 수익을 원한다면 이렇게 하라

그러면 건강한 투기에 대해 잠시 이야기해보자.

투기에 대한 통찰이 왜 중요할까? 보다 정확하게는 정말 그게 중요한 문제일까?

이 질문에 대한 답은 '사람에 따라 다르다'이다.

가령 페르난도와 같이 투기성 투자를 즐기는 사람이 있다면 그렇게 할 수 있도록 허용하는 것도 중요하다. 허용하지 않아도 어차피 결국에는 하게 돼있다. 그게 인간의 본능이기 때문이다. 흥분되는 활동을 하고 싶은 유혹을 억누르는 데는 한계가 있다. 특히 월가 수수료 절취 복합체가 내보내는 교활한 메시지에 줄곧 폭격당할 때는 더욱 그렇다. 그 메시지는 절벽에서 뛰어내리라고 부추긴다.

따라서 종목 선정을 즐기는 사람이 있다면, 성공 가능성이 있는 전략을 소개하겠다. 바로 **베이스 트레이딩**이라고 하는 단타 전략이다.

이 전략을 구사하려면 먼저 애플, 구글, 테슬라, 페이스북 같은 우량 종목에 장기 포지션을 잡아야 한다. 그 다음, 이 베이스 포지션을 중심으로 현재 가격 동향에 따라, 조금씩 단타를 치면 된다.

이 전략의 '목표'는 장기적인 매수 후 보유 전략의 힘을 활용하는 동시에 단타를 통해 수익을 올리는 것이다. 즉, 두 전략의 이점을 모두 취하는 것이다.

실질적으로 이 전략은 주가가 오르면, 베이스 포지션의 일부를 매도하여 단타 수익을 확보하는 한편, 베이스 포지션의 남은 물량을 통해 상방 잠재력을 유지하도록 해준다. 그러다 주가가 내려가면, 단타 수익을 주가 조정에 활용하여 베이스 포지션을 재구축할 수 있게 해준다.

가령 애플 100주를 주당 100달러에 매수하여 베이스 포지션을 구축했다고 가정하자. 주가가 주당 105달러로 상승하면 포지션의 20%, 즉 20주를 매도할 수 있다. 그 다음 주가 조정이 나오면 20주를 되사들여서 베이스 포지션을 100주로 재구축할 수 있다.

이렇게 하면 세 가지 성과를 올리게 된다.

❶ 5%의 수익을 확보한다.
❷ 나머지 베이스 포지션의 하방 리스크를 최소화한다.
❸ 향후 주가 상승을 활용할 수 있는 능력을 유지한다.

베이스 트레이딩의 논리적 근거는, 주식 또는 거래 가능한 모든 자산의 가격은 일직선으로 오르거나 내리지 않는다는 사실에 기반한다. 그 가격은 수많은 봉우리와 계곡을 만들면서 오르내린다. 다만 장기적으로는 어느 방향이든 추세를 형성한다.

가령 주당 100달러에서 150달러까지 간 주식의 차트를 살펴보라. 급격한 주가 상승에 뒤이어 단기 후퇴 또는 월가 용어로는 조정이 나온다. 그 다음에 다시 급격한 주가 상승이 나오고, 뒤이어 다시 한번 단기 조정이 나오는 식으로 계속된다.

이런 주가 변동은 예측 가능한 트레이딩 패턴으로 정리되는 경향이 있다. 단기 트레이더가 자주 활용하는 이 패턴은, 지지선(매매구간의 바닥)과 저항선(매매구간의 천장)을 갖는다.

지지선과 저항선을 파악하는 과학적 방법론, 보다 정확하게는 미신과 과학이 뒤섞인 이 방법론을 월가 용어로는 '**기술적 분석**'이라 부른다. 기술적 분석은 가치투자의 기반이 되는 '기본적 분석'과 대칭을 이룬다. 이론상으로 이 두 방법론은 같이 활용할 때 잘 통한다. 즉, 기업의 실적과 자산, 대차대조표, 현금흐름, PER을 평가하는 기본적 분석을 통해 저평가된 주식을 파악한 다음 기술적 분석으로 매매구간 바닥에서 매수할 타이밍을 잡을 수 있다.

적어도 이면의 이론에 따르면 그렇다.

워런 버핏 같은 사람에게 물어보면 눈을 가린 채 다트를 던지는 원숭이들이 자신이 만난 어떤 기술적 분석가보다도 매매구간의 바닥을 훨씬 더 잘 잡아낼 거라고 대답할 것이다.

월가의 늑대 시장을 이겨라

하지만 그건 한 사람의 의견에 불과하다. 거의 언제나 그의 말이 옳다는 사실은 논점과 무관하다! 말할 필요도 없이 지금 우리가 다루는 주제는 가치투자가 아니라 투기성 투자다. 여기서 오마하의 현인이 어떤 생각을 가졌는지는 중요하지 않다.

어쨌든, 매매구간은 다음과 같은 방식으로 형성된다.

주가가 저항선에 접근하면 단기 트레이더들은 수익을 확정한다. 이는 주가 조정을 초래한다. 반대로 주가가 지지선에 접근하면 더 낮은 가격에서 더 많은 주식을 살 기회가 생긴다. 이는 주가 상승을 초래한다. 이런 식으로 등락이 계속된다.

단순하지 않은가?

다시 말해서, 베이스 트레이딩 전략은 기민한 단기 트레이더가 끊임없는 매수 및 매도 압력을 활용할 수 있도록 해준다. 견조한 펀더멘털을 갖춘 모든 기업의 주식은 매일 그런 압력을 받는다. 주가가 급등하면 단기 매도 압력이 강해진다. 그러다가 한계점 또는 저항선에 이르면 단기 매도 압력이 매수 압력을 이기고, 주가는 하락한다. 하락폭이 충분히 커서 지지선에 이르면 매도 압력이 약해지고 매수 압력이 강해지기 시작한다. 그래서 나중에는 매도 압력을 압도하게 되고, 주가는 다시 오르기 시작한다.

이것이 활용할 수 있는 기본적인 내용이다.

그전에 지지선과 저항선을 찾는 일은 시간과 인내심을 요구하며, 단기 가격 변동에 죽고 사는 프로들을 상대해야 한다는 사실을 알아야 한다. 그렇다고 해서 기술적 분석에 전문가가 될 수 없다거나, 매매구간의 천장과 바닥을 찾아내는 '감'을 개발할 수 없다는 말은 아니다.[22] 실제로 내 친구 중에는 베이스 트레이딩 전략으로 큰돈을 번 사람이 있다. 물론 그는 30년 동안 시장에서 활동한 프로 트레이더다.

이 점을 염두에 두도록 하자. 다음은 베이스 트레이딩 전략을 성공적으로 실행하기 위한 다섯 가지 핵심 단계다.

❶ 정확한 종목 선정

❷ 초기 베이스 포지션 구축

❸ 매도를 통한 단기 수익 확보

❹ 재매수를 통한 베이스 포지션 재구축

❺ 같은 과정 반복

그러면 하나씩 살펴보자.

1. 정확한 종목 선정

베이스 포지션은 오랫동안 보유해야 한다. 따라서 강한 펀더멘털

---

[22] 기술적 분석을 다룬 수많은 책이 있다. 깊이 공부하고 싶은 사람에게는 두 권의 책을 추천한다. 하나는 앤드류 아지즈(Andrew Aziz) 박사가 쓴 《도박꾼이 아니라 트레이더가 되어라(How to Day Trade for a Living)》이고, 다른 하나는 롤프 슐로트만(Rolf Schlotmann)과 모리츠 주바틴스키(Moritz Czubatinski)가 쓴 《트레이딩: 기술적 분석 마스터클래스(Trading: Technical Analysis Masterclass)》다. 다만 이는 건강한 투기의 범주에 속하며, 전체 포트폴리오의 5%로 제한돼야 한다는 점을 명심하라.

을 갖춘 기업의 주식을 고르는 것이 중요하다. 이를 위한 수많은 방법이 있지만 가장 쉬운 방법은 대형주 기업에 대한 보고서를 발표하는 정상급 외부 리서치 기업을 활용하는 것이다. 핀비즈Finviz나 코이핀Koyfin, 잭스리서치Zack's Research, 시킹알파Seeking Alpha 같은 기업이 거기에 해당한다. 이 중 어디라도 좋다. 구독료는 대체로 저렴하며, 무료 시험 사용 또는 환불 보장 혜택도 제공된다.

여기서 검색해야 할 기업은 애플, 구글, 페이스북, 테슬라 등이다. 이 기업들은 견조한 펀더멘털을 갖췄다. 또한 일 변동성이 높아서 베이스 트레이딩 전략을 실행할 충분한 기회를 창출한다.

애플이 그 완벽한 사례다.

세계에서 가장 높은 가치를 지닌 기업인 애플의 장기 펀더멘털

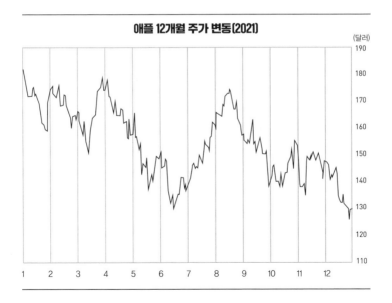

애플 12개월 주가 변동(2021)

은 더없이 건조하다. 또한 기관이 많은 지분을 보유하고 있어서 변동성이 강한 경향이 있다. 특히 헤지펀드는 지속적으로 이 종목을 드나든다.

위 차트를 보면 명백한 장기 추세에도 불구하고 그 사이에 수많은 봉우리와 계곡이 있음을 알 수 있다. 각 봉우리와 계곡은 베이스 트레이딩 전략을 실행할 잠재적 기회를 나타낸다.

2. 초기 베이스 포지션 구축

여기서 성공의 열쇠는 한 번에 포지션을 구축하려고 들지 않는 것이다. 대신 평균 매수가를 낮출 수 있기를 바라면서, 적립식 투자 전략을 활용하여 조금씩 쌓아가야 한다. 다시 말해서 초기 매수액을 작고 동일한 덩어리로 나눠, 시간적 텀(이 경우에는 5주간 다섯 차례)을 두고 진입해야 한다. 그러면 매수 결정에서 이른바 인간적 요소를 배제할 수 있다. 이는 대개 더 나은 진입 지점과 더 낮은 매수가로 이어진다.

가령 애플 100주로 베이스 포지션을 구축하려한다고 가정하자. 그렇게 하는 정확한 방법은 100주를 가진 완전한 포지션이 될 때까지 5주에 걸쳐 일주일에 20주씩 매수하는 것이다. 아래 차트는 그 구체적인 과정을 보여준다.

주가와 무관하게 매주 같은 요일에 진입이 이루어진 점에 주목하라. 이 사례에서 애플 100주를 사들인 평균 매수가는 주당 141.008달러다.

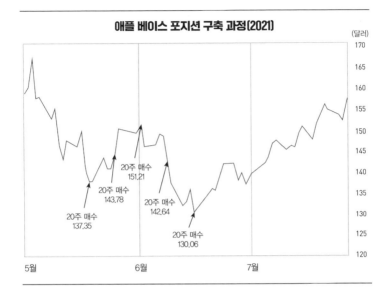

애플 베이스 포지션 구축 과정(2021)

(달러)

20주 매수
151.21

20주 매수
143.78

20주 매수
142.64

20주 매수
137.35

20주 매수
130.06

5월 　 6월 　 7월

당연히 당신도 같은 전략을 활용해 애플 주식을 100주 또는 당신의 위험감수도에 맞는 다른 양만큼 사모을 수 있다. 다만 총액이 투자 포트폴리오의 5%를 넘지 말아야 한다(이것이 투기성 투자임을 명심하라!).

3. 매도를 통한 단기 수익 확보

베이스 포지션을 구축한 다음에는 주가가 상승할 때 어느 가격에 어느 정도를 매도할지 결정해야 한다. 일반적인 경험칙은 약 10% 수익이 날 때(정수 단위로 수익 실현) 20%를 매도하는 것이다. 가령 애플 주가가 150달러에 이르면 20주를 팔고, 뒤이어 주가가 5달러씩 오를 때마다 계속 20주씩 팔면 된다. 다만 주가가 160달

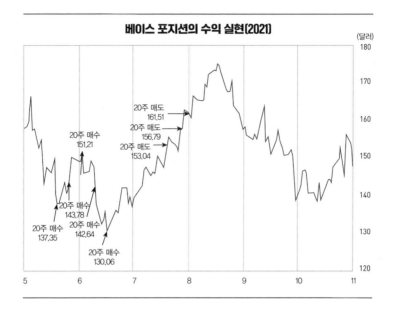

베이스 포지션의 수익 실현(2021)

(달러)

20주 매도
161.51
20주 매도
156.79
20주 매도
153.04

20주 매수
151.21

20주 매수
143.78

20주 매수
137.35

20주 매수
142.64

20주 매수
130.06

러 이상으로 가게 되면 매도를 멈춘다. 전체 베이스 포지션을 청산하면 안 되기 때문이다.

위 차트를 보면 초기 매수 과정 및 뒤이은 매도 과정이 나온다. 매도는 주가가 연이어 높아지는 가운데 이뤄진다. 물론 주가가 계속 상승하는 경우를 대비하여 여전히 40주의 베이스 포지션이 남아있다.

4. 재매수를 통한 베이스 포지션 재구축

이 단계는 매도한 주식을 재매수하여 베이스 포지션을 재구축하는 과정을 수반한다. 그렇게 하기 전에 먼저 주가가 하락한 이유를 조사해야 한다. 가령 정상적인 트레이딩 패턴의 일부인가? 아

월가의 늑대 시장을 이겨라

니면 펀더멘털에 부정적 영향을 미치는 일이 일어났는가?

전자라면 적절한 수준에서 재매수 전략을 실행하면 된다. 후자라면 회사의 펀더멘털이 여전히 견조하며, 주가가 새로운 매매구간을 찾았다고 판단될 때까지 기다려야 한다.

어느 경우에 해당되는지 파악하기 위해서는 약간의 조사가 필요하다. 먼저 증권거래위원회에 보고된 8-K(6장에서 설명한 대로 상장사는 중대한 변화가 발생한 경우 8-K 보고서를 제출해야 한다)를 비롯하여, 회사와 관련된 모든 최근 뉴스를 살펴야 한다. 거기에 더하여 처음 종목을 선정했을 때 활용한 리서치 보고서를 다시 살펴서 갱신된 내용이 있는지 확인해야 한다. 이 두 가지 자료에서 중대한 변화가 드러나지 않는다면 정상적인 트레이딩 패턴의 일부로 조정이 나왔을 가능성이 높다. 따라서 베이스 포지션을 재구축하면 된다. 이때도 초기 베이스 포지션이 완전히 재구축될 때까지 시간적 텀을 두고 20주씩 계속 사들이면 된다.

반대로 중대한 변화가 드러난 경우, 해당 변화를 반영하는 새로운 지지선이 형성될 때까지 기다린 다음 베이스 포지션을 재구축해야 한다.

5. 같은 과정 반복

이 전략을 통해 장기적 성공을 이루는 비결은 홈런을 노리지 말고 안타를 많이 때려서 수익을 장기적으로 누적하는 것이다.

이를 염두에 두고, 일이 잘 풀릴 때면 일어나는 탐욕을 부리고 싶은 자연스런 욕구에 저항해야 한다. 즉, 매매 규모를 늘리거나 상방으로 더 크게 먹으려고 버티지 말아야 한다. 이는 베이스 트레이딩 전략의 죽음과 같다. 경로를 유지하면서 미리 정한 계획대로 계속 매매해야 한다. 또한 매매 시 규모를 키우지 말아야 한다. 홈런을 치는 것은 베이스 포지션을 통해 장기적으로 추구할 목표다. 그걸 단기적 매매의 목푤고 삼아서는 안 된다. 애초에 펀더멘털이 견조한 기업을 고른 이유가 거기에 있다.

정리하자면, 베이스 트레이딩 전략은 아래와 같은 네 가지 강점을 지닌다.

❶ 정상적인 가격 변동을 활용하여 단기 수익을 늘릴 수 있다.
❷ 베이스 포지션을 계속 보유하여 장기 자본 수익을 올릴 가능성이 유지된다.
❸ 하락 추세가 나오기 전에 미리 단기 트레이딩 수익을 확보하여 약세장에서 손실을 줄일 수 있다.
❹ 단타에 따른 흥분을 맛볼 수 있어서 포트폴리오의 나머지 부분에서 장기적으로 부를 서서히 구축하도록 인내심을 발휘하기가 더 쉽다.

반대로 네 가지 약점도 있다.

❶ 저점 매수 및 고점 매도를 꾸준히 하기는 지극히 어렵다는 것이 역사적으로 증명됐다.

❷ 지속적인 매매는 단기 자본 수익(및 손실)으로 이어지며, 그에 따라 단순한 매수 후 보유 전략보다 절세 효율이 훨씬 떨어진다.

❸ 매매할 때마다 수수료가 발생하여 전반적인 수익을 서서히 갉아먹는다.

❹ 투자 도중 감정에 휩쓸려서 이 전략을 성공시키는 데 필요한 트레이딩 원칙을 저버리고 홈런을 노릴 가능성이 높다.

이 전략은 상당한 장점을 지닌다. 그러나 흔히 말하는 대로 여전히 판세는 불리하다는 것을 절대 잊지 마라. 매매 수수료, 세금 문제, 매매 타이밍을 맞추는 일의 본질적 어려움을 고려하면 베이스 트레이딩은 여전히 건강한 '투기'의 범주에 속한다.

따라서 다른 투기성 투자를 하지 않는다는 전제 하에, 그 비중이 전체 투자 포트폴리오의 5%를 넘어서면 안 된다. 만약 다른 투기성 투자를 한다면 베이스 트레이딩에 할애한 자금을 줄여야 한다. 투기성 투자의 전체 비중이 5%를 넘지 않아야 한다.

이는 모든 사람에게 적용되는 원칙이다. 당신이 베이스 트레이딩에 필요한 '재능'을 가졌고, 단기 수익이 굴러들어온다고 해도 예외는 아니다. 효율적 시장 가설은 여전히 당신에게 강하게 맞선다는 사실을 명심하라. 게다가 노벨상을 받은 두 개의 논문을 포함한 수많은 연구자료는 모두 시장수익률을 꾸준히 앞서려는 시도가 헛되다는 사실을 지적한다.

몇 달 동안 성공적인 트레이딩을 해서 자신감이 넘치는가? 판돈을 키우고 싶은가? 그렇다면 노벨상을 받은 경제학자, 폴 새뮤얼슨의 말을 기억하기 바란다. 그는 이렇게 말했다. "특별한 재능이 있어서 시장수익률을 거듭 넘어서는 소수의 펀드 매니저가 있을지도 모른다. 그런 사람이 실제로 존재한다면 아주 잘 숨어있어서 찾을 수가 없다."

내 말의 요지를 알겠는가?

이제는 분명 알 것이다.

그러나 인간의 본능은 때로 웃기는 짓을 한다. 특히 월가 수수료 절취 복합체가 잇속을 챙기기 위해 최악의 충동을 부추기는 메시지를 계속 퍼부을 때는 더욱 그렇다. 그러니 경계심을 늦추지 말아야 한다.

간단히 말해서 월가 수수료 절취 복합체는 당신이 이 책에 나오는 전략을 활용하여 책임감 있게 부를 구축하는 일을 잘해내지 못하길 바란다. 그들은 사람을 금전적으로 망쳐놓은 적이 한두 번이 아니다. 그럼에도 그들은 자신을 더 친근하고 온화하고 자애로운 월가로 재단장하는 일을 결코 멈추지 않는다. 월가는 대중의 호감을 다시 얻기 위해 고객의 필요를 우선시하고 기후변화와 다양성을 중요시할 것이다. 그리고 다른 중요한 사회적 이슈에 대해서도, 자신들이 깊이 신경 쓰고 있다고 떠들 것이다. 이 모든 가짜 미덕으로 조명을 받은 뒤에는, 서서히 오랜 수법을 펼쳐 당신을 부패한 카지노로 꼬드길 것이다. 그들이 규칙을 만들고, 확률을 통제하고, 모든 게임에서 이기는 그곳 말이다.

그래도 일말의 희망은 있다. 당신에게 영향을 미치려는 월가 수수료 절취 복합체의 모든 '은밀한' 수법을 여기서 까발리고 나면, 거기에 당하지 않도록 자신을 지키기가 쉬워질 것이다.

다음 챕터에서는 그 수법을 알려주도록 하겠다.

THE WOLF
of
INVESTING

12장

월가의 악당들을 소개합니다

당신의 돈을 탐내는 다섯 가지 유혹들

월가 수수료 절취 복합체는 자신들의 잇속을 챙기기 위해 온갖 거짓말을 당신에게 해댄다. 거기에 속지 않으려면 세 가지 내용을 파악해야 한다.

❶ 정확히 복합체의 어느 부분에서 나온 거짓말인가?

❷ 해당 부분은 어떤 미덕을 앞세워서 거짓말을 위장하는가?

❸ 그 거짓말로 이루고자 하는 그들의 어둡고 사악한 목표는 무엇인가?

이 세 가지 질문에 대한 답을 알면, 거짓말에 노출되는 데 따른 모든 위험을 예방할 수 있다. 그러나 근래의 팬데믹 사태에서 힘들게 얻은 교훈대로, 어떤 백신도 개인적 책임까지 면제해줄 만큼 확실하지는 않다. 따라서 경계심을 늦추지 말아야 하며, 항상 방어적인 태도를 취해야 한다.

이를 염두에 두도록 하자. 월가 수수료 절취 복합체는 당신을 부패한 카지노로 끌어들이려 할 때, 언뜻 무해하게 보이는 다섯 가지 경로를 활용한다.

❶ 케이블 방송 금융 뉴스 및 선전 네트워크
❷ 신문 및 잡지
❸ 소셜미디어 인플루언서
❹ 주식중개인 및 재무상담사
❺ 금융 세미나를 진행하는 전문가

그러면 하나씩 살펴보자.

1. 케이블 방송 금융 뉴스 및 선전 네트워크

미국 금융 방송의 양대 산맥은 CNBC와 블룸버그 뉴스인데, 둘 다 월가 수수료 절취 복합체의 정식 회원이다. 다만 둘은 성격이 다르다. 블룸버그는 기관 투자자 및 전문 투자자를 대상으로 하는 반면, CNBC는 훨씬 덜 숙련된 개인 투자자를 대상으로 한다. 그래서 일반 투자자에게는 CNBC가 훨씬 큰 문제다. CNBC의 프로그램은 블룸버그 뉴스의 프로그램처럼 기술적이고 지루하지 않다. 즉 더 재미있고 흥미로우며, 투자자의 나쁜 충동에 영합한다.

그런 측면에서 우리 자신을 보호하는 첫 번째 단계는 CNBC가 프로그램을 구성하는 방식을 이해하는 것이다.

일반적으로 CNBC의 프로그램은 세 가지 범주로 나뉜다.

❶ **정식 금융 뉴스:** 이 프로그램은 경제, 정부, 연준, 상장사, 원자재, 부동산, 주택시장, 암호화폐 시장 그리고 다른 핵심 부문에 대한 주요 뉴스로 구성된다. 그래서 대체로 금융 지식을 갖추는 데 필요한, 가치 있는 정보를 제공한다. 또한 해당 정보는 쉽게 이해할 수 있는 방식으로 전달된다.

❷ **오락물:** 이 프로그램들은 금융 뉴스나 투자 조언과 아무 관련이 없으며, 오해할 여지도 없다. 내가 즐겨 보는 〈샤크 탱크 Shark Tank〉, (놀랍게도) '월가의 늑대' 관련 에피소드가 나오는 〈아메리칸 그리드American Greed〉, 내게는 따분한 〈더 프로핏The Profit〉, 나는 약간 좋아하는 편이지만 왜 CNBC에서 하는지 알 수 없는 〈제이 레노의 차고Jay Leno's Garage〉 등이 여기에 해당한다.

❸ **인포테인먼트 프로그램:** 명칭에서 알 수 있듯이 이 프로그램은 정식 금융 뉴스와 가벼운 오락물이 합쳐진 것이다. 그래서 전문적 조언을 제공한다는 맥락을 지닌다. 가령, 수즈 오먼Suze Orman은 자애로운 분위기를 바탕에 깔고 재테크에 관해 전반적으로 조언한다. 그녀는 시청자를 교육하고 보호하며, 그들의 재테크 능력을 키워주려고 진정으로 노력한다. 반면 〈패스트 머니Fast Money〉를 보면 정식 금융 전문가들이 나와서 말도 안 되게 복잡하고 섣부른 재정적 조언을 한다. 그들은 나쁜 의

도를 갖고 있지 않지만, 의도치 않게 시청자들에게 해를 끼친다. 그 이유는 그들이 알려주는 트레이딩 전술을 활용하여 돈을 벌 수 있다고 생각하게 만들기 때문이다.

투자 조언 방송의 맨 밑바닥에는 수석 호객꾼이자 '1인 철거반'인 짐 크레이머가 있다. 그가 진행하는 방송의 해로움은 말로 표현할 수 없을 정도다. 그래도 한번 맛을 봐보자.

왜 짐 크레이머는 일반 투자자에게 1인 철거반 같은 존재일까?

우선 그는 주식이나 채권, 옵션, 코인, 토큰 또는 다른 금융상품을 사거나 팔아야 할지에 대해, 바람의 방향이 바뀌는 것보다 더 빠르게 생각을 바꾼다. 실제로 그의 끊임없는 변덕은 뻔뻔한 수준까지 이르렀다. 월가 수수료 절취 복합체도 그를 완전한 농담거리로 간주할 정도다. 그렇다고 해서 그가 금융시장에 대한 지식의 폭 측면에서 아무것도 모르고 지껄인다는 말은 아니다. 분명 그의 지식 기반은 방대하다.

그렇다고 그가 종목 선정을 위한 정식 조언자 내지 투자 구루가 될 수 있을까?

말도 안 된다!

그가 비관론에서 낙관론으로 갔다가 다시 비관론으로 돌아서는 속도와 강도는 이제 걷잡을 수 없는 지경에 이르렀다. 결국 그는 자기 스스로를 '즉흥적으로 종목을 선정하는 투자 구루'의 추한 표본으로 만들었다. 그의 조언을 따라서 얻을 수 있는 것은 심각한 재정적 타격과 빈곤으로 가는 편도 티켓뿐이다.

그렇기는 해도 짐 크레이머를 보고 재미를 느끼는 게 잘못된 것은 아니다. 시끄럽고, 한시도 가만히 있지 못하고, 장광설을 늘어놓는 게 취향에 맞다면 말이다. 그렇다면 실컷 즐겨라! 다만 방어적인 태도를 취하는 게 좋다. 안 그러면 광기의 소용돌이 또는 그의 표현으로는 '크레이메리카Cramerica'에 휘말려서 큰 손실을 입을 수 있다.

그보다 정도는 덜하지만 CNBC 뉴스를 듣는 일도, 그 일의 은근한 위험성을 인식하지 못하면 문제로 이어질 수 있다. 뉴스 앵커들은 경제와 주식시장에서 나온 최신 뉴스와 전반적인 금융 뉴스를 잘 전달한다. 또한 그들은 미국의 주요 CEO나 트레이더 그리고 '엘리트' 헤지펀드 매니저와 인터뷰도 진행한다.

문제는 여기서 시작된다.

당신은 소파에 앉아 뉴스를 보고 있다. 이때 당신이 좋아하는 앵커가 한 트레이더를 인터뷰하기 시작한다. 약 10초에서 15초 정도 인터뷰를 듣고 난 후 당신은 그 사람이 진짜 실력자, 투자를 제대로 아는 진정한 프로라는 걸 깨닫는다. 당신은 자신도 모르게 그의 모든 말에 귀 기울인다. 다시 약 1분이 지난다. 그는 지난 6개월 동안 자신이 활용한 옵션 트레이딩 전략에 대해 이야기하기 시작한다. 그는 자랑꾼이 아니지만, 그래도 돈을 긁어모으고 있다는 사실을 불가피하게 언급한다. 뒤이어 그는 이렇게 덧붙인다. "지금 시장에서 보이는 모든 것을 고려할 때 파티가 끝나기 전까지 이 전략으로 재미를 볼 시간이 아직 4개월에서 6개월 정도 남았다고 생각합니다. 이건 시장에서 본 전략 중에서 거의 돈을 찍어내는 수준에 가장 가까운 전략입니다."

갑자기 당신은 자리에서 벌떡 일어나 얼어붙는다.

'도대체 어떤 전략이길래 돈을 저렇게 많이 번 거지?' 궁금증이 생긴다.

'어떤 전략인지 말해줬으면… 어떤 전략인지 알았으면 좋겠는데' 하는 순간, 마침 앵커가 결정적인 질문을 던진다. "그 전략에 대해 조금 더 말해줄 수 있을까요? 시청자들도 분명 자세한 내용을 무척 알고 싶을 겁니다."

트레이더는 "그럼요"라고 대답한다.

수많은 전문가가 이미 활용하고 있으며, 일반 투자자에게는 너무 복잡한 전술을 기꺼이 알려주겠다는 것이다. 그는 웃으며 "사실 아주 단순해요"라고 말한다. 그리고 "그 방법은요…,"라고 운을 뗀 후 아주 폭넓은 방식으로 설명을 이어간다. 주식 옵션을 수반하는 모든 투자 전략은 본질적으로 위험하기 때문에, 이런 전략은 노련한 전문가만 활용해야 한다고, 시청자에게 세심하게 상기시키는 일도 잊지 않는다.[23]

---

23 주식 옵션은 레버리지를 쓰는 '금융 계약'으로서, 특정 주식을 '행사가격'이라는 미리 정해진 가격에 사거나 팔 수 있는 권리를 부여한다. 이때 의무는 부여하지 않는다. 이 책에서 지금까지 주식 옵션을 다루지 않은 이유가 있다. 여러분이 절대 하지 말기를 바라기 때문이다. 주식 옵션에 발을 들인 일반 투자자는 소수 예외를 제외하고 대부분 돈을 모두 잃는다.

그 말에 앵커는 입술을 내밀며 천천히 고개를 끄덕인다. 마치 '잘했어요. 그게 윤리라는 겁니다!'라고 말하는 듯이. 뒤이어 그는 카메라를 정면으로 바라보며 시청자에게 말한다. "이제 아셨죠? 이게 프로들이 쓰는 방식입니다. 어른들이 지켜보지 않는 데서 함부로 따라하면 안 됩니다." 그러고는 다 안다는 듯한 윙크와 미소를 날리며 말한다. "해보세요! 너무 늦기 전에 지금 바로 해보세요!"

그 말과 함께 당신은 자리를 뜬다. 그리고 방금 들은 놀라운 트레이딩 전략을 역공정으로 알아내기 위해 조사하고 검색하고 분석하며 다른 아마추어에게 전화를 건다. 또는 전문가가 쓴 책을 사거나, 온라인 강의 또는 월 구독 서비스를 신청한다. 구글 검색을 충분히 오래 그리고 열심히 하면 분명 그 전략에 대한 뭔가를 찾게 된다. 해당 트레이더가 아니더라도 아주 비슷한 전략을 쓰는 사람에게서 나온 정보를 찾을 수 있다.

짐 크레이머 이야기로 잠시 돌아가자면, 실제로 한 달 100달러라는 저렴한 요금으로 그의 이메일 자문 서비스를 받을 수 있다. 이 서비스는 툭하면 말이 바뀌는 그의 최신 주식 팁을, 실시간 알림 서비스와 함께 이메일 수신함이나 휴대폰으로 직접 전달하는 특별한 혜택을 제공한다.

크레이머가 쉼 없는 매매로 당신의 돈을 다 날리게 만드는 것 외에, 이 서비스의 유일한 위험은 계속 쏟아지는 홍보물 때문에 수신함이 가득 차는 것이다. 이 홍보물은 지금보다 더 상위 프로그램에 가입하라고 설득하는 내용을 담고 있다.

어쨌든, 인류를 위해 개발 중인 백신을 자신에게 테스트하는 연구자처럼, 나는 이른바 '수신 동의'를 해보기로 결정했다. 크레이머 같은 사람들이 얼마나 공격적으로 미숙한 투자자를 끌어들이려 애쓰는지 궁금했기 때문이다. 그래서 가입 양식에도 투자에 대해 잘 모른다고 표기했다.

이후로 8주 동안 약 5,000통의 이메일을 받았다. 그 내용은 툭하면 말이 바뀌는 카니발 호객꾼이, 쉼 없는 매매로 나의 계좌를 깡통으로 만들어주는 영광을 누릴 수 있도록 서비스에 가입하라는 것이었다.

사실, 5,000통은 약간 과장된 것이다. 실제로는 하루에 약 2통씩 120통 정도였다. 그래도 상당히 공격적인 이메일 캠페인인 건 맞다. 주요 방송국의 명망 있는 금융 전문가로 간주되는 사람이 보내는 것임을 감안하면 더욱 그렇다. 솔직히 그건 보츠와나에 새로 생긴 5성급 리조트의 회원권 관련 정보를 수신하겠다고 동의하면 목격할 법한 수준에 더 가깝다.

그래도 크레이머에게 공정하게 말하자면, 그가 일부러 사람들이 돈을 잃게 만드는 사악한 인간은 아니다(그는 단지 그 일을 엄청나게 잘할 뿐이다). 또한 CNBC가 일부러 시청자들이 돈을 잃게 만드는 불법적 방송국이라는 얘기도 아니다(그건 거기 출연하는 사람들의 조언을 따르면 생기는 결과일 뿐이다).

다만 내가 말하려는 바는, 그들은 지속적으로 여러분을 세뇌하는 시스템의 일부라는 것이다. 세뇌 목적은 **적극적 운용이 가장 효과적인 투자 방식이라고 생각하게 만드는 것**이다. 즉, 그들은 단기 트레이딩 전략을 써서 계속 사고팔고, 주식에서 옵션으로 갔다가 다시 주식으로 돌아온 후, 원유에 이어 선물시장으로 갔다가 다시 주식으로 돌아오도록 부추긴다.

한편, 역사와 수학은 수동적 장기 투자가 적극적 단기 트레이딩보다 훨씬 나은 투자 전략임을 증명했다. 그럼에도 월가 수수료 절취 복합체는 아래의 두 가지 생각을 당신에게 심어주려고 불철주야 노력한다.

❶ 금융계 전문가들이 당신보다 당신의 돈을 더 잘 운용할 수 있다.

❷ 당신이 직접 당신의 돈을 운용한다면, 가장 효과적인 방식은 적극적 투자를 통해 매매 타이밍을 맞추려고 노력하는 것이다.

월가 수수료 절취 복합체가 적절하게 운영되려면 세상의 수많은 짐 크레이머들이 반드시 필요한 이유가 거기에 있다. 결국, 일반 투자자들이 월가의 수작에 더 이상 넘어가지 않으면 단기 트레이딩이 크게 줄어들 것이다. 그만큼 월가는 보수와 수수료를 받지 못할 것이고, 그들의 고객들이 입는 상당한 손실도 사라질 것이다.

월가의 늑대 시장을 이겨라

2. 신문 및 잡지

사전에서 '양날의 검'을 설명하는 구절에는, 그 대표적인 예시로 금융계에 넘쳐나는 명망 높은 신문과 잡지의 거대한 콜라주가 나와야 한다. 그리고 그 아래에는 다음과 같은 경고문구가 실려야 한다.

— 오락 목적으로만 읽어야 한다. 이들 간행물에 실린 기사가 더 나은 단기 트레이딩이나 더 수익성 있는 장기 투자에 도움이 될 것이라 착각하지 말아야 한다. 모든 호재는 보도되기 훨씬 전에 이미 주가에 선반영되며, 따라서 주가가 오르기보다 내릴 가능성이 더 높다는 사실을 명심해야 한다. 사실 이조차도 확신할 수 없다. 반대의 경우도 그만큼 쉽게 일어날 수 있다. 솔직히 그들도 주가가 어디로 갈지 전혀 모른다.

이 점을 명심하는 것이 매우 중요하다. 앞으로 월가 수수료 절취 복합체 또는 그들과 같은 목적을 지닌 다른 이기적인 집단이 직접 심어놓은 수많은 기사를 읽게 될 것이기 때문이다. 그들의 목적은 당신이 힘들게 번 돈을 잃게 만드는 것이다.

언론도 기업임을 명심하라. 그들의 편집 방향이 전적으로 돈에 의해 결정되지는 않는다 해도, 최소한 상당한 영향을 미친다. 기사를 읽을 때 어떤 금전적 인센티브가 수반되는지 항상 고려해야 한다. 그래야 이해충돌 보도와 왜곡 보도를 잡아낼 수 있다.

일반적으로 언론은 세 가지 주된 수익화 전략을 가진다. 각각의 전략은 잠재적 이해충돌로 이어질 수 있다.

❶ **판매 수익:** 오늘날의 디지털 세상에서 갈수록 줄어들고 있기는 하지만, 지금도 여전히 전 세계의 가판대와 소매점에는 잡지와 신문이 팔린다. 이들의 판매량은 표지에 나오는 내용에 따라 크게 좌우된다. 그래서 잡지의 경우 '곧 급등할 7개 종목'이나 '시장수익률을 65% 넘어선 우리의 작년 추천종목 9개', '2022년의 다섯 가지 인기 트레이딩 전략'처럼 솔깃한 헤드라인을 싣는다.

❷ **구독 수익:** 잡지를 구독하면 매주 또는 매달 집이나 회사 또는 다양한 전문가의 사무실로 잡지가 배달된다. 대부분의 잡지는 연간 구독료를 내야 하는 온라인판도 운영한다.

❸ **광고 수익:** 금융서비스 산업은 방대한 광고료를 지출한다. 이는 특히 특정 산업에 초점을 맞추는 잡지의 경우 심각한 이해충돌의 여지를 만든다. 가령 헤지펀드 산업을 다루는 잡지는 '헤지펀드 수수료가 많이 부풀려졌으며, 독자들은 그냥 뱅가드를 통해 노로드 S&P500 지수 펀드를 사는 게 낫다'는 기사를 절대 싣지 않을 것이다. 만약 그랬다가는 바로 주요 광고주인 헤지펀드 그리고 그들을 추천해 돈을 버는 월가 수수료 절취 복합체의 다양한 회원들과 거래가 끊길 것이다. 자신들이 판매하는 서비스를 적극적으로 비판하는 잡지에 누가 광고를 실을

까? 또한 독자들도 그럴 것이다. 자신들에게 강도짓을 한다는 업계를 다루는 잡지를 누가 구독하고 싶을까?

분명히 해두자면, 헤지펀드 산업을 다루는 잡지만 여기에 해당되는 게 아니다. 다른 산업에 초점을 맞춘 잡지도 마찬가지다. 그들 중 단 하나도 독자를 멀어지게 만들고 광고주를 비판하는 기사를 꾸준히 싣지 않을 것이다. 오히려 광고주를 기쁘게 만들고 독자를 계속 붙잡아두기 위해 자신들이 다루는 업계를 최대한 보기 좋게 꾸밀 것이다.

이런 문제들에도 불구하고 나는 적어도 하나의 금융 잡지를 꾸준히 읽을 것을 적극 추천한다. 그 중에서도 특정 업계만 다루지 않는 잡지가 바람직하다. 그래야 경제 및 기업계의 최근 추세를 파악할 수 있으며, 디너파티에 참석했을 때 세상이 어떻게 돌아가는지 모르는 바보가 되지 않을 수 있다.

다만 읽을 때 항상 경계심을 늦추지 말고 위에 나온 경고문을 따라야 한다. 안 그러면 단지 잇속을 챙기려는 일부 잡지가 그렇게 말했다는 이유로 '2023년의 다섯 가지 인기 트레이딩 전략'을 쓰면 실제로 돈을 번다고 생각할 수 있다!

3. 이른바 소셜미디어 인플루언서라 불리는 사기꾼들

나쁜 소식부터 먼저 말하자. 소셜미디어는 파리를 부르는 똥처럼 장사치와 사기꾼을 끌어들인다.

페이스북, 인스타그램, 틱톡, 유튜브 같은 온라인 플랫폼에는 '금융 인플루언서'가 넘쳐난다. 그들 중 일부는 내가 금융시장에서 오랫동안 일하면서 들었던 가장 말도 안 되는 주장을 한다. 여러분도 알겠지만 나는 지금까지 별말을 다 들었다. 그러나 이 '금융 인플루언서'의 입에서 나오는 헛소리는 명백히 터무니없는 수준에 있어서 새로운 경지에 이른다.

그런 측면에서 내가 가장 좋아하지 않는 소일거리(그럼에도 여전히 하는 소일거리)는 소셜미디어 플랫폼을 훑어보는 것이다. 그러다 보면 잡주나 쓰레기 코인 또는 외환 트레이딩 사기를 홍보하는 월드 클래스 멍청이들과 마주치게 된다. 그들이 전혀 말도 안 되는 소리를 확신에 차서 지껄이는 모습을 보는 건 약간 재미있기도 하다. 그들은 그렇게 떠드는 과정에서 적어도 10여 개의 증권법을 동시에 어긴다.

최고의 부분은 항상 제일 끝에 나온다. 그들은 판에 박힌 뻔한 말을 한다. 대략 이런 내용이다.

"제가 여러분이라면 급등이 보장된 이 네 가지 놀라운 토큰을 당장 살 겁니다. 그럼 '좋아요'와 '팔로우' 잊지 마시고 친구들과 공유해주세요!" 나는 마지막으로 키득거리고 싶어서 항상 밑에 있는 주의사항을 읽는다. 거기에는 "방금 제가 제공한 투자 조언은 사실 투자 조언이 아닙니다"라는 식의 내용이 적혀있다(증권사기죄로 유죄를 선고받을 때 판사한테 그렇게 말해보시지?).

내가 이런 동영상을 보면서 비합리적인 재미를 느끼는 이유는

월가의 늑대 시장을 이겨라

설명하기 어렵다. 아마도 그들이 나중에 체포돼 머그샷이 유출됐을 때, 얼마나 놀란 표정을 짓고 있을지 한번 보고 싶기 때문일 것이다.

아무튼 그건 차치하고, 좋은 소식은 약간의 훈련만 하면 멀리서도 이런 사기꾼들을 알아보고, 헛소리에 넘어가지 않도록 쉽게 자신을 보호할 수 있다는 것이다.

일반적으로 나는 이 전체 장사치 집단을 하나의 큰 바구니에 넣고 다음과 같은 경고 라벨을 붙이고자 한다.

'그들의 말을 진지하게 받아들이지 말고 재미로만 들을 것.'

이런 태도만 취하면 소셜미디어 사기꾼의 말을 얼마든지 들어도 괜찮다. 쉴 새 없이 움직이는 그들의 입에서 나오는 모든 말이 당신의 돈을 앗아가려는 포괄적인 계획의 일부라는 사실을 잘 알고 있다면 말이다.

4. 주식중개인 및 기타 거머리들

그 대부분이 피를 빨아먹는 거머리인 이 다양한 집단에게 가장 적절한 말이 있다. 워런 버핏이 헤지펀드 산업에 대해 한 말과 같은 "필요없다"는 것이다.

다만 이 집단에 속한 모두를 도매금으로 넘기는 것은 매우 불공정하다. 이 '전문가들' 중 일부, 특히 재무상담사는 실제로 고객의 이익을 중시하며, 재무 관련 행정 처리에 유용한 역할을 한다. 다시 말해서 재무상담사의 역할은 단기 트레이딩 전략을 통해 시장수익률을 앞서는 방법을 조언하는 것이 아니다. 그보다는 IRA나 기업연금 같은 비과세 계좌를 만들고, 납세 계획 및 상속 계획을 보조하고, 적절한 보험 설계를 하도록 도와주는 것 같은 부수적인 재무 서비스를 제공하는 것이다.

이 점을 염두에 두고, 재무상담사를 채용할 때 자기 잇속을 챙기려는 헛소리로부터 당신 자신을 지켜야 한다. 내가 당신에게 줄 수 있는 최선의 도움은 재무상담사(또는 주식중개인)가 월가 수수료 절취 복합체의 정식 회원인지, 그래서 당신을 금융계의 도살장으로 안내하려하는지 말해주는 확실한 신호를 알려주는 것이다.

신호 1: 스팸 전화를 걸거나 수신 동의를 하도록 꼬드긴다

단도직입적으로 말하겠다.

스팸 전화를 걸거나, 온라인 광고를 통해 양식을 작성하게 한 후 전화를 걸어오는 재무상담사나 주식중개인은 절대 상대하지 마라. 그게 당신을 위하는 길이다. 온라인 광고는 구글 검색에서 나온 것이든, 소셜미디어 플랫폼을 훑어보다가 클릭한 것이든 상관없다.

보다 구체적으로 말하자면, 다음 네 가지 단계를 따르는 모든 온라인 광고는 거의 확실히 사기다. 특히 네 번째 단계까지 나간다면 더욱 그렇다.

❶ 링크를 클릭하면 홈페이지가 나온다.

❷ 개인정보를 입력하고 이메일이나 문자 또는 전화 수신에 동의할 것을 요청한다(이를 업계 용어로 '수신 동의'라 한다).

❸ 각기 다른 금전적 욕구를 자극하도록 교묘하게 작성된 이메일이나 문자를 공격적으로 연이어 보내기 시작한다.

❹ 전화 통화나 영상 통화 또는 직접 대면 자리를 만든다. 이 자리에서 계좌를 개설하면 아무런 리스크 없이 S&P500 수익률을 훌쩍 넘기는 연 수익률을 올릴 수 있다고 설득한다.

이런 상황에 처하면 뒤도 돌아보지 말고 도망쳐라. 모든 규칙에는 예외가 있다지만 이 경우는 아니다. 당신의 이익을 진심으로 중시하는, 이른바 금융 전문가가 당신에게 스팸 전화를 걸거나 일련의 교묘한 이메일을 보낼 가능성은 너무나 낮다. 따라서 위험을 감수할 가치가 없다.

제대로 된 재무상담사(주식중개인의 경우 내가 보기에는 더 이상 그들을 이용할 이유는 없다)를 원한다면, 오랫동안 알고 지냈으며, 신뢰하는 재무상담사 또는 정직하고 도덕적이라는 평판을 가진 친구가 적극 추천하는 재무상담사를 써라.

신호 2: 계속 매매하도록 부추긴다

이 신호는 쉽게 포착할 수 있다.

주식중개인 또는 재무상담사가 여러 포지션을 드나들거나 매매 타이밍을 맞추도록 설득하려 들면 뒤도 돌아보지 말고 도망쳐야 한다. 지금쯤은 이미 잘 알겠지만 그런 방식으로 돈을 버는 건 거의 불가능하다. 그렇게 하라고 말하는 것은 당신에게 손해를 입히든 말든, 과도한 보수와 커미션을 챙기려한다는 분명한 신호다.

한 걸음 더 나아가, 투기성 투자를 위해 따로 모아둔 소액으로 단타를 치고 싶은가? 그렇다면 절대 주식중개인을 끼고 수수료를 내서는 안 된다. 당신과 단기적 이해관계가 정면으로 충돌하는 사람에게 수수료를 지불하지 않아도 그런 투자로 돈을 벌기는 충분히 어렵다.

신호 3: 자사 투자상품을 홍보한다

이는 항상 나쁜 건 아니지만 거의 항상 나쁘다.

왜 그런지 설명하겠다.

내가 말하는 것은 금융서비스 회사가 경쟁사의 비슷한 상품은 소개하지 않고 바로 자사 상품을 내세우는 경우다. 이런 상황이라면 그게 최고 상품이 아닐 가능성이 매우 높다. 특히 경쟁사 상품을 알려달라고 요청했는데, 시간 낭비라는 싸구려 영업 멘트로 대꾸한다면 더욱 그렇다.

지역 은행에서 교묘하게 작성해 보낸 아래와 같은 내용의 이메일이 완벽한 사례다.

─── 친애하는 예금주 님께,

귀하는 우대 저축 계좌에 꾸준히 많은 잔액을 유지하고 계십니다. 그러나 오늘날의 저금리 환경에서는 미미한 이자밖에 벌 수 없습니다. 그런 이유로 귀하는 전문 교육을 받은 당사의 재무상담사로부터 무료 상담 서비스를 받을 수 있는 대상자로 선정되셨습니다. 아래 링크를 눌러서 예약해주시기 바랍니다.

감사합니다.
고객을 생각하는 은행

겉으로 보면, 은행이 진정으로 좋은 일을 하려는 것처럼 보인다. 그러나 이런 선의의 제스처에 마음이 따스해지는 것을 느끼기 전에 두 가지 요점을 고려해야 한다.

❶ 은행이 이런 이메일을 보내는 유일한 이유는 당신의 돈을 저금리 저축 계좌에서 적절한 장기 투자상품으로 옮겨주지 않으면, 경쟁사가 선수를 쳐서 어차피 빼앗길 거라고 컴퓨터 알고리듬이 알려줬기 때문이다.

❷ 그들은 당신과 통화하게 되면, 가장 비용이 저렴한 상품이 아니라 경쟁사 상품보다 수수료가 훨씬 많고 연 비용률이 훨씬 높은 자사 상품을 권할 것이다.

왜 이런 행동을 할까?

그 답은 단순하다. 주식중개인과 재무상담사는 대개 타사 금융 상품보다 자사 금융상품을 판매할 때 훨씬 많은 커미션을 받는 다. 사실 타사의 비슷한 상품이 있는데도, 그들에게 커미션을 더 많이 주는 상품을 추천하는 것은 연방증권법에 크게 저촉될 수 있다. 그럼에도 이런 일이 항상 일어난다고 생각하지 않는다면, 흔히 하는 말로 내가 당신에게 팔고 싶은 다리가 있다.

분명히 해두자면, 지역 은행이 당신에게 어떤 상품을 제안할 때마다 나쁜 의도를 품고 있는 것은 아니다. 다만 자사 상품만 제 안한다면 다른 경쟁 상품이 있는지 물어보고 특징과 혜택을 나란 히 비교해야 함을 명심하라.

만약 당신에게 가장 잘 맞다면 은행이나 증권사의 자사 상품을 사는 게 꼭 잘못된 일은 아니다. 그렇다면 양쪽 모두에게 좋은 일 이고, 행복한 날이다.

그러나 법에 따르면 금융 전문가는 자사 금융상품뿐 아니라 경 쟁사 상품도 고객에게 알려야 할 의무가 있다. 그러니 잊지 말고 물어보도록 하자!

신호 4: 세부 내용을 얼버무린다

이 주제는 사업설명서를 설명하는 챕터에서 다룬 바 있다. 그래 도 분명 다시 반복할 가치가 있다. 이런 유형의 행동이 다양한 형 태와 양상으로 이뤄지기 때문이다.

여기서 말하는 행동은 주식중개인이나 재무상담사가 이른바 세부 내용을 굳이 읽을 필요 없다고 설득하는 것이다. 세부 내용은 전체 사업설명서, 금융 사이트 하단의 주의사항, 투자합의서의 조건, 재무정보 공개 문서의 형태를 지닌다.

어느 때든 주식중개인이 "화장실에 가서 불을 끄고 어두운 데서 읽어라"라는 식으로, 문서를 읽지 않도록 유도하거나 중요한 내용이 아니라고 얼버무리거든 뒤도 돌아보지 말고 도망쳐야 한다. 다만 어떤 이유로 도망치고 싶지 않다면, 가령 제시된 조건이 마음에 들거나 수익 잠재력이 크다고 생각된다면 문서 전체를 반드시 읽어라. 세부 내용까지 포함해서 말이다.

사업설명서의 경우 모든 주요 항목을 읽어라(앞서 187페이지부터 각 항목에 대해 설명했다).

또한 다음과 같은 위험 요소가 있는지 긴밀하게 살펴야 한다.

- 기업 내부자의 지분 조기 처분 조항: 이런 조항은 회사가 성공을 달성하기 전에 기업 내부자가 지분을 매각할 수 있도록 허용한다. 이 경우 다른 주주들이 그 여파를 감당해야 한다. 내부자는 회사가 상당한 수준의 성공을 거두지 않는 한, 또는 최소 2년간 자신의 지분을 매각하지 못하도록 돼있어야 한다.
- 과도한 수수료와 커미션: 1,000만 달러 미만의 자본을 조달하는 경우 그 비용으로 나가는 비율이 총 자본의 6~8%를 넘지 말아야 한다.

- 내부자의 자기거래self-dealing : 사업설명서의 특정 거래 항목에 특별한 주의를 기울여야 한다. 이 항목에 자기거래 및 그와 관련된 제3자 거래에 관한 모든 정보가 나온다.

끝으로 당신이 투자하려는 회사가 아직 상장 전인 경우, 상장 시 당신의 지분을 매도 대상으로 등록할 수 있는 권리를 확보하라. 만약 당신의 지분에 대해 일정한 제약이나 의무보유 기간이 설정된다면 내부자에게 설정된 기간보다 길지 않아야 한다.

투자의 세계에서 악마는 디테일에 있다는 사실을 명심하라.

신호 5: 회사명이 에어로타인인터내셔널Aerotyne International 이다

〈울프 오브 월스트리트〉에서 내가 처음 인베스터스센터에 들어가 영업 전화를 거는 재미있는 장면을 기억하는가? 의례적인 인사 후 내가 잠재고객에게 처음 꺼낸 말은 이런 내용이었다. "몇 주 전에 저희 회사로 상승 잠재력은 아주 크고 하락 리스크는 아주 적은 저가주에 관한 정보를 요청하는 엽서를 보내셨죠? 생각나십니까?"

뒤이어 잠재고객이 대답하자마자 나는 이렇게 말했다.

"좋아요! 제가 오늘 전화드린 이유는 방금 괜찮은 종목을 찾았기 때문입니다. 제가 지난 6개월 동안 본 것 중에 최고입니다. 60초만 시간을 주시면 소개해드리겠습니다. 잠시 시간 되십니까?"

잠재고객의 긍정적인 답변을 듣고 난 후 나는 이렇게 말을 이어나갔다.

"회사 이름은 에어로타인인터내셔널입니다. 중서부에 있는 최첨단 하이테크 기업이죠." 이 대목에서 문 위에 '에어로타인인터내셔널'이라는 간판이 붙은 낡은 오두막의 사진이 삽입된다. "이 회사가 개발한 차세대 레이더 감지기가 있는데, 군사적 측면이나 상업적 측면에서 엄청나게 쓰임새가 많아요. 그게 곧 특허 승인이 날 것 같습니다." 이런 방식으로 스코세이지 감독의 뛰어난 연출 덕분에 관중은 누가 다른 말을 보태지 않아도 실상을 정확하게 알 수 있었다.

그러나 사실 낡은 오두막의 사진을 보지 않아도 에어로타인이 투자할 만한 회사가 아님을 알 수 있었다. 속담에도 있듯이, 사실이라기에는 너무 좋아보이면 아마도 사실이 아닐 가능성이 높다. 주식시장의 경우, '아마도'를 '확실히'로 바꿀 수 있다.

간단히 말해서 시장에 공짜 점심은 없다. 이전에도 결코 없었고, 앞으로도 결코 없을 것이다. 돌이켜보면 지금까지 이 주제를 여러 번 다루었다. 2장에서는 금리와 주가의 역관계와 더불어 그것이 리스크 감수 및 리스크 회피라는 두 가지 다른 멘털리티를 낳는 것을 설명했다.

기억을 되살려보자면, 리스크 회피는 수익률이 낮아지는 것을 감수하고 자본의 안전을 우선시하는 것이고 리스크 감수는 자본의 안전이 약화되는 것을 감수하고 높은 수익률을 우선시하는 것이다.

더 높은 수익률을 안기는 리스크 회피 멘털리티에 대해서는 이야기하지 않았다. 그런 건 아예 존재하지 않기 때문이다.

그 이유는 시장이 그런 걸 허용하지 않거나 최소한 아주 오래 허용하지 않기 때문이다. 시장이 극도로 잘하는 한 가지 일은 이런 유형의 가격 비효율성을 없애는 것이다. 아무런 리스크 없이 특출나게 높은 수익률을 제공하는 놀라운 자산이 있다고 치자. 그러면 전문 트레이더들이 재빨리 뛰어들어서 저평가된 자산을 사들이기 시작한다. 결국 가격이 오르고 비효율성은 사라진다.

이런 기회가 기껏해야 일시적인 이유가 거기에 있다. '리스크 차익거래자risk arbitrageur'라 불리는 전문 트레이더들이 재빨리 그 기회를 낚아챈다. 그들은 종일 컴퓨터 앞에 앉아서 가격 비효율성을 활용할 기회를 찾으며, 그 일을 정말로 잘한다.

아주 적은 리스크로 특출나게 높은 수익률을 안겨줄 수 있다는 말은 완전한 거짓말이거나 일종의 **폰지 사기**다. 그 말을 들으면 결국에는 돈을 다 잃게 될 것이다.

신호 6: 이름이 버니 메이도프이고 당신을 도와주려한다고 말한다

폰지 사기가 언급된 김에 잠시 버니 메이도프Bernie Madoff에 대해 이야기해보자.

그의 악명 높은 폰지 사기가 크게 성공한 이유는, 투자자들에게 특출나게 높은 수익률을 약속했기 때문이 아니었다. 그는 피해자들에게 월 평균 1%를 약간 넘는 수준으로 특출나게 꾸준한 수익률을 약속했다.

12%의 꾸준한 연 수익률을 보장하는 건 그 자체로 위험 신호다. S&P500의 장기 평균 수익률을 약간 넘는 수준이기 때문이다. 이제는 당신도 그런 수익률을 꾸준히 제공하겠다는 게 엄청난 위험 신호임을 이해할 것이다.

당연히 전문가들은 이를 감지했어야 함에도 불구하고 그렇게 하지 못했다.

왜 그럴까? 무엇이 모든 위험 신호를 간과하게 만든 걸까?

물론 단순한 탐욕도 어느 정도 작용했다. 그건 분명하다. 그러나 그보다 훨씬 근본적인 요인도 있었다. 그것은 바로, 사실이기에는 너무 좋아보이는 것을 믿으려는 인간의 본능이다.

그 기원은 우리의 어린 시절까지 거슬러 올라간다. 그때 우리는 산타클로스와 이빨 요정을 믿었다. 그런 것은 없다는 증거를 확인한 후에도 오래도록 그 믿음을 유지했다. 이런 기질은 지금도 우리 내면의 잠재의식 깊은 곳에 파묻혀있다.

그러나 무엇보다 메이도프의 부유한 피해자들을 어리석은 수준까지 몰아간 것은 '소속' 욕구였다. 회원 전용 컨트리클럽과 프라이빗 파티가 지배하는 세계에서 다른 사람들로부터 소외되지 않으려는 욕구는 너무나 압도적인 힘을 발휘했다. 그래서 소신이 아주 강한 사람을 제외한, 거의 모든 사람의 판단을 흐려놓았다.

내가 하고 싶은 말은 이것이다. 나는 금융계와 투자계에서 평생을 보냈다. 그래서 세상에 있는 온갖 이상한 투자 사기를 직접

보거나 그에 대한 이야기를 들었다. 내가 장담할 수 있는 건 어떤 투자상품이 사실이기에는 너무 좋아보인다면, 거의 확실히 사실이 아니라는 것이다. 아주 단순하다.

그 투자를 뒤에서 책임지고 있는 사람이 얼마나 천재인지, 또는 겉보기엔 별나거나 덕후 같지만 사실은 비범한지는 신경 쓰지 않는다. 또한 투자 방식이 금 선물 트레이딩이든, 외환 차익거래든 상관없다. 투자 대상이 고수익 예금증서든, 구하기 어려운 콘서트 티켓이든, 할인 유통업체에 대한 재판매 상품이든, 소송 또는 보험 합의금이든 상관없다.

누군가가 서너 달 이상 S&P500 수익률보다 높은 수익률을 올리는 비전통적 투자 전략을 앞세워 접근한다면 폰지 사기일 가능성이 99.99%다. 그래서 조만간(아마도 그보다 빨리) 모든 게 무너지고, 모든 투자자는 투자금을 전부 잃을 것이다.

신호 7: 달걀을 전부 한 바구니에 담는다

잘 분산된 프트폴리오와 달리, 주식에 집중된 투자 포트폴리오의 대부분은 한 종목에 '몰빵'돼있다.

긍정적인 측면에서는 해당 종목이 급등하면 포트폴리오 수익률이 아주 좋아진다. 그러나 부정적인 측면에서는 해당 종목이 급락하면 포트폴리오가 심하게 망가져서 복구할 길이 없어진다.

나는 항상 집중된 포트폴리오를 유지하지 말라고 조언한다. 다만 본인의 확신 때문에 그런 포트폴리오를 구축하는 것과 주식중

월가의 늑대 시장을 이겨라

개인이 부추겨서 그런 포트폴리오를 구축하는 것은 완전히 다른 문제다. 실제로 주식중개인이나 재무상담사가 시험을 준비할 때 가장 먼저 배우는 것은, 고객에게 집중된 주식 포지션을 구축하라고 조언하는 것이 비윤리적이라는 것이다.

크리스티나와 고디타가 내게 통렬하게 상기시킨 대로 결혼을 제외하면, 모든 달걀을 한 바구니에 넣는 것은 결코 좋은 생각이 아니다. 따라서 누군가가 주식이든, 옵션이든, 코인이든, 토큰이든 또는 다른 무엇이든 한 포지션에 다 넣으라고 조언한다면 주의해야 한다. 그것은 그 사람이 당신의 이익을 중시하지 않는다는 뚜렷한 신호이므로 도망쳐야 한다.

5. 세미나나 온라인 웨비나에 나오는 금융 구루

나는 지난 15년 동안 많은 시간을 세미나 분야에서 활동했다. 그래서 확실하게 말할 수 있다. '금융 구루'가 무대에서 강연하거나 웨비나를 진행하다가 마지막에 마법 같은 트레이딩 시스템을 홍보하면 주의해야 한다. 그들은 해당 시스템이 비법 알고리듬을 활용하기 때문에 집에서 하루 1시간만 투자하면 크로이소스Croesus(엄청난 부자로 알려진 리디아Lydia 의 마지막 왕–옮긴이) 같은 부자가 될 수 있다고 말한다.

그게 무슨 시스템이든 완전 쓰레기라고 보면 된다. 완전 쓰레기라 함은, 거의 확실하게 당신의 돈과 시간을 모조리 잃게 만들, 순수하고 순전하며 절대적인 쓰레기라는 뜻이다.

더욱 웃기는 점은 이른바 이 구루들이 하나같이 자신을 월드 클래스 트레이더로 소개한다는 것이다. 그들은 자신이 홍보하는 알고리듬으로 몇 년 동안 수천만 달러, 아니 수억 달러의 수익을 올렸으며, 연 평균 수익률이 75% 이상이라고 말한다. 이 말이 사실이라면 그들에게 묻고 싶다.

당신의 말이 조금이라도 사실이라면, 월가의 주요 헤지펀드가 적어도 10억 달러 이상을 주고 당신의 트레이딩 시스템을 기꺼이 사줄 텐데 왜 여기서 1인당 2,000달러에 팔고 있냐고.

구루 양반, 내 말이 의심스럽다면 내가 5대 헤지펀드로 데려가 주겠다. 그들은 실사를 진행한 후 그 자리에서 수표를 써줄 것이다. 그뿐 아니라 당신에게 개인용 제트기와 햄튼스에 있는 주택 그리고 반 고흐와 피카소 작품도 두어 점 사줄 것이다.

결론은 모든 이야기가 뻔히 터무니없다는 것이다.

사실 나는 오랫동안 전 세계 무대에서 강연하면서, 조금이라도 효력이 검증된 단기 트레이딩 상품을 파는 '금융 구루'를 만난 적이 한 번도 없다. 투자 대상이 주식이든, 원자재든, 외환이든, 암호화폐든, 선물이든, 옵션이든, 금이든 또는 다른 무엇이든 관계 없다. 결국에는 두 가지 일 중 하나가 일어난다.

❶ 시스템의 알고리듬이 기술적으로 무너져서 연속 손실이 난다. 그 결과 투자자는 돈을 다 잃거나 너무 많이 잃어서 시스템을 포기한다.

❷ 투자자가 심리적으로 무너져서 시스템을 따르지 않고 과도한 리스크를 지다가 돈을 다 잃는다. 이런 일은 대개 첫 번째 시나리오가 이미 시작되고, 투자자가 잃은 돈을 복구하려들다가 일어난다.

다시 말하자면, 결론은 이것이다.

집에서 온라인 웨비나를 보든, 드넓은 컨벤션 센터에서 열리는 세미나에 참석하든 간에 금융 구루가 나와서 마법 같은 트레이딩 소프트웨어를 홍보하면 주의해야 한다. 그들은 집에서 목욕가운 차림으로 하루 1시간만 투자하면 크로이소스처럼 부자가 될 수 있다고 말할 것이다. 그 말이 아무리 솔깃해도, 그 시스템 덕분에 돈을 벌었다고 말하는 다른 고객들의 영상을 아무리 많이 보여줘도, 여전히 산타클로스를 믿고 싶은 욕구가 아무리 강해도, 뒤도 돌아보지 말고 도망쳐야 한다.

절대로, 다시 말한지만 절대로 강연자가 "초기 할인에 더하여 일곱 가지 보너스 프로그램을 얹어준다"고 해서 뒤로 달려가 사겠다고 서명하지 마라. 그들은 이런 식으로 말할 것이다. "현재 전체 패키지 가격은 3만 달러를 넘습니다." 뒤이어 갑자기 슬라이드 전체를 가로지르는, 크고 빨간 'X'자가 그려질 것이다. 그리고 이런 말이 이어질 것이다. "하지만 지금 바로 저기 테이블에 앉아있는 우리의 헌신적인 팀원에게 달려가시면 3만 달러짜리 시스템을 2,037달러에 가지실 수 있습니다! 679달러씩 세 번만 내면 됩니다!"

그들은 뒤이어 이렇게 말할 것이다. "제가 한 번에 가르칠 수 있는 인원은 한정돼있다는 걸 명심하세요. 그래서 저기 먼저 가는 선착순 20분에게만 이 놀라운 조건을 제공해드릴 수 있습니다. 바로 지금입니다! 어서 가세요. 선착순이 끝나면 3만 달러를 다 지불해야 합니다."

그리고 그들은 문득 생각났다는 듯 이런 말을 덧붙일 것이다. "여러분에게 3만 달러를 받고 싶은 게 아닙니다. 저는 그저 적극적인 사람이 보상을 받아야 한다고 생각합니다. 그러니 적극적인 분들은 지금 바로 가세요! 시간이 없습니다…" 사람들이 뒤로 달려가는 동안 강연자는 계속 떠들 것이다. 마지막 호구까지 자리에서 일어나 뒤로 달려갈 때까지 그는 만족하지 않을 것이기 때문이다.

어차피 사겠다는 사람이 12명이든, 15명이든, 200명이든 상관없다. '선착순'은 거짓이다. 강연자는 그냥 두 손을 들며 쑥스러운 듯 이렇게 말할 것이다. "야, 엄청난 반응이네요! 이런 반응이 나올 줄 전혀 몰랐습니다! 좋아요. 영업팀 여러분, 그냥 모든 분에게 같은 조건을 제공해드리세요. 오늘은 인심을 좀 쓰고 싶네요. 다들 좋으시죠?"

그러면 모두가 관대한 구루에게 박수를 치고 환호를 보낸다.

너무나 서글픈 일이다.

마법 같은 트레이딩 시스템 중에서 투자자에게 꾸준한 수익을 안긴 것은 하나도 없다. 1960년대 초에 세미나의 역사가 시작된 이래 단 하나도 없다. 속된 말로 그것들은 구리기 짝이 없어서 투자한 돈을 다 잃지 않으면 운이 좋다고 생각해야 할 정도다.

게다가 최악인 부분은 따로 있다.

이 구루들은 수수료, 참가비, 코칭비 등을 통해 당신의 피를 서서히 빨아먹는 온갖 뻔한 수법을 구사한다. 하지만 그들이 가장 많은 돈을 버는 수단은 'B북 B-book'이라 부르는 비밀 트레이딩 계좌를 만드는 것이다. 이는 트레이딩 소프트웨어를 파는 구루들이 쓰는 가장 비열한 수법이다.

B북은 한마디로 온라인 트레이딩 플랫폼이 고객에게 만들어주는 별도 트레이딩 계좌다. 서비스 대상은 너무나 자기파괴적인 단타 전략으로, 짧은 기간 안에 돈을 다 날릴 것이 확실한 고객이다. 이 사실을 아는 온라인 트레이딩 플랫폼은 해당 고객의 주문을 거래소에서 정상적으로 처리하지 않는다. 대신 자신이 거래소인 것처럼 행세한다. 즉, B북을 통해 내부적으로 주문을 처리하여 고객과 반대되는 방향으로 베팅한다.

다시 말해서 당신에게 트레이딩 시스템을 파는 사람과 당신의 주문을 처리하는 온라인 트레이딩 플랫폼은 모두 당신의 투자 결과가 얼마나 형편없을지 미리 안다. 그래서 당신의 주문을 B북으로 처리하기로 미리 합의한다. 이는 플랫폼이 불법 스포츠 베팅 업체의 행세를 하는 것과 같다. 물론 당신은 항상 시즌이 끝나면 돈을 다 털리는 어리석은 도박꾼이다.

그건 그렇고 당신이 B북 처리 대상인지 추정할 수 있는 방법이 있다. 그것은 서명 과정에서 특정 온라인 트레이딩 플랫폼에 계좌를 열도록 요구하는지 확인하는 것이다. 그 단계에서 B북이 개입한다.

사실 온라인 트레이딩 플랫폼은 가짜 구루들이 소개하는 고객만 B북으로 처리하는 게 아니다. 그들은 또한 첨단 AI 프로그램을 활용하여 고객의 활동을 끊임없이 관찰한다. 그래서 B북으로 돌릴 만한 어리석은 도박꾼을 찾는다. 솔직히 공정하게 말하자면 그들이 고객에게 무모한 트레이딩을 하라고 부추기지 않는 한, B북 운영에 비윤리적인 부분은 없다. 물론 그들은 고객에게 이런 메시지를 보낼 수도 있다.

"귀하가 너무나 형편없는 트레이더라서 우리가 귀하의 주문을 거래소에서 처리하지도 않는다는 사실을 아시기 바랍니다. 우리는 귀하의 주문과 반대로 베팅합니다. 그렇게 하면 귀하가 잃는 돈은 다른 사람이 아니라 우리의 호주머니로 바로 들어오기 때문입니다." 하지만 그들이 이런 메시지를 보내야 할 법적 의무 또는 도덕적 의무는 없다. 또한 고객이 모든 돈을 잃을 것이라고 확실하게 알 수도 없다. 단지 그럴 거라고 강하게 의심할 뿐이다.

어느 쪽이든 내가 말하고자 하는 바는 이것이다. 온라인 트레이딩 플랫폼이 무모한 트레이더를 파악해서 그들의 주문을 B북으로 처리하여 몇 푼의 돈을 더 버는 것과, 세미나 구루들이 승산 없는 트레이딩 시스템을 통해 고객을 공급하는 것은 아주 다른 문제다. 이런 경우에 세미나 구루들은 대부분, 온라인 트레이딩 플랫폼에게 자신의 고객들이 분명히 돈을 잃을 거라고 대놓고 말하지 않는다. 그보다는 무언의 이해가 오간다. 온라인 트레이딩 플랫폼은 그 이해를 바탕으로 B북 옵션을 실행한다. 세미나 구루는 그저 고객 소개 합의 조항에 표시만 할 뿐이다.

어느 경우든 결과는 같다. 비밀 B북 계좌는 막대한 수익을 창출한다. 그리고 고객에게 시스템을 판 구루는 모든 매매에 대해 두둑한 커미션을 받을 뿐 아니라 고객이 그다지 마법적이지 않은 시스템을 따르다가 잃는 돈의 50%까지 챙긴다.

사실 공정하게 말하자면 마법적이기는 하다.

당신의 돈을 허공으로 사라지게 만드니까 말이다.

지금까지 월가의 악당들을 만날 기회를 가졌으니, 이제 그 내용을 잠시 정리하면서 그들의 다양한 악당 짓에 적절한 관점을 부여해보도록 하자.

우선, 모든 악당이 똑같이 나쁜 것은 아니라는 사실을 명심하는 게 중요하다. 어떤 악당은 다른 악당보다 훨씬 나쁘다. 그렇기에 당신은 스스로의 상식과 판단력을 활용할 줄 알아야 한다. 또한 이 책에서 배운 내용을 참고하여 거짓의 진흙탕을 헤쳐나가야 한다. 월가 수수료 절취 복합체는 당신이 경제나 기업계의 전반적인 추세, 노로드 지수 펀드의 최신 호가 뉴스 등 금덩이 같은 정보를 찾으려할 때 당신을 향해 거짓을 늘어놓을 것이다.

이 악당들이 '악당 등급'에서 어디에 속하든 간에 항상 방어적인 태도로 경계심을 늦추지 말아야 한다. 설령 악당이 정당한 분위기를 풍긴다고 해도 말이다.

기억하라. 악당들은 온라인과 오프라인, 글과 말을 통틀어 온갖 소통 수단으로 당신을 지속적으로 공략할 것이다. 그들이 어떤 수단을 쓰든 간에 그 의도와 배경은 같다. 그들은 당신이 힘들게 번 돈을 잃게 만들려 한다. 그러기 위해서 S&P500의 장기 평균 수익률을 훌쩍 넘는 특출난 수익률을 약속할 것이다. 또한 마법 같은 트레이딩 전략 덕분에 리스크는 거의 또는 전혀 없다고 주장할 것이다.

다시 말하지만 월가에 공짜 점심은 없다.

이전에도 결코 없었고, 앞으로도 결코 없을 것이다.

다행인 점은 삶을 바꿔주는 존 보글의 기여 덕분에 그런 헛소리에 넘어갈 필요가 전혀 없다는 것이다. 당신이 해야 할 일은 앞서 소개한 저비용 뮤추얼펀드나 ETF를 판매하는 양질의 회사에 계좌를 만들고, 스탠더드앤드푸어스의 선량한 직원들과 시간이 당신 대신 일하도록 놔두는 것이다.

도대체 그렇게 하지 않을 이유가 있을까?

개별 종목을 선정하고 매매 타이밍을 맞추려는 시도가 헛되다는 사실은 노벨상을 받은 여러 경제학자들이 거듭 증명했다. 그러니 그냥 하지 마라. 절대로! 기어이 자신을 고문하고 싶다면 차라리 귀신의 집을 가라. 아마 훨씬 더 재미있고 저렴할 것이다. 그

월가의 늑대 시장을 이겨라

게 내가 할 수 있는 최선의 조언이다.

고맙다는 말은 당신이 충분한 자금을 갖고 은퇴할 수 있을 때 하면 된다.

감사의 말

무엇보다 나의 동서인 페르난도와 처제인 고디타에게 고맙다는 말을 하고 싶다. 그들의 이야기가 없었다면 이 책은 첫 챕터를 넘지 못했을 것이다. 고디타, 처제는 정말 최고야. 내가 얼마나 많이 사랑하고 존경하는지 알 거야!

또한 나의 출판 에이전트인 잰 밀러Jan Miller와 갤러리북스Gallery Books/사이먼앤드슈스터Simon & Schuster 출판팀에게도 거듭 감사의 말을 전하고 싶다. 나는 언제나 여러분의 인도에 큰 고마움을 느낍니다.

베이스 트레이딩 전략을 쉽게 이해할 수 있게 설명하는 데 도움을 준 마이크 피코치Mike Picozzi에게 깊이 감사드린다. 너는 좋은 친구이자 대단한 트레이더야.

리서치와 모든 차트 제작에 도움을 준 네게데 아이욥 테세마 Negede Iyob-Tessema(일명 아부Abu)에게 깊이 감사드린다. 당신은 내게 부족한 수많은 시간을 아껴줬습니다.

나의 좋은 친구, 제임스 패커James Packer, 일리야 포진Ilya Pozin, 앨런 립스키Alan Lipsky에게 깊이 감사드린다. 너희들은 이 책의 첫 100페이지를 처음 읽고 너무나 귀한 의견을 줬어.

끝으로 나의 놀라운 가족, 어머니와 아내, 멋진 아이들에게도 거듭 고마움을 전한다. 작년에 여러분이 인내와 이해심을 베푼 걸 잘 알고 있어요. 모두 사랑해요.

월가를 뒤흔든 주식 천재의 필승 투자 전략

월가의 늑대 시장을 이겨라

제1판 1쇄 인쇄 | 2025년 2월 14일
제1판 1쇄 발행 | 2025년 2월 19일

지은이 | 조던 벨포트
옮긴이 | 김태훈
펴낸이 | 김수언
펴낸곳 | 한국경제신문 한경BP
책임편집 | 남궁훈
교정교열 | 조재연
저작권 | 박정현
홍 보 | 서은실·이여진
마케팅 | 김규형·박도현
디자인 | 이승욱·권석중
본문 디자인 | 디자인 현

주 소 | 서울특별시 중구 청파로 463
기획출판팀 | 02-3604-590, 584
영업마케팅팀 | 02-3604-595, 562   FAX | 02-3604-599
H | http://bp.hankyung.com   E | bp@hankyung.com
F | www.facebook.com/hankyungbp
등 록 | 제 2-315(1967. 5. 15)

ISBN 978-89-475-4995-0 03320

책값은 뒤표지에 있습니다.
잘못 만들어진 책은 구입처에서 바꿔드립니다.